| 最新增修版 |

NLP

來自**潛意識**
的**語言力量**

掌握主導權的14種說話模式

WORDS THAT
CHANGE MINDS

The 14 Patterns for Mastering the
Language of Influence, Third Edition

Shelle Rose Charvet

NLP權威大師 雪兒・羅斯・夏爾凡 **著** 高子梅 **譯**

獻給我的兒子 Jashon 和 Sam
他們是我快樂的泉源，是我一生的導師

獻給我的母親 Betty 和父親 Frank Rose，還有 Micha
謝謝你們的鼓勵以及你們的愛與支持

國外好評推薦

「對於非常重視良好溝通的人來說，這本書提供許多很有用的工具，教你如何理解人們，如何對話。我高度推薦這本書。」

《Power 表達祕訣》（*Secrets of Power Presentation*）
作者彼得・厄斯・班德（Peter Urs Bender）

「這是一本很棒的自助型書籍，有助於你了解自己和工作夥伴。」

安大略省米西索加市（Mississauga, Ontario）
加拿大孟山都公司（Monsanto Canada Inc.,）
人力提升部總監（Director of People and Improvement）
喬依・加坦（Joe Gaetan）

「星期一我在書店裡簡直快笑壞了。每個來問我是否知道什麼好書的人，我都熱情地推薦你的書。我告訴他們要是我九個月前讀過你的書，我就可以避開討人厭的人事紛爭了。」

科羅拉多州科泉市（Colorado Springs）
蓋瑞・梅格爾（Gary E. Megel）

「你能想像你的營業利潤暴增百分之十到三十嗎？這就是我使用羅斯・夏爾凡小姐的語言行為量表，改善公司的人才招聘政策後，立竿見影的效果。」

加州電信公司（Telecommunications）經理
艾德華・隆德（Edward Lund）

「我終於拿到你的書了，我的第一份賺錢工作就是靠它提點，才幫得了當地一名雇主招聘人才，因為他受夠了職業介紹所的徵人標準。」

英國德文郡（Devon）人事教育講師（Personnel Trainer）
羅傑・菲利浦（Roger Phillip）

「本書以全方位的角度概述各種行為模式之間的根本差異；如何提問才能辨識出對方的模式；以及如何依據對方的主要模式使出最具影響力的語言。」

密西根州卡拉馬祖郡（Kalamazoo）
西密西根大學商學院（Haworth College of Business, Western Michigan University）
喬依爾・包曼教授（Joel P. Bowman, Professor）

「語言行為量表是個有趣的發現，它影響了我和別人的溝通方式，也改變了我的諮詢作業方式。」

魁北克省蒙特利爾市（Montréal, Québec）
人力資源開發顧問（Human Resource Development Consultant）
李昂・譚奎（Léon Tanguay）

「語言行為量表和雪兒・羅斯・夏爾凡所寫的這本書，已經在我的評鑑作業和招聘流程裡，被證實是無比珍貴的工具。有了這套方法，便可輕鬆篩選各種職務的適當人選。我高度推薦你們將這套方法加入你們的行為訪談工具裡。」

安大略省多倫多市高階人才仲介顧問公司
（Executive Search, Corporate Consultants）
副總裁哥頓・布朗（Vice-President, Gordon I. Brown）

「這本書見解深刻而且勇於探索。雪兒・羅斯・夏爾凡從全新的角度思索我們與其他人的關係，她提供了極具關鍵的影響性語言，有助持續改善我們正在建立的人際關係，也說明了我們對這個社交世界在認知上、組織上和行事上的基本心智結構。本書是專為個人和家庭自我開發所設計的參考架構。對於矢志以誠信改善生活品質，以及企業效益的主管和合夥人來說，將是個里程碑。」

喬治亞州亞特蘭大（Atlanta, Georgia）
策略成長總監（Director Strategic Growth, Transquest）
佛朗索瓦・索爾博士（Dr. François Sauer）

「本書使我對溝通有了一定程度的認識和精準度，而這在以前會被我認為是遙不可及的事。當我和那些溝通模式不同的人合作時，常常感到沮喪不已。但現在，我躍躍欲試，堪稱一大突破！」

愛達荷州博伊西市（Boise, Idaho）
愛達荷電力公司策略規畫分析師（Strategic Planning Analyst, Idaho Power）
克雷依・康納（Clay Conner）

「每當我碰到話不投機的時候，就會拿出這本書。在雪兒方法的幫忙下，我變得可以理解對方，建立良好關係。身為業務人員的我，常有機會得向主要決策者提案。雪兒的書，使我了解到如何利用對方的語言展開溝通，提升業績。」

阿爾博達省卡爾加里市（Calgary, Alberta）
加拿大微軟公司北美區經理（Prairie Regional Manager, Microsoft Canada Inc.,）
卡爾‧米馬（Karl Meema）

「對每一位需要人際互動的人來說，這本書是必讀之作。我發現它的珍貴之處，在於你可以利用它與商業夥伴、家人和朋友有效溝通，理解對方。這是我第一次讀過一本涵括各種溝通風格的書，它整理出一套容易遵循的方法，供你與對方精準交流。」

科羅拉多州丹佛市（Denver, Colorado）
光點簡報公司（Spotlight Presentations）
總裁湯姆‧迪爾斯（Tom Dearth）

「雪兒的這本書，是一套對管理、協商、仲裁或衝突的調解很有幫助且實用的參考工具與指南。理解和尊重對方，是良好溝通的核心。我發現語言行為量表是一套很有深度、有用的管理工具，可以讓你在尊重共事夥伴的所需和步調之餘，也朝所欲目標前進。」

安大略省渥太華市加拿大農業農產品公司（Agriculture and Agri-food Canada）
策略企業關係總監（Director General, Strategic & Corporate Relations）
吉納維弗‧蘇里文（Geneviève O' Sullivan）

「我是在紐西蘭的滑雪之旅時讀到這本書——它淺顯易懂，具有娛樂性，而且非常實用。我曾利用動力特質裡的提問方式幫助一名馬來西亞朋友釐清自己的生涯目標，也幫過一名已屆中年的朋友寫自傳，最有趣的是，甚至靠它幫一名中國女士決定該不該買一條南海的珍珠項鍊。而且他們自始至終都不知道我使用的是一套標準問法，因為它聽起來太像平常的對話了。」

香港亞太區肯恩顧問公司
（Kenn & K Consulting Ltd., Hong Kong and Asia Pacific）
總監鄺坎西（Kenzie L. Kwong）

「這本書提供深入解析，讓我們了解人們的動力誘因和決策方法，以及促使他們行動的原因。我發現這些資訊非常寶貴。」

安大略省多倫多市
加拿大 HP 電腦公司（Hewlett-Packard,〔Canada〕Ltd.,）
行銷企畫經理（Marketing Program Manager）
朱爾・賀格（Juel Hogg）

「這本書大力協助我們的員工提升協商技巧——我強烈推薦有高風險溝通需求的人來讀這本書。」

安大略省多倫多市
美國鋼鐵公會第六區理事（Director, District 6, United Steelworkers of America）
哈利・海德（Harry Hynd）

「光是知道口語和書面文字的精準定義，並不足以了解真正的意涵。語言行為量表解決了各種人際關係的問題，並針對特定的人際關係提供最有效的影響性語言。」

佛羅里達州邁阿密市（Miami, Florida）
庫爾特企業業務副總（Corporate Accounts Vice President, Coulter Corporation）
恰克・瓦森（Chuck Watson）

「很出色的一本書——在商業世界裡，只要有誰想利用神經語言程式學，我都會推薦這本書。它的內容扎實、可讀性高、風格有趣，再加上真實世界裡的實用案例……還有幽默感十足！」

佛羅里達州珊瑚泉市（Coral Springs）
業務贏家公司總裁（President, SalesWinners, Inc.）
大衛・凱特勒（David Kintler）

「讀完雪兒的書之後，我請她訓練我公司裡的管理階層、顧客服務代表、顧問和業務人員。結果這套方法不只在生意上奏效，也讓我和我內人有機會從新的層面進行溝通。雪兒堪稱是影響性溝通法的大師，我強烈推薦所有企業領袖都來讀這本書……它可能改變你的生活！」

阿拉巴馬州伯明翰（Birmingham, Alabama）
CSC 健康照護系統公司副總裁（Vice President, CSC Health Care System）
李察・葛雷哈瓦（Richard A. Grehalva）

目次
C o n t e n t s

第 7 章　動力理由：這是對的方法，還是有方法可以完成？　107

第五部　附錄

第一部

引言

第 1 章

引言

✦ 第三版引言

　　一家共同基金公司正透過他們的投資諮詢電視節目開拓具有高價值的新客源，但是他們不滿意自己的成交率。

　　他們的高價值潛在客戶（擁有兩百萬美元以上的投資資本）會觀賞這個由執行長親自接聽觀眾來電、解答觀眾投資疑惑的直播節目。而潛在客戶看了這個節目好幾個月後，就會打電話進來詢問要怎麼投資這家公司。但因為公司裡頭沒有正式的銷售流程，所以客戶可能會因為過程中找不到方法就放棄了，白白錯失了銷售的機會。

　　因此他們聘用我，希望我能助上一臂之力。於是，我展開語言行為量表市場調查，訪談潛在客戶，其中包括曾致電公司、最後「同意」投資的潛在客戶，以及最後「沒有同意」的潛在客戶。從這些訪談中，我幫每組受訪者找到了關鍵的語言行為量表動力型態（Motivation Pattern）和作業型態（Working Pattern），再利用這些資訊設計出一套銷售流程，並提供一系列的關鍵字，供他們在網站和電視節目裡使用。於是他們沿用至今，時間長達十五年。

　　至於成效如何？他們的成交率提升百分之五十。也因為這樣，執行長決定親自過來找我上課，因為他想了解到底哪裡不同……造成了改變。

　　他登記了為期十天的語言行為量表顧問／專業講師證照課程，但是他不保證自己一定能上完所有課程（即便已經付清學

費）。每天結束時，我們都很好奇他明天會不會回來。沒想到他最後上滿十天的課，因為他真的很想學會它。

令人興奮但又可怕的時代

自從這本書出了第一版和第二版之後，就對人們的思考方式、動力所在，以及做出決定的方法，有了更多的發現。眾多針對人類各種行為切面所做的研究調查，證明了語言行為量表型態的存在。神經科學方面的調查發現（包括追蹤大腦當下的各種變化），也證實了人們的動力型態和作業型態是如何根據一個人的思考內容在進行轉換。而我和我的學生在三十幾個國家解決各種疑難雜症的諮詢成果，也證明了將人們的動力所在，解碼成語言行為量表裡的組合序列，是非常管用的。

但是，這些型態會在不同背景下如何顯現，仍有許多有待學習和研究的空間，這也是為什麼我會寫出第二本書《改變顧客的語言力量》（*Words That Change Customers' Minds*），並創辦了專為女性領導人和經理人提供在線訓練的影響力學院（Institute for Influence），以及專為銷售訓練設計的數位版語言行為量表銷售講師平臺（SalesTrainerPlatform）。

幾乎任何人的態度、特質或行為，都可以被拿來進行元件的拆解和釐清，再找出影響的方法。沒錯，這很可怕。自從這本書再版上市之後，就有了許多新發現告訴我們可以從人們的網路行為和現實世界裡的作為來透析他們。但這些資訊很不幸地被拿去人為操作，製造更多的衝突。誠如我們所見，常有組織利用選民的信仰系統和他們最深沉的恐懼來加以要脅，影響選舉。而最終結果，就是人們變得對機構、媒體、國家領導人和他人更不信任，這其實是其來有自。

不過，這絕不是拿這個工具來發揮影響力的唯一用途。如果你真的能了解別人，來到他們的停靠站——他們在心理上、動力上的停靠站——邀請他們登上那班公車，是非常有可能帶來積極

的影響，包括對他們的影響和對你的影響。

我寫第三版的目的，就是要告訴你如何在你的世界裡，透過了解他人的動力所在、思考方式，以及做決定的方法來發揮正面的影響。我衷心希望你能利用這個工具創造出更有成效、更符合道德的溝通結果。

◈ 第二版引言

一臉憤怒沮喪的雪莉爾依約走進我的辦公室。穿著優雅考究、舉止幹練的她，首度碰面便完全不浪費時間在繁文褥節上。

「我需要立刻換工作，」她說道，「我受不了我的老闆。我聽說你會幫人做職涯分析。」和她討論過她想要什麼和重視什麼之後，我同意幫她做職涯分析。但才進行到一半，她便喊卡。「我的天啊！」她說道，「我老闆跟我同樣固執，我們總是爭執不休，互不讓步。難怪我們處得不好。你能教我如何和他溝通嗎？」我花了幾分鐘的時間教她有哪些措詞可用，哪些應該避免。不到兩個月，她打電話告訴我她高升了。今天的她在國內已經是她那個領域裡位階最高的女性主管之一。

不良的溝通是今日職場、家庭和這個世界，普遍遇到的頭號問題。人與人之間的紛爭屢見不鮮，小至二十分鐘電話語音訊息所製造的困擾，大至親子間長年的不滿與怨恨，甚至國與國之間的棘手衝突都包含在內。找到方法解決溝通問題，一直是許多研究的重點和眾多模式的發展方向。

為了說明是什麼差異造成人與人之間的溝通不良，許多心理測量方法被發明出來，而這些方法往往需要靠精細的電腦化工具落實。即便如此，其中許多方法卻只能運用在少數的專業領域裡，或者更糟的是，將人貼上標籤，就像把圓的釘子敲進方正的洞裡。

通常它們不認為人天生具有彈性，可以視情況異動改變自己的想法和行為。這也難怪雖然很多人覺得這些問卷很有趣，卻不太相信它們的籠統結論。一般人在做重要決定時，譬如招聘人才或選擇配偶，往往喜歡靠直覺和第六感。我曾經告訴一名執行長，如果他聘用執行副總的理由，純粹是因為他喜歡對方，他的麻煩就大了。聘用一個想法跟自己一樣的人，是最下下策。

大家都知道，一般人是透過一套過濾系統在溝通，這套過濾系統是由歷史背景、認同感、對真理的看法、價值觀，以及對眼前事物的認知與詮釋所構成。當別人跟我們溝通時，我們會為了理解對方的訊息而先將它們塞進自己的過濾系統裡。想當然耳，同文同種、同性別、同一個國家，或同一個地理環境裡的人，通常都有相同的歷史背景和信念，所以溝通時會比跟來自不同背景的人溝通更容易一點。

我們現在也逐漸明白，除了這些差異之外，每個人也都有自己的獨特思考和處理模式。在現實生活裡，我們重視的點各不相同，這是因為我們運用腦袋的方式各有不同。有些人是重視前後順序的線性思考者，有些人則喜歡宏觀；有些人喜歡新鮮事物，有些人則喜歡墨守成規。

但是在溝通的時候，若是能真的領會對方的意思，那該有多好？或者只要聽對方說了什麼，便能預測行為，不就更完美了嗎？抑或若能靠我們的回應方式來影響對方的行為，豈不更厲害了？

為了幫這些攸關理解、溝通和影響的複雜問題找到答案，我特地調查了這個領域。我不想要太簡單的答案。任何一個好的理論，都必須建立在完備的基礎上，而且有個人經驗為佐證。此外，也要能適用於人類的普遍行為上，並尊重每個人的差異，就算你沒有博士或工程學位也都學得會。最重要的是，它必須能改善人與人之間的溝通。

一九八三年，還在歐洲主持溝通講習會的我，陸續聽到一些

來自加州引人注意的事物（你應該猜得到是什麼事物吧），於是開始探索這套叫做神經語言程式學（Neuro-linguistic Programming，簡稱 NLP）的方法。儘管這名稱聽起來很科技，其設計目的卻是在研究人的心理，找到每個人的獨特性。它不是去探究一般人為什麼會遇到問題，而是去研究當代一些最厲害的溝通者和治療師，了解他們是如何辦到與人溝通這件事。它學習的是有效的策略方法，而非檢討別人的失敗經驗。

我想確定這些人是不是真的很懂，於是去上了一些深度課程，並開始在我的工作裡實驗他們的方法，結果成效斐然。我學會了如何與別人建立良好關係，改變了我的一些侷限性觀念，也幫忙別人達成跟我一樣的成效。我個性一向多疑，所以很欣賞他們的每種介入性治療都先接受過檢測，找出可能的負面影響，再運用於個人身上。這就好比心理治療師要幫助某個人徹底捨棄下雨天會害他生病的這個觀念，在幫他改變觀念之前，會先去了解對這人而言，是不是有更健康的方法來讓下雨天會生病的觀念具有正面效益。

一九八五年，我因緣際會接觸到一套從神經語言程式學發展出來的特定工具，徹底改變我的溝通方法。它很精確也很有彈性，可以自然融入隨性的對話裡。從此以後，我開始在各種背景下運用它。有了它，我可以：

- 在大型團體和群眾面前有力地開講。
- 重新設計行銷和銷售流程，幫助企業成功抓住主要顧客群。
- 吸引和挑選最適任的主管人才。
- 協助那些受過我訓練和輔導的客戶。
- 創造令青少年難以抗拒的影響性語言（influencing language）。
- 協助面臨變革的組織改善他們與員工之間的溝通方式。

在這套工具被廣泛傳授和學習的同時，我也不斷地尋找新的方法來應用它，並取得顯著成效。於是，我開始好奇為什麼沒有

人將這套方法集結成書，而這本書就是我給自己的一個考驗，也是客戶成果的展現。

我在一九九五年和一九九六年，分別指導過兩篇教育博士論文。其中一篇為這套工具成功建立可信度。另外一篇則是探究那些能夠做出職涯決策的人，是否都有可以預測的模式，並和那些在職涯決策上舉棋不定或做不出決定的人做比較。我在附錄裡放了一些這方面的研究摘要，從那時起，就有了更多這方面的文章和研究。

語言行為量表

這套工具被稱為**語言行為量表**（The Language and Behavior Profile，簡稱 **LAB Profile®**），它是用來探討人及群體的一種方法，你可以透過這套方法察覺到他們產生動力的方式、資訊處理的方式、決策的方式，再加以回應。

這是一套由十幾個問題組成的方法，可以放進平常的對話裡，或者做為正式的分組調查。你要注意的是對方回答時的說話方式，而非說話內容。就算沒有直接回答問題，也能從回答（或者不回答）的態度裡看出對方的所屬型態。

等你愈來愈熟悉這些問題以及人們的回應方式，便會發現就算不實際請教問題，也能聽出和看出對方的所屬型態，再立刻利用最適合當下現況的影響性語言。一般人說話時，都會很自然地用自己的模式進行溝通，其中包括言語和肢體語言。如果你使用的是他們的語言，他們會很快回應你。

由於語言行為量表可以運用在平常的對話裡，因此我在書中放了許多對話範例。而且為了表現話中的重點和語氣，更大量使用了**粗體字**和楷體字。

當你讀這本書時，可以驗證自己的經驗，並聯想到你認識的人，更認清自己，也更了解其他人。我希望你會找到方法解決日

常溝通面臨到的挑戰。就算溝通上沒有太大問題，書裡也有實用資訊可供你參考，同時提供詞彙形容你已經在做的事——也許是你不自覺下所做的事。

我不斷從我的生活和工作上，為這套工具發掘出新的視角和用途，也誠摯邀請你跟我一起探索語言行為量表的各種可能運用方法。

語言行為量表的歷史由來

本書是建立在語言行為量表的基礎上，後者是羅傑・貝利（Rodger Bailey）所創。至於語言行為量表則是從神經語言程式學（NLP）的具體應用方式裡開發出來的。神經語言程式學是理察・班德勒（Richard Bandler）、約翰・葛瑞德（John Grinder）及幾名美國人所開創的領域，起源於一九七〇年代中期，他們專門研究能言善道者的說話方式，據此創造出神經語言程式學的原始模式。

自此以後，神經語言程式學的領域倍數擴張，如今全球有數百種書籍都以它為主題。這套方法正在五大洲的數十個國家裡傳授。

我們先從程式學開始解釋。每個人都會設法透過基因結構、環境影響，以及各自的生化過程將自己程式化（program），於是某些方面會有卓越的表現，有些地方表現平平，也有些地方一塌糊塗。

如果我們仔細觀察和注意聽一個人如何從語言方面（linguistically）去行事和溝通，便能了解到這個人如何從神經方面（neurologically）去整合自己的所有經驗，從而有或卓越、或平庸、或糟糕的表現。而這個領域，就被稱為神經語言程式學。

它的應用範圍很廣，這意味著如果有人很擅長某件事，受過神經語言程式學訓練的人，便可將它模式化（model）。所謂的

模式化是找出這個人是如何做到他或她所做的事。模式分析者（Modeller）會針對一些問題找出答案，譬如「這裡頭有什麼絕對的基本因素？」或者「這個人之所以能辦到，是因為他會依序及（或）同時關注什麼和忽略什麼？」當這些答案被找到時，便有機會將這些技巧傳授他人，甚至自己從中學習。

　　語言行為量表是羅傑・貝利自創的模式，他是神經語言程式學領域裡一位積極的開發者，於一九八〇年代初創造出語言行為量表，這套分析方法是以神經語言程式學裡的全套型態為根據，當初這些型態在開發時，被稱為後設程式（Meta Programs），而這些後設程式的基礎是來自於我們建構這個世界模式（model of the world）所用的過濾系統。

創造我們自己的世界模式

　　每個人都會利用一些過濾系統供現實世界裡的部分東西進來。諾姆・喬姆斯基（Noam Chomsky）在一九五七年的博士論文《變形語法》（*Transformational Grammar*）裡曾說過，一般人都是靠三種過程為各自的世界模式創造過濾系統：

✻ 刪除

　　第一種叫做**刪除**（deletion）。我們會由內刪除來自周遭環境的眾多資訊。美國心理學家喬治・米勒（George Miller）在一九五六年寫的**《七加減二》**（*Seven Plus or Minus Two*）論文裡提到，我們的意識（conscious mind）一次只能處理七加減二的資訊位元，其他一概刪除。意思是，我們在最佳狀況時頂多只能處理九個資訊位元，最差的狀況下可能只有五個。

　　這說明了為什麼大部分的電話號碼最多只有七碼。不過，一九八〇年代我住在巴黎時，他們把電話號碼改成八碼。於是每個人都得決定究竟是要兩碼兩碼地記，或四碼四碼地記，或者乾

脆在舊電話號碼前面再加新的巴黎區碼 4。沒有人有辦法一次記住八碼數字，每個人都得自行想辦法將它們分開記。他們用各自的方法來宣布自己的新電話號碼，製造出許多混亂。

所以七加減二的資訊位元，才是我們一次能夠處理的量。我們總是無意識或有意識地利用刪除過程，來過濾許多東西。

✳ 扭曲

第二種過程叫做**扭曲**（distortion）。我們會扭曲事物。在你還沒把自己的家具搬進新屋之前，你就先去看過那地方，走進客廳，想像若是放上家具會是什麼模樣？這就是所謂的幻覺。你的家具並沒有實際擺在裡面，不是嗎？所以你是扭曲現實。

幻覺和創造力正是扭曲的兩個例子，它們同樣都是把外在資訊轉化成別樣東西。這就是扭曲的過程。

✳ 一般化

喬姆斯基的第三個心理過濾方式，被稱為**一般化**（generalization）。它跟笛卡兒邏輯（Cartesian Logic）完全相反（笛卡兒邏輯是從通則裡推演出明確的例子，但不能反其道而行）。一般化則是你先搬出幾個例子，再創造出其中的通則。這也是一種學習過程。就像有個小孩學開門，開了第一扇、第兩扇，甚至第三扇，最後終於知道如何開門。這小孩把如何開門的這個技巧一般化了。換言之，等他長大後進入高科技公司工作，發現得用磁卡刷才能開門時，就又必須重新學習開門，才能應付這些例外。

一般化是指我們會無意識地把什麼是真的，什麼是假的，什麼是可能的，什麼是不可能的，變成通則。譬如，有些女士在和男士交往時可能有過慘痛的經驗，於是總結出男人（所有男人）都不能相信。她們推衍的通則是：絕對不要相信男人。換言之，人們會因為幾次類似的經驗，便認定一個通則或建立起某種觀念。

我們每個人都是靠刪除、扭曲和一般化這三種過濾系統，來創造屬於自己的世界模式。

後設程式

神經語言程式學、後設程式和語言行為量表，這三者之間有什麼關係？神經語言程式學的幾名共同發明人，為了找出影響一般人對經驗的認知和詮釋方法，利用喬姆斯基的刪除、扭曲和一般化模式，創造出一種地圖。

雷絲莉・卡麥隆－班德勒（Leslie Cameron-Bandler，現名為 Leslie Lebeau）甚至發揚光大了喬姆斯基的理論。她假設每個人都有各自的刪除、扭曲和一般化做法，會從行為裡彰顯出來。她從她治療的個案裡找出六十幾種不同型態（pattern），稱之為後設程式。

後設程式，就是我們具體使用的過濾系統，我們都是透過它們與世界互動。這些過濾系統會先將外在世界的資訊加以編輯和塑造，再讓它們進來。當我們與外面的世界溝通和表現行為時，它們也會形塑來自我們內心的東西。

後設程式就像一扇門，我們透過這扇門與世界互動。這扇門的形狀特別，所以只有一些東西能夠進出。這聽起來或許很像在說我們的天生性格，所以恐怕改不了。但事實上，這扇門會隨著我們的改變，以及周遭環境的改變，而產生變化。

羅傑・貝利是雷絲莉的學生，他稍微修改了她的方法，運用在商業環境裡。他創造出語言行為量表，使我們明白一般人開口說話時，他們是在溝通的何種現實世界。他說，後設程式是指一個人對特定情境回應方式的現況報告。

很多人都認同當我們跟不同的人為伍，當我們工作時，還有當我們與家人相處時，行為表現各不相同。因此，後設程式並非在說明我們的個性，而是在呈現我們與不同環境或情境背景互動的方式。

語言行為量表簡單地描述了我們那扇門的形狀，在特定情況下，我們會讓什麼東西進來和出去。**就是因為我們認知到我們有能力改變自己的動機和行為，使得這套工具有別於那些籠統化我們人格的心理測量分析。**

語言行為型態

當我首度聽聞後設程式時，它其實有六十幾種型態。我們必須和研究對象談話，揣測他們的型態。我花了一年半時間試圖揣測每個人的後設程式是什麼，更別提我當時這方面根本不在行。

為了讓這些型態的探究過程和運用層面更簡單一點，羅傑‧貝利很有先見之明地將六十種型態縮減成十四種（你有必要知道自己或別人的六十件事情嗎？）。此外，他還研擬出一小組具體的問題，無論受訪者回答的內容是什麼，都會從他們使用的語言結構裡無意識地洩露出他們的型態。你注意的是人們的回答方式，而不是回答內容。只要問幾個簡單問題，便能知道是什麼在引發和維持對方的動力，以及他們內在處理資訊的方式。

當他開發語言行為量表時，找到了兩種不同的後設程式。他稱第一組類別為**動力特質**（Motivation Traits），有時它們也被稱為動力模式或觸媒。這裡的型態會告訴我們，一個人在特定背景下需要什麼才會產生動力並維持下去，或者反過來說，什麼會讓他失去動力。有時候，我也稱它們為動力觸媒（Motivation Triggers），因為它們會洩露出是什麼在促使一個人做某件事，或阻礙他某方面的表現。

羅傑‧貝利稱第二組類別為**作業特質**（Working Traits），這組類別說明的是一個人在特定情境下的內在心智處理過程。譬如，我們可以看出對方重視的是全貌還是順序細節；他們在什麼環境下最有生產力；在乎的是人還是事；如何應付壓力；以及會因什麼機制而被說服。

這些都顯現在一個人的說話方式裡。

這裡的表格說明了雷絲莉・卡麥隆－班德勒最初開發出來的後設程式和我們的語言行為量表這兩者之間的差異。

原始的後設程式	發展歷程	語言行為量表	語言行為量表的好處
六十種型態	加以歸納，專注在基本要素上	十四種實際類別	容易學也容易記
沒有方法	有結構性的方法可以檢測和運用	有問卷可以誘引出指標清楚的型態	方便運用在群組的研究上，也可以影響對話
每種後設程式都無特定語言	為每種型態辨識出明確的語言架構和行為	每種型態都有影響性語言	大幅提升說服力，因為它會針對內部思維結構使用投其所好的語言
當時並沒有什麼特別的實際用途	不斷研發	可用於大眾傳播、人際溝通、自我認識、心理測量量表	創造出很多新的用途，潛力難以想像（請參考資源那一章）

✱ 影響性語言

此外，他也開發出影響性語言。一旦你知道某人的型態，便可利用你的語言去迎合對方，達到最大效果。

試想有一個不擅長你母語的人正試圖告訴你一些想法，但你可能得花很多力氣將對方的話翻譯成你比較懂的字眼。但是，如果有人使用的是你可以立刻理解的字眼，你就不須耗費力氣翻譯；對方的意思就這麼聽懂了。當你使用的是適當的影響性語言時，效果也將十分驚人，因為你說話的方式和對方的個人風格一樣。

你可以精準地使用來自潛意識的**言語力量**（words that change minds）。

真實世界

在我們繼續之前，必須先說明一件事，以免產生混淆。從諾姆・喬姆斯基和其他人的理論裡，我們得知人們實際上並不生活在真實世界（Reality）裡。我們是透過刪除、扭曲和一般化的過程，居住在我們所認知和詮釋的真實世界裡。語言行為量表裡的型態，正反映出一個人的世界模式。因此，我在這本書裡**不會概括性地討論真實世界**，反而是詳盡說明我們認知和詮釋真實世界的方式。

語言行為量表如何在溝通裡發揮作用

假設某人有某種經驗。當他談到自己的經驗時，只會提到這個事件的一小部分，因為他必須刪掉大部分的經歷過程，才能在合理的時間內說完這件事。意思是，如果你要告訴別人你在讀這本書，你得將大部分的讀書心得經驗刪除掉。你可能會說：「這本書還不錯。」然後點頭表示稱許，至於它帶給你的感想則可能略而不提，也不會提到你是否讀得很開心。想想看，你是不是也有過完全聽不懂別人在說什麼的經驗，因為他們省略了那些可以讓你聽懂的細節。

人們會根據自己特有的刪除、扭曲和一般化過程，來轉化他們實際的經驗和看法。

雷絲莉・卡麥隆－班德勒和羅傑・貝利認為那些使用同樣語言型態的人，也會有同樣行為。語言行為量表這個名稱，就是在說明一個人的語言與行為之間的關係。

書裡的工具可以供你了解、預測和影響行為。語言行為量表是一套可以學習的技術工具，你可以趁機訓練自己的眼耳去察覺

以前可能不會注意到的事情，也學到方法去描述和處理你可能早已注意的行為模式。

　　由於語言行為量表是一套技術，所以必須嚴謹運用，留意人們在不同情境下所出現的轉變。這也是背景（Context）概念之所以站上檯面的原因。

背景

　　「背景」是一個人置身某情境下的參考架構。人天生有彈性，能在不同時間點表現出不同行為。也就是說你在工作時、和配偶相處時、和孩子相處時、和同事互動時，以及度假時，甚至買房子的時候，表現行為各有不同。一個人在特定地點和特定時間展現出某種型態（或習慣），並不代表在別的背景下，也會展現出同樣型態。

　　當我主持這類議題的研討會時，常有人會問我：「我會一直這樣子嗎？」答案是不會。我們會移動、會成長，以及對人生驟變的回應等，都會改變我們的運作方式。當我們利用語言行為量表分析平常的對話時，便可從其中的型態看出改變。由於我們的行為會隨不同情況出現變化，所以在使用語言行為量表的問題時，得先確定當下的背景。你交談的對象是處在什麼樣情境的參考架構下（背景）？等我們逐一討論每種型態時，我再做具體示範。

　　若能謹慎和完整的運用，語言行為量表將在很多背景下大幅改善溝通成效，使你能夠視情境調整自己的做法。

　　要辨識出對方什麼時候正在談論背景或者更換了背景，請留意：

- 時間？
- 地點？
- 跟誰在一起？
- 和裡面的動詞。

當人們釋出這些信號時，就是在告訴你他們現在所在的背景是什麼：

「我們跟孩子們坐在起居室，爭論現在是不是上床時間。」
「在客戶的會議裡進行需求分析。」

練習留意人們什麼時候會更換背景，就能比較容易深入了解對方，提高你的影響力，並避免貿然犯錯，傷害到彼此間的關係。

第 2 章

語言行為量表的用途[1]

以下是語言行為量表的幾個實際用途：

- **市場調查**：由於這些型態會隨背景變化，因此研製出多種方法來實際測定顧客在面對互為競爭的產品和服務時，其潛意識裡的動力有何迴異之處。再利用它來打造出多面向的傳播策略。

- **業務和行銷**：了解客戶潛意識裡的動力型態，並跟它們對話。

- **輔導諮商**：它的對話輔導（Conversational Coaching©）方法可以讓講師透過對話誘引出客戶在目前現況下的語言行為量表型態是什麼，以及他們的所欲狀態是什麼。這個過程能夠讓客戶體驗到自己的所欲狀態，自己找出解決方法。[2]

- **行為改變的訓練**：你可以利用語言行為量表來幫任何目標族群挑選適合的活動，創造出所欲的行為改變。首先是為這個族群解碼他們的動力型態，再釐清哪些語言行為量表型態可以靠什麼特定活動來解決。

- **人才管理**：你可以訓練經理人辨識語言行為量表型態，從而了解旗下團隊成員的長處，他們才能視團隊成員的工作長才來調整作業任務。

- **人才招聘**：為某職務及其企業文化確認語言行為量表，這樣一來，你的招聘內容才能讓可勝任此工作的人選難以抗拒，也擋掉不適任的求職者。然後再過濾那些通過初審的求職者，找到最適合的人選。（注意：語言行為量表並不會評量技能、知識或態度，而是評量這個人有否具備適合這個作業任務和這個環境的動力型態和生產力型態，換言之，就是能否「勝任」。）

- **技巧訓練**：學習語言行為量表，能夠讓人們在以下領域裡培養出優秀的能力：影響和說服、協調、領導統御、解決衝突、銷售和顧客服務。[3]

- **提供諮詢和解決疑難雜症**：利用語言行為量表的方法來診斷和研擬對策，解決溝通上的任何問題。這在企業領導人和顧問裡，是最受青睞的運用方法。

- **落實組織變革**：利用語言行為量表對現有的組織文化和所欲達成的組織文化做出診斷，再決定適當的變革方法，讓成效的持續達到最大值。

- **團隊的建立**：當你在做團隊的語言行為量表時，便可查出這個團隊在任期間的長處與短處。除此之外，也可以找出團隊內部的溝通型態，以及它和其他團隊的溝通型態，並決定下一個加入這個團隊的人該有什麼語言行為量表型態。

- **傳授和學習**：老師和學生可以從中找出有助於學習，或者有礙個人和整個團體學習的語言行為量表型態。我曾為加拿大的全國印第安教育研討會（National Indian Education Conference in Canada）舉辦過一場講習（對象是印第安原住民保留地〔Native Indian Reservations〕的老師們），教他們如何利用這套方法來預防中途退學的問題。

- **模式化**：語言行為量表可用來解碼任何策略或技巧，方法是先辨識出所使用的行為，再把它們分解成語言行為量表組合。

註 1：欲知更多詳情（包括一套免費的語言行為量表），請連結 bit.ly/The LabProfile。

註 2：利用語言行為量表進行對話輔導；一個小時的 MP3：bit.ly/Conver sationalCoaching。

註 3：欲知銷售訓練專用的數位版語言行為量表，請連結 bit.ly/SalesTrainer Platform，或者直接聯絡我，把數位版訓練帶進你的組織裡，電郵是 shelle@salestrainerplatform.com。

第二部

動力型態

第 3 章

動力型態

問題	類別	型態：指標
（程度部分沒有問題可以提問）	程度 _____ _____	主動出擊型：行動、做就對了、句子簡短俐落 被動反應型：嘗試、考慮、可能、觀望
◆ 你想從自己的（工作）裡得到什麼？	要求標準	
◆ 為什麼重視那個（要求標準）？（最多問三次）	方向 _____ _____	朝向型：實踐、贏得、實現、得到、包括 遠離型：躲開、排除、找出問題
◆ 你怎麼知道你在……方面的表現很好？	來源 _____ _____	內在型：自有定見 外在型：別人告知，事證和數據
◆ 你為什麼選擇（你現在這份工作）？	理由 _____ _____	選項型：標準、選擇、可能性、變化性 程序型：故事、方法、必需品、沒得選
◆ （你今年和去年的工作）有什麼關聯性？	決策因素 _____ _____ _____ _____	千篇一律型：同樣、沒有改變 千篇一律中有例外：更多、更好、比較 差別型：改變、全新、獨特 千篇一律中有例外和差別：全新和比較

✦ 動力型態

　　語言行為量表裡的前六種類別可以告訴你，人們動力的引發方式各有不同，需要使用什麼語言激起他們的興趣。每種類別都會用一整章的篇幅進行探討。

　　你可以從每種類別的型態裡學會提問的方式；知道如何從對話裡探查出型態，了解對方需要什麼才能對某件事產生興趣或熱情？或者反過來說，什麼會冷卻他的熱情？

　　型態沒有好壞之分，你只能在必要的活動背景下判斷每種型態的適當性。為了充分利用各型態的優勢與特質，我會針對每種型態提出方法。

　　雖然每種類別都代表一種行為的閉聯集，由兩種型態各據一端，**但每種型態都會被單獨描述。被分析的對象也唯有處在相同背景下，行為的預測才準確。**

　　描述完每種型態的行為之後，你會看到一個名為影響性語言的單元，其中所舉的例子都是最能發揮效應的語言。此外，也會說明每個類別裡型態的分布比例，數據全來自於羅傑・貝利的研究，不過僅限於工作背景下。它們可以讓你大概知道，你多半會遇到什麼型態。

　　我會針對不同情境型態提供多種例子，以利透視和闡明言語力量的優點何在。

　　在動力型態和作業型態兩單元的每一小節結束，會做**重點摘要**，可供你於分析人們時充分利用。而此書的最末尾，也會提供完整的語言行為量表。

◈ 程度：現在就做？還是先想一想？

這個人會主動行事，還是等別人行動？

動力型態裡的這個類別談的是，什麼會促使你行動和思考？你的活躍「程度」如何？這裡有兩種型態。

主動出擊型

主動出擊型（proactive）的人會積極行動。他們行事上通常不多做考慮，很多事都義無反顧，想做什麼便一意孤行，可能令人很不快。他們擅長自己搞定事情，不會等別人行動。

被動反應型

被動反應型（reactive）的人會等別人行動，或等苗頭對的時候才行動。他們可能會多方考慮和分析，但不採取行動，他們想在行動前先全盤了解和充分評估眼前情勢。他們相信機運，會花很多時間在等待上。因為他們一直不主動投入，所以可能會令一些人很不快。他們會等別人行動之後才回應。比較極端的被動反應者過度謹慎，做起研究來沒完沒了，但他們是很厲害的分析師。

◈ **比例分布 %**（僅限於工作背景下，數據由羅傑・貝利提供）

以主動出擊型為主　　15-20%
中間型，兩者兼具　　60-65%
以被動反應型為主　　15-20%

既然在工作背景下，有大約百分之六十至六十五的人介於主動出擊型與被動反應型之間，因此可以合理假設被你分析的人大部分屬於中間型這一塊，除非他們明顯表現出其中一型。

辨識方法

　　因為這個類別沒有特定的問題可以提問，所以可以把注意力放在對方的句子結構和肢體語言上，他們會透過你們之間的對話表現出自己的型態：

＊ 主動出擊型：句子結構

- 句子短：名詞、主動動詞、具體對象。
- 說起話來彷彿整個世界都在他們的掌控中。
- 句子結構清楚、俐落。
- 直接。
- 過於極端時，會顯得一意孤行。

＊ 主動出擊型：肢體語言

- 不耐的跡象，說話很快，會拿鉛筆不停地輕敲桌面，動作很多或者坐不住。

＊ 被動反應型：句子結構

- 不完整的句子，少了主詞或動詞。
- 被動動詞或者把動詞轉化成名詞。
- 很多不定詞。
- 說話的態度就像被這世界控制，無法左右事情的發生，他們通常相信機運。
- 句子長又複雜。
- 會談論想法、談論分析、談論理解或等待，以及談論事

情的原則。

- 在有條件的情況下，會出現願意、可能、或許、也許等字句。
- 過度謹慎，需要先了解和分析。

✱ 被動反應型：肢體語言

- 坐得住。

例子·

主動出擊型：
「我每週都和我的團隊開會。」

偏主動出擊型：
「必要的話，我會和我的團隊開會。」

中間型：
「我會和我的團隊開會討論現有檔案，隨時掌握狀況是很重要的。」

偏被動反應型：
「即便你懷疑每週和團隊開會到底有沒有必要，我還是會做，因為必須讓他們覺得他們的心聲被聽到了。」

被動反應型：
「即便大家懷疑每週開會是不是真的有必要，還是必須考慮你得讓團隊成員覺得自己的心聲被聽到了。」

✱ 影響性語言

只要使用這些言語和措詞，便能促使人們展開行動。溝通時，配合對方的風格是很重要的：

主動出擊型

- 放手去做；做了再說；投入；為什麼要再等下去；就是現在；馬上；搞定它；你可以做到的；採取主動；負起責任；一定辦得到；立刻；你在等什麼；我們快一點。

被動反應型

- 我們再想想看吧；既然你已經分析好了；你一定會弄明白的；這會告訴你原因何在；這可以幫你釐清；想想看你的反應；你或許可以考慮；可能；時機成熟了；你的運氣來了。

　　既然大部分的人都是中間型，便可以同時使用兩種影響性語言；多做考慮和放手去做。

人才招聘

　　在工作職場上屬於主動出擊型的人，適合從事需要積極行動，立刻著手去辦的差事。業務部門、獨立的企業單位或者必須厚著臉皮（chutzpah）¹ 去做的那種工作，都會把這種型態的人當寶。如果你正在刊登廣告徵求高度主動積極型的人，可以請應徵者直接打電話，而不是寄履歷表（被動反應型的人不會打電話來應徵）。

　　在工作職場上屬於被動反應型的人，比較適合從事需要回應別人要求的工作。顧客服務櫃檯上的接待人員通常屬於被動反應型，許多研究和分析工作也需要肯花時間分析資料的人才。

　　大部分的人和多數工作都是這兩種型態的混合。當你招聘人才時，最好先衡量一下這份工作對這兩種型態的需求比例，再決定你想達到什麼樣的平衡點。為了要有完美的平衡，最好先分析團隊裡的其他成員。

　　當你分析一份職務，請先反問自己這個類別裡的幾個關鍵問

題：這人需要多主動？這份職務有多少比例的工作需要靠回應、分析，以及等別人先行動才能進行？你可能得預估一下主動出擊型或被動反應型的所占比例。

招誰惹誰：人才管理

在工作上屬於主動出擊型的人會對官僚性的延宕，或內部的政治鬥爭感到不耐，甚至可能為了做好事情，越界而觸怒了別人。他們直接行動，動作快到等你或他們注意到方向錯誤時，已經來不及了。如果你是主動出擊型員工的主管，你必須提供正確方向，幫忙疏導他們的精力。若是沒有機會發揮所長，他們會覺得沮喪或無聊，甚至可能出現無助於生產力的舉動。你可以誘導他們，提供他們事情去做，要他們「放手去拚」，但可能需要提醒他們先想清楚再投入。另一方面，經由我的親身經驗，我發現如果把主動出擊型的人放在他們非常不喜歡的情況下，然後確保他們對此無能為力，這會讓他們崩潰。

被動反應型的人通常不會帶頭行動，若是要求他們帶頭行動，會備感壓力或感到焦慮。在極端情況下，他們會說自己想多做考慮和分析，想要先全盤了解，幾乎排除任何驟下決定或行動的可能。如果屬於同一個團隊，被動反應型的人可以協助分析可能對策，放慢決策腳步，多方考慮可能衍生的後果和替代方案。要想激勵他們，便得配合他們的行事風格。「既然你已經有了足夠時間多做考慮和盤算，就麻煩你在週一中午以前將它交到我桌上。」

宿命

如果是被動反應型，這種人不相信自己掌控得了這個世界。他們可能會等別人來解決問題，或者幫忙他們做出改善。你記得薩繆爾・貝克特（Samuel Beckett）的《等待果陀》（*Waiting for*

Godot）裡頭的兩個角色弗拉第米爾（Vladimir）和愛斯特拉岡（Estragon）嗎？整齣戲裡他們都在等待神祕果陀的出現，幫他們解決所有難題。

工作職場上的人大多數屬於中間型，所以他們會思考與行動並重，會被動回應也會主動發起。這些人最適合從事責任與任務並重的工作。要激勵這些人，便得同時利用兩種影響性語言。舉例來說，「我希望你想清楚自己必須做什麼，再放手去做。」

我有個朋友總是喜歡在最後一刻決定要出外度週末。你猜她是什麼型？她以前經常在週四晚上打電話跟她哥哥說：「嘿，我發現馬略卡島（Majorca）這個週末有很便宜的特惠行程，要不要去？要不要去？」她哥哥通常會拒絕，而且覺得不勝其擾。後來她想到他是比較被動反應型的人，於是改弦易轍，換了一種說法：「我找到一些資訊，說馬略卡島有很便宜的週末特惠行程，我在想也許我們可以去。我會把這個資料寄給你，你想想看再告訴我。」結果他一個小時後回電說：「好啊，我們去。」

業務和行銷

主動出擊型的人只要遇到需立刻行動的時候，便會充滿活力。有一天在喝咖啡的時候，我建議一名準客戶利用語言行為量表規畫事業生涯。我告訴她這種量表分析，可以找出什麼樣的活動最能引發她的工作動力並維持下去。她欣然同意，想要立刻進行。當我們走回我的辦公室時，她竟然等不及地說：「我們可以用跑的嗎？」她就是那種在工作職場上屬於超級主動出擊型的人。

從另一方面來說，被動反應型的人需要更多時間，要是能讓他們多了解一點產品或服務，才比較可能購買。他們會等水到渠成，才做出決定。我曾拜訪一名執行長，他的公司是銷售共同基金的，我去找他討論業務人員的培訓課程。在我們的第三次會談裡，他提到他的公司正在進行合併，他在「等情勢明朗」。由於

我是屬於高度主動出擊型的人，一聽到這話，立刻有個聲音在我腦袋裡響起：「你想等什麼？等上帝顯靈嗎？不是你，是誰來讓情勢明朗？」但我忍住衝動，開口請教：「哦，那情勢大概什麼時候會明朗？」因為他相信事情會水到渠成，我只好用這種說法來配合他。如果你向被動反應型的人建議這正是他們一直在等待的那個時機，或者對他們說：「為了得到你真正想要的，你不覺得你等得夠久了嗎？」甚至對他們說：「一旦有了它，你就能了解為什麼⋯⋯」他們才有可能下手購買。

有時候你可以注意到有些行銷活動是特定針對主動出擊型的人或被動反應型的人而設計，這些廣告可能在無意中洩露自己的企業文化。加拿大一家大型銀行推出一句口號：「讓我們為你們服務吧。」我的詮釋是——如果我是潛在顧客，我一定會去找他們，讓他們為我服務。當然，也可能是因為我屬於主動出擊型的人。你可能看過耐吉（NIKE）運動用品的廣告標語：*Just do it*（做就對了）。它是號召主動出擊型的人展開行動。

當你慢慢摸清了自己的潛在客戶，就會知道誰是可以從你推銷的商品身上得到最大好處的理想客戶。他們是那種會立刻跳起來，馬上作決定的人？還是得完全想清楚才會做決定的人？由於我們有創辦進階級商業影響力課程（Advanced Business Influence program；請參考資源那一章），所以我們明白我們的理想客戶就是那種一拿到資訊便會馬上運用，立刻做出決定的人。至於那些得花較長時間想清楚的人，往往不太可能會在課程裡去試用溝通策略和影響力策略，因此並不會有太大的獲益。

但如果產品或服務是屬於投資機會，那麼理想客戶就是那種在購買前可能需要先全盤弄清楚的人。這能避免買方事後懊悔和不滿，因為被動反應型客戶才比較有可能聽取財務顧問主動提供的意見。至於比較主動出擊型的客戶會比較難共事，因為他們一讀到、看到、聽到感興趣的事情或問題，便會立刻出手，長遠來看，對他們並不有利。

關係與溝通

　　主動出擊型的人和被動反應型的人這兩者要溝通會很麻煩。一個想要現在就行動；另一個可能還沒準備好。一個想要把事情想得仔細一點，查清楚所有細節；另一個則沒耐心看完所有使用條款。好吧，我其實也不知道有多少人會想要看完使用條款，不過有些人在行動或做出決定之前，是真的需要先有通盤的了解。

　　我記得當我決定改造廚房時，我先生和我最小的兒子就去清理櫥櫃，把所有東西都放進紙箱裡，再搬去車庫。但這差事才剛開始沒多久，我先生就來跟我說：「我沒辦法這樣子做事！」原來小兒子一直把東西直接丟進箱子裡，就拿去塞進車庫裡的隨便一個角落。但我先生想要先擬好一套計畫，這樣所有東西才能各有其所，事後也比較容易找得到和拆箱取出。這就是主動出擊型／被動反應型的典型衝突。「現在就做」對上了「先想想看再怎麼做」。

　　這也是我跟我先生會意見不和的地方。我通常只想把事情做完，或者就直接出門去吧，但是他需要時間。所以對策是什麼呢？我們兩個先約定好出門的時間，然後我就去把很多事情做完，這樣一來，我就不會覺得我花了超長的時間在等他。

註 1：德語與希伯來語的混合語言，意思是要很大膽。

摘要 _____

程度

問題：

這個類別沒有問題可以提問。

主動出擊型：

不多做考慮就行動；行動派。

被動反應型：

等候良機，分析，考慮和反應。

在工作職場上的比例分布：

15-20%　　以主動出擊型為主

60-65%　　中間型，兩者兼具

15-20%　　以被動反應型為主

（僅限於工作背景下，數據來自羅傑·貝利）

影響性語言：

主動出擊型：

就去做；投入；把它做好；別等了；去做就對了；就是現在

被動反應型：

理解；想想看；等待；分析；考慮；也許；可能；大概

第 4 章

要求標準：敏感話題

我問西蒙娜：「你希望工作帶給你什麼？」她的回答是：「挑戰，可以讓我充分發揮我的技能，並且培養新的技能，得到好的報酬，以及跟大家一起合作。」在工作上，這些因素對西蒙娜來說都很重要。這意味著什麼？意味了西蒙娜對工作的「要求標準」。

要求標準，是我們用來描述一個人區分好壞與對錯的方式。它們是我們給自己的價值觀——那些我們所看重的東西——貼上的個人標籤。

所謂一個人的「要求標準」，是指那些會引起生理和情緒反應的用詞，也就是所謂的**「敏感話題」**。這些用詞本身與我們一生經歷到的一連串情緒雷同事件有關，或者說它們就陷在我們的記憶裡。所以，要是聽見其中一個要求標準，那個用詞本身就會引發相關的情緒反應。

我們對要求標準都有各自的定義。光一個要求標準就由好幾個元素組成，包括有意識和無意識的。你可能永遠不需要知道在特定背景下某個人對自己的要求標準所設下的定義，只要知道在什麼情境下對他們用什麼措詞，可以激起他們對某些事情感興趣就夠了。

任何一個家庭裡的成員，都知道彼此不能碰觸的敏感話題是什麼。你的家人知道，若是他們說了某個字眼或某個措詞，你就會以某種方式做出反應。

許多人去上人際溝通課程，學員從課程中學到積極的傾聽技

巧，而這些技巧都來自於卡爾・羅傑斯（Carl Rogers）的研究成果。積極的傾聽，包括用自己的話重述對方說過的話，讓對方知道你明白他的意思。但我們現在能夠領會如果西蒙娜說她想要的是「挑戰」，而我回應她「所以你想有挑戰性的東西」，但這句話並不會讓她覺得你懂她的經驗。當我用自己的話重述你說過的話時，它會比較貼近我所認定的事實，而非你的（這和我們先前提到的真實世界無關）。為了解決這個問題，我們現在都會告訴溝通課的學員，如果你想要別人知道你懂他們的意思，就得重述他們的關鍵語，他們的要求標準。

可以引導出要求標準的其他問題：
- 你希望從……（工作、家裡、配偶關係等）裡，得到什麼？
- 你重視什麼？
- 什麼才重要？
- 其中必須有什麼？
- 你想有什麼？你想成為什麼？你想做什麼？
- 在這套專案計畫裡，有什麼條件必須出現，才能完全吻合你的需求？

做出決定，為要求標準分級

知道如何找出要求標準，加以處理，可以讓你萬無一失地確定在特定背景下什麼比較重要，什麼比較不重要。你可以試著套用在自己身上或別人身上，我會以西蒙娜為例進行示範。這個技巧稱做**為要求標準分級**。

作　　者：西蒙娜，你覺得在工作上有些事情對你來說很重要，我們把它列出來吧。

西蒙娜：挑戰，有可以讓我充分發揮自己的技能和培養新技

能的空間；還有得到好的報酬，以及跟大夥兒一起合作。

所以，我們現在這裡有四個要求標準，但我們還不知道對西蒙娜來說，哪一個不可少？哪一個可有可無？哪一個最重要？身為傾聽者的我，可能覺得其中一個對她來說比另一個重要，但那純屬於我自己的臆測。

作　　者：西蒙娜，假設我有兩份工作可能符合你的要求。在這隻手裡（伸出我的左手，掌心向上），你可以得到一份很有挑戰性的工作。在這隻手裡（伸出我的右手，掌心向上，雙手離得很開），你的工作可以讓你充分發揮自己的技能和培養新技能。哪一個比較吸引你？

西蒙娜：挑戰性。

如果你小心觀察（要在書裡描述，也是一種挑戰吧），便會注意到早在當事者開口前，其實已經做出選擇。所以兩隻手分開一點很重要，這樣一來，對方才會意識到這是兩種不同的選擇。我其實並不清楚西蒙娜是怎麼做出選擇的，但是用不同的手代表不同的選擇，等於為她創造出較為真實或具體的選項。

如果要記錄，我會怎麼記錄她的選擇？最簡單又快速的方法，就是從挑戰那裡往下畫個箭頭到可以讓我……代表她選的是「挑戰」而非「可以讓我……」。

作　　者：在我的右手有一份對你來說很有挑戰的工作。在我的左手則是一份報酬不錯的工作。如果**必須**選擇，你想要哪一個？

西蒙娜：嗯，有挑戰的工作。

作　者：所以目前為止，挑戰是最重要的。好吧，在我的左手有一份很有挑戰的工作，在我的右手，是一份你可以和大夥兒一起合作的工作。你喜歡哪一個？（我不斷左右手替換代表有挑戰的工作，以免讓它和固定一隻手產生聯想。）

西蒙娜：還是挑戰。

現在我們知道在工作背景下，西蒙娜最重視的要求標準是挑戰。為了分出等級，我們得照剛剛的方法比較其他選項。

作　者：西蒙娜，在我的左手，是一份可以讓你充分發揮技能和培養新技能的工作，在我右手，是一個報酬不錯的工作。你會接受哪一個？

西蒙娜：報酬好的工作。

作　者：在我的左手，是一份報酬不錯的工作，在我的右手，是一份你可以和大夥兒一起合作的工作。

西蒙娜：報酬好的工作。

作　者：最後一個問題。可以和大夥兒一起合作的工作在我的左手，可以讓你充分發揮現有技能和培養新技能的工作在我的右手。

西蒙娜：和大夥兒一起合作。

現在我們得知西蒙娜心裡對要求標準的優先順序：
1. 挑戰。
2. 好的報酬。
3. 和大夥兒一起合作。
4. 可以讓她充分發揮現有技能和培養新技能。

如果你需要協助別人做決定，譬如業務推銷，這方法對你的

顧客很管用。此外，也能用來輔導員工或者為客戶諮商。我都是利用它進行事業生涯輔導，因為我需要讓客戶清楚界定出自己的每一個要求標準。

想界定要求標準，最簡單的方法是請教他們：「可不可以給我一個和挑戰有關的例子？」這方法非常管用，因為一般人通常沒辦法用明確定義說明那種和過去記憶及情緒有關的東西。

此外，為要求標準分等級也有助於縮短決策過程。它可以協助人們從身心靈的層面去拿定主意。只要你能創造出一種必須做出選擇的具體環境，對方便會二選一地做出決定。

你拿不定主意嗎？

難免有人無法從你兩隻手中挑出他要的東西，從他們做決定時身體搖擺不定的樣子，便能看得出來。這意味什麼？你又該如何處理？到目前為止，我已經找到五種可能：

1. 這個人無法接受自己必須二選一的事實。
2. 其中一個要求標準剛好是另一個要求標準的元素之一。
3. 這個人為同一套經驗貼了兩種標籤。
4. 其中一個要求標準會引出另一個要求標準（對他來說，這是一種前因後果的關係）。
5. 這個人對這兩種價值觀或要求標準感到矛盾。

以第一個例子來說，如果這人無法做出選擇或者不想選擇，你得找個方法讓對方做出決定。你可以讓他們想像一下，如果他們**必須**做出選擇（雖然在現實生活中，他們可以兩者兼得），哪一個比較吸引他？

依我在不同國家和文化裡傳授和使用語言行為量表的經驗來看，我注意到有時候是礙於文化差異以致難以做出選擇。如果你

所在的文化背景向來相信一個人若真的想得到什麼，便一定能得到（譬如美國），那麼這種選擇對他們來說便無大礙。

但許多文化沒有這種觀念。事實上，很多人並不相信人生可以想要什麼，就有什麼。你必須負起責任，做你該做的事。他們之所以無法在兩種要求標準之間擇一而選，是因為他們認定自己想要的東西，可能和自己該做的事完全無關。外在加諸在他們身上的負擔，大過於自己的所欲。如果有一個團體出現這樣的問題，我們會先討論一下好的決定是由什麼因素構成。如果一個人可以暫時卸下掛慮與重擔，想清楚究竟喜歡什麼，就有機會理出頭緒，了解自己在乎的是什麼，然後才能好好考慮，與外在的承諾重新交涉。

有時候他們之所以沒辦法選擇，是因為其中一個要求標準剛好是另一個的元素之一。換言之，這個要求標準被涵括在另一個要求標準裡。你可以試著反問自己：「對你來說，充分發揮現有技能和培養新技能，是不是也算是種挑戰？或者反之亦然？」如果答案是肯定的，就讓它被涵括進來，改用範圍較大的要求標準。「所以，當我們談到挑戰時，也包括它可以讓你充分發揮現有技能和培養新技能。」

另一個可能，是這個人對同一套經驗貼上兩種標籤。這代表它們都是同樣的東西，當然很難在它們之間做出選擇。譬如有個人無法在有趣和挑戰之間做出選擇。要找出癥結所在，只要請教對方：「對你來說，有趣和挑戰是一樣的嗎？」如果對方說：「沒錯，挑戰往往很有趣。」那麼，你就知道它們之間關係緊密（他認為是如此）。所以，你可能得同時用兩種標籤才能與對方溝通。

第四種情況是，如果這個人相信其中一個要求標準會引出另一個要求標準，也就是兩者互為因果時，你可以這樣請教對方：「對你來說，如果有挑戰就可以讓你充分發揮現有技能和培養新技能嗎？」

第五種可能，是對眼前的選項猶豫不定，當事者在面對這兩

種價值觀或要求標準時會感到矛盾。他們舉棋不定，不是自言自語就是大聲說好，但後面總是有個但書。在這種情況下，你可以感覺得到這個人很難在這個背景下做出決定，他覺得自己被「卡住」了。記不記得電影《屋頂上的提琴手》（*Fiddler on the Roof*）裡，貧農泰維（Tevye）心裡的掙扎？「一方面來說……但另一方面來說……」

難以滿足？

當你請教某人「你想要什麼？」或者「什麼很重要？」對方卻一次列出十五到二十種東西時，這代表什麼？這代表這個人很難被滿足。如果他有十五到二十個要求標準，但又完全不知道哪一個最重要，一定很難做出決定，甚至很難找到自己想要的東西。你能想像一個女人用十五種要求標準去尋找自己的夢中情人嗎？

什麼是決定？所謂的做決定，通常是在兩種以上的選項裡做選擇。如果有人有很多要求標準，而且很難區分，最好的方法是協助他們把要求標準分級，再幫忙畫出一個分界點，告訴對方什麼是必要的，什麼是可有可無的。

要求標準的用途

舉例來說，如果你正在考慮購買某產品，你對它的要求標準是什麼？如果你正在考慮結婚，你對伴侶和婚姻關係的要求標準是什麼？請記住一點，背景改變時，你的要求標準也可能改變。大多數人對房子的要求標準並不同於對伴侶的。

在目標設定的過程中，你需要知道成功的所有要求標準，並了解哪一個比較重要。我們都知道能為目標清楚界定要求標準的人，比較可能快速達成目標。先為你的要求標準做好界定，它們才能在你面前變得真實具體。

有一名不動產經紀人接受我這套方法的訓練。於是他招聘人才時，便是透過要求標準的分級，來確定應徵者對工作的要求是不是符合他所開的條件。他會請教他們：「在工作上，你重視的是什麼？」再隨口問道：「如果你**有**選擇權，一個是加入工作團隊（伸出左手），另一個是在工作上做自己的主人（伸出右手），你選擇哪一個？」

假如你打算和別人一起合作專案計畫，或者打算挑選團隊或任務小組的成員，也許你會想先查探一下每位準成員重視什麼。他們的價值觀和你的一樣嗎？你可以請教他們以下問題：你想從這個計畫裡得到什麼？你想從公司得到什麼？你想從團隊得到什麼？你重視的是什麼？是這個（伸出一隻手），還是這個？你會發現這方法很容易融入日常對話裡。

我曾在當地基督教青年會（YMCA）擔任諮詢委員會的委員。當時一名女性高階成員辭職求去，因為有人告訴她，地方分會不可能設置全職常務董事。結果她一離開，人事竟然重新洗牌，設置了全職常務董事。身為委員的我因此事的不公，而暴跳如雷。

隨後我成為某促進會的會長，負責檢驗我們青年會是不是有制度上的缺失，使某些人無法享有與他人一樣的機會。我們提出建言，希望自己成為更好的雇主。

我們先設定目標，也界定了方法，接下來就是為促進會命名。有些會員建議可以根據最近通過的法案取名為「就業平等促進會」。可是我說很多人（尤其是男性白種人）已經因為這條法案倍感威脅，要是我們的名稱和它聯想在一起，青年會裡的員工恐怕不會支持我們。

最後我們取名為「公平就業促進會」（The Fairness in Employment Commitee），所發出去的員工問卷也得到百分之八十的回覆率。我對這個促進會的名稱看法是，我們取的名稱必須讓所有員工都覺得有正面意義，避免觸動任何負面敏感話題。

大腦以及根深柢固的要求標準、價值觀和信念

　　研究人員進行了幾個與根深柢固的政治信念有關的實驗，想知道當提出的證據與這些信念相牴觸時，大腦會出現什麼反應。[1]結果發現在面對違反信念的證據時，內側前額葉皮質和杏仁體的活動量會上升。這些部位都是大腦對自我認同和負面情緒做出反應的區域，我們在這塊區域裡思索自己的身分和感覺到自己受到威脅。我在團體教授所謂的要求標準時，常會進行一種非正規的實驗，用口說的方式奪走他們的要求標準，再還給他們。結果他們都很驚訝這實驗竟然會先對他們的生理和情緒造成很深的不安感，隨後才又覺得釋懷。跟大腦相關的研究正在逐步證明當你遭遇的資訊有違自己的信仰和價值觀時，大腦也會做出負面反應。

透過要求標準來發揮影響力

　　如果依這個研究來看，你哪有可能改變別人的想法？因為跟人家對峙搞不好會帶來反效果，不是嗎？不過這就跟書裡一開頭提到的影響和說服原理一樣，你必須先走到對方的公車停靠站，不帶批評地認同他們以及／或他們的要求標準。

　　我曾和某位客戶有過一場對話，當時他因北美洲的網路營銷活動出乎意料之外地「沒有得到熱烈迴響」，無法跟他在東歐市場通常會有的成效相提並論，而感到氣餒。我想要他試試看一位有名的網路營銷專家的新策略，於是趕在下次碰面之前，先寫了一封電郵給他。我在信中提出建議之前，先開場白地說，有鑑於他很擔心營銷活動未如所料地「得到熱烈迴響」，也許我們可以討論一下利用我跟他概述過的那套策略做一場 A/B 測試（A/B Test，兩種行銷手法的成果比較）。結果他的回應非常熱絡。

　　還有一次我寫了一篇部落格文章，談到二〇一八年布雷特・卡瓦諾（Brett Kavanaugh）被提名擔任美國最高法院（American Supreme Court）大法官的爭議，以及克里斯汀・布萊西・福特博

士（Dr. Christine Blasey Ford）的性侵證詞這整起事件在潛意識裡的性別隱喻，當時很多人對我的說法提出看法。[2] 其中一位我私下還滿欣賞他的，只是政治立場不太一樣，他大力反對我在部落格裡寫的東西。他寫信告訴我：「你要不要考慮在你的評論裡補充一下這些資訊。」然後就在他的電郵裡附上諸多右派的消息來源，都是在談民主黨如何鬥爭卡瓦諾。

我回覆他的時候是先親切招呼他，說這麼久沒聯絡了，真的很高興能接到他的來信，再問他最近怎麼樣。接著，我用了人類溝通裡頭最強而有力的四個字「你說得對」，來連結雙方都可能同意的某種相關說法，然後才言簡意賅地解釋我在部落格裡試圖做的事情，最後以溫暖的問候作為結語。

以下是我寫給他的回信，以及他那令人意外的回函：

嗨，某某某

很高興接到你的來信！你最近好嗎？我很好奇我們很久以前討論過的那些案子後來怎麼了。

你說得對……眼前這件事的確有很多層面，而且在這個高度政治化的環境裡，每個人的動機都是以個人利益為出發點。我只是想用隱喻的方式來分享蘇略特・哈登・埃爾金（Suzette Haden Elgin）的分析。

給你一個大擁抱！

雪兒

嗨，雪兒

這兩年忙得像無頭蒼蠅。（忙著健康檢查和推展幾個重大專案。）家人一切都好，孫女們的足球比賽棒透了。謝謝你寄了那篇分析給我，我合十祈禱雙方都能重回自己的崗位，找到共識來幫助所有人，而不是試著撕裂我們。

他們似乎靠這套方法募集到不少錢，所以也許改不了。但只能有單一觀點的這種態度，是絕對不可取的。我相信你的遠距婚姻現在仍維持得跟你本人一樣那麼美好。

祝平安

某某某

我的方法是先跟他親切招呼，避免直接挑戰他的論點，尋求一致的共識（要求標準），然後在不試著說服他同意我觀點的情況下解釋自己的立場。我很高興他也放大了這件事的格局，衷心希望未來會有更多的共識。這個對話與社群媒體裡一貫有的價值衝突方式大相逕庭，後者最後總是淪為人身攻擊，像高德溫法則（Godwin's Law）[3] 說的那樣互罵對方是納粹。

業務和行銷

收集某人的要求標準，是推銷及任何需要靠影響或說服他人的手段的先決條件。技巧拙劣的業務人員只會推銷產品（通常他們只從自己的要求標準著眼），完全沒有考量準顧客真正想要的是什麼。「小姐，這部車你要什麼有什麼：里程數不高，又很好開，車身旁邊還有亮晶晶的貼花！」我稱這種方法是「亂槍打鳥」。誰知道呢？也許真的可能瞎貓碰到死耗子。

許多市場研究員會去調查消費者的要求標準，這樣一來，廣告詞才能切中目標消費群所在乎的事情。如果你想引起別人的注意，並加以維繫，便得將你的計畫內容和他們的要求標準接合起來。

通常我在演說前，會先進行問答。我會先問其中一名聽眾：「你溝通時，最重視的是什麼？」或者「如果你知道如何理解、預測和影響行為，你會想把這種能力運用在什麼地方？」要是有人的答案是：「運用在談判過程中，這樣就能知道如何提出對方

可以接受的建言。」這時我就會把這些要求標準和我的演講重點連結起來。

許多人都低估了配合對方的要求標準所帶來的效應。有一次，在做小組示範時，我利用了一名女士最在乎的要求標準來告訴她，有個很棒的工作機會可以提供給她。我沒有告訴她那是什麼工作，只是單純利用她的要求標準告知她：「他們真的很需要你，他們會很感激你的貢獻，工作方法由你自行主導，而且工作時數是固定的。」她連問都沒問這份工作是什麼，便直接答應了。

我認識一個人，為了追求一份完全吻合他要求標準的工作，特地從新英格蘭搬到加州來，最後卻發現那份工作和那家公司完全不符合自己的期待。當你利用要求標準來說服對方時，務必要履行你所承諾的一切，否則他們可能會把所有的失望和憤怒都朝你發洩。要求標準是言語的觸媒，可以引發各種情緒，包括正面和負面。我兒子一年級時的閱讀有問題，我們經常在家練習，老師還幫他報名參加「閱讀社」。志工媽媽會從教室裡將閱讀社的社員帶出來，另聚一室幫忙他們練習閱讀。一年級快結束的時候，我的兒子終於有了進步。但他總結經驗告訴我：「只有笨小孩才會去閱讀社。」

二年級一開學，我就去找老師，因為他們要傑森繼續參加閱讀社。我跟他們解釋閱讀社在我兒子心中所代表的意義，然後告訴他們，我不想讓他再參加了。我們討論了很久，他們終於同意，而我也同意我會繼續協助他。兩週之後，我兒子告訴我：「他們今年沒有要我參加閱讀社，因為我現在閱讀很厲害了。我不笨了。」後來那幾週，他的閱讀能力進步神速。

千萬記住，如果你要透過要求標準來發揮影響力，就得在對方表明自己的要求標準時，也確切地陳述出來。當你在跟潛在客戶或接受你輔導的客戶一起共事時，這一點尤其重要。因為如果你改用自己的話來轉述對方的說法，可能會發現雙方之間的融洽度和契合度頓時降低。相反的，如果你使用的是對方的要求標準，他們會馬上點頭如搗蒜地附和你。

註 1：Kaplan, Jonas T., Sarah I. Gimbel, and Sam Harris, Neural correlates of maintain one's political beliefs in the face of counterevidence, *Scientific Reports* volume 6, Article number: 39589 (2016), bit.ly/ScientificReportsV6

註 2：bit.ly/JudgeKavanaughandDrBlaseyFord

註 3：高德溫法則的說法是，當線上討論的時間愈來愈長，搬出納粹或希特勒來類比的機率就會趨於 1，也就是百分之百。換言之，如果某線上討論（無論什麼主題或範疇）進行得夠久，一定會早晚有人罵對方是希特勒或納粹，於是這整場討論或這些帖子就會在這種類比出現的時候實際告終。取自於 bit.ly/GodwinsLawWikipedia。

摘要

要求標準
一個人在特定背景下為重要事物所貼的標籤。它們是敏感話題，因為它們會和情緒及過去的記憶產生連結。

問題：你希望從……得到什麼？
　　　你重視什麼？

影響性語言：
利用當事者的要求標準引出興趣和維繫興趣。當一個人聽見自己的要求標準時，會立刻感受到和那些言語有關的情緒。

第 5 章

紅蘿蔔或棍子：動力方向

什麼會引發一個人的行動？他們朝什麼方向移動？
是朝目標前進還是遠離那些有待被解決或防範的問題？

等你熟悉這個類別後，便能防範和避開許多問題，知道如何更有效地達成目標。

在這個類別裡有兩種型態可用來描述一個人在特定背景下的移動方向。他們不是**朝向**目標前進，就是**遠離**問題，每個型態都會以純粹的形式來描寫。

朝向型

在特定背景下屬於朝向型（Toward pattern）的人，會把焦點放在自己的目標上。他們是從目標有待達成的角度去思考。他們會積極地去擁有、取得、實現和獲得等。由於他們的重心是擺在有待實現的目標上，所以很擅長管理事情的優先順序。再者，他們會因目標的存在而立刻精力充沛。

他們往往不太知道什麼是應該避開的麻煩，也不太會找出問題。極端一點的人會被別人認為太過天真，因為他們從來不考慮可能的阻礙。

遠離型

遠離型（Away From pattern）的人會注意自己該避開什麼和放棄什麼，才不會有問題。他們只有在出現有待解決的問題或有待避開的事情時，才會產生動力。他們因威脅的出現而變得精力充沛。有個業務員告訴我：「如果我不去那裡推銷，月底就沒錢付帳單。」最後期限的逼近會迫使這些人產生行動。在特定背景下屬於遠離型的人很擅長排解爭端，解決問題，並在規畫期間指出可能的阻礙，因為他們會自動找出正在或可能出錯的地方。

他們或許沒辦法將注意力一直放在目標上，因為他們很容易被負面狀況分心，忍不住想回應。這種人會為了解決某個問題而丟下一切。再極端一點的會忘了原來的優先順序，只專注在危機的處理上。如果這個人是部門或組織裡的最高主管，整個組織便會以危機管理的方式在經營。遠離型的人不太懂得管理事情的優先順序，因為只要哪裡出了岔，便會吸引他的注意。在特定背景下，屬於強烈遠離型的人，常會被認為玩世不恭或憤世嫉俗，尤其會被朝向型的人這樣認定。

✪ **比例分布 %**（僅限於工作背景下，數據由羅傑・貝利提供）

以朝向型為主	40%
中間型，兩者兼具	20%
以遠離型為主	40%

在特定背景下，大多數人在這個閉聯集裡是偏朝向型或偏遠離型。

型態的辨識

> ## 問題
>
> **為什麼重視那個**（他的要求標準）**?**（最多問三次）

✻ 朝向型：句子結構

- 會談論他們得到、實現、取得、擁有什麼等等。
- 涵括……
- 他們想要什麼、目標。

✻ 朝向型：肢體語言

- 指著某樣東西；不停點頭；涵括的手勢。

✻ 遠離型：句子結構

- 會提到有待避開的狀況；有待擺脫的問題。
- 排除不要的狀況或事情。
- 問題。

✻ 遠離型：肢體語言

- 排除的手勢；搖頭；用雙臂表示某件事情應該避開；有待擺脫。

！注意

注意聽對方說話時，接在**因為**後面的內容是什麼，它會顯示出這人是朝向型還是遠離型。

朝向型：

「……我個人很滿意，而且會升官。」

以朝向型為主：

「……我會升官，而且我個人很滿意，以後可以賺更多錢，不必再去推銷。」

中間型：

「……我個人很滿意，不必再去推銷了。」

以遠離型為主：

「……我不用再做那些例行工作，或者不必再經常離開家人，而且我可以升官。」

遠離型：

「我不用再做那份無聊的工作，不再有工作期限追著我，背後也不再有老闆監督我。」

建議：你需要循序漸進地請教問題，就像下面的例子：

作　者：亞當，在你的工作裡，你想要什麼？（要求標準）

亞　當：**我想要**工作有成效，是我比較熟練的，內容要有趣，人家會把你當一回事。

作　者：好吧，亞當，為什麼你那麼重視這些？

亞　當：因為我想幫助別人。

作　者：為什麼幫助別人那麼重要？

亞　當：因為幫助別人可以讓我覺得很有成就感。

作　者：為什麼成就感那麼重要？

亞　當：哦，這就是我想從工作中得到的東西。

以下是另一個不同的例子：

作　者：喬安娜，你想要什麼樣的工作？
喬安娜：我想知道什麼是我必須做的，然後根據我的表現來評鑑。
作　者：為什麼你這麼重視這些？
喬安娜：因為它讓我有安全感。
作　者：為什麼安全感這麼重要？
喬安娜：如果我自己沒有安全感，就沒辦法給我小孩安全感。
作　者：為什麼這件事這麼重要？
喬安娜：我才不會去傷害我的小孩。

　　喬安娜為了防範某種後果，而對工作設下要求標準。至於亞當則是為了得到某種成果，而對工作有所要求。

　　我們之所以多次請教動力方向，是因為想更精確知道對方會把力氣放在哪裡：是目標朝向型還是遠離問題型。依我的經驗，如果問題只請教一次，不管對方實際屬於什麼型，都只會得到單線性的朝向型答案。我認為那是因為我們有很多人都認同「正面思考的力量」，所以低估了找出問題的重要性。

　　用以下的問題來請教三次左右，才能知道是什麼促使當事者在那樣的背景下採取行動：

＊ 可替代的問題：

- 重點是什麼？
- 為什麼這麼費心？
- X 的重要性在哪裡？
- 對你來說，這裡頭的意義何在？

背景的改變

　　所以，你上次為什麼離職？因為你再也忍受不了？還是因為有了更好的機會？你為什麼和以前的配偶分手？因為你不快樂，還是因為有人在等你？你上次為什麼去度假？因為你想擺脫瑣碎的工作，休息一下？還是因為你對於某件事特別感興趣？在某種背景下，你可能是朝向型，但在另一種背景下，卻可能是遠離型。

　　你的方向可以一直改變嗎？ 可以。你對某單一重大事件的回應也可能改變你的型態。假設某人是朝向型，他的各種生活習慣都對健康不利，後來心臟病發作，結果你猜怎麼著？由於心臟病發作是一種很可怕的經驗，因此他可能改變方向，開始想遠離健康問題。他可能改變行為，戒菸，勤於運動，改變飲食習慣，諸如此類等，因為他不想再心臟病發作。有些成癮療法便是根據這個原理在運作。

　　還沒有動力去做任何改變嗎？有時候人們不想改變生活，是因為他們沒跌進谷底。有種問法可能有幫助：「你現在的感覺已經糟到想做些改變了嗎？或者你寧願等感覺更糟了，才想改變？」

＊ 影響性語言

　　適度利用影響性語言，可以得到對方全部的注意力，也就不必不斷重複說一些事。你們可以建立更好的默契，因為你已經能配合對方的想法，不用再花時間去找出同樣的波長。你們的關係已經建立好，可以避開很多誤解。

以下是會使用的典型表達方式：

朝向型

- 取得；獲得；擁有；得到；包含；實現；讓你能夠；好處；利益；這就是你能成就的。

遠離型

- 將不必;解決;防範;避開;訂正;不必處理;擺脫;
  不是完美的;讓我們找找看哪裡出了錯;以後就沒問題
  了。

為什麼要設定和達成目標?

很多年來,大家都在傳授和學習目標的重要性。而且已經多次證明如果沒有目標,很可能找不到你真正想要的東西。最後一句是朝向型還是遠離型?遠離型。如果沒有目標,就哪裡也去不了。

當我們在討論一個人的動力方向時,我們討論的是,是什麼「**引發**」他去做某件事。拿設定目標來說,我為什麼要為我的事業設定目標?因為如果我不這麼做,我會變得沒有條理。我在工作上是遠離型的人,但我會設定目標,因為對我來說,只要出現很吵的雜音,我就會分神,所以為了專注在有待完成的工作上(尤其不想變得沒有條理),我大概每兩個禮拜便得反問自己:「我是從事哪一行的?」這可以幫忙我重新定位我真正要做的事。對遠離型的人來說,另一個可用來反問自己的好問題是:「這活動能夠配合我的目標嗎?」

朝向型的人需要反問自己:「我的計畫管用嗎?我還需要做其他的預測嗎?還有什麼我沒想到的地方可能出錯?」他們可能需要別人扮黑臉,才能確保他們夠務實。

在團隊裡,如果朝向型和遠離型的比例能夠均衡,便有助於目標的設定、應變計畫的製作,以及優先事務的看重。

是害怕成功,還是害怕動力方向?

遠離型會影響目標的達成。約翰・歐文朵夫(John Overdurf),是我認識的一位很優秀的 NPL 訓練輔導師。有一次,有個客戶來

找他，那個客戶說：「我很沮喪，我的人生徹底失敗。我曾經有四次成了百萬富翁。」乍聽之下，你可能會說：「你曾經當了四次百萬富翁，那還有什麼問題？」讓我們仔細想想，如果他曾經四次成了百萬富翁，就代表他曾經三次失去所有。所以，讓我們看看這是怎麼回事。

約翰問了他一些問題，結果發現在工作上，他是極端的遠離型。他的工作動力是為了遠離貧窮。現在讓我們來畫個圖表，以便了解他的型態。在垂直軸上，是他的動力值，或者說他的動力有多強，從最底部的「沒有動力」到最頂端的「很有動力」。然後把收入放在水平軸上，從零收入一直到一百萬。如果他很想要遠離貧窮，也就是遠離零收入，他的動力有多強呢？很強。可是等他賺到了錢，會發生什麼事呢？他的興趣程度隨著收入的增加而遞減。一旦貧窮不再是眼前的問題，他就不會照合約完成工作，或者忘了向準客戶報價，抑或延誤工作，沒繼續追蹤後續作業。就算有一份大合同即將到手，可以讓他的財產突破百萬，他也會說：「啊，等我有空再處理吧。」唯有受到貧窮的威脅時（不管貧窮對他來說代表的意義是什麼），他才會有很強的動力不計代價地去爭取收益。

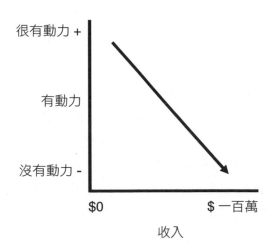

雖然這屬於極端例子，卻說明了何以高度遠離型的人需要定期重新定位自己的目標。

如果有人被問到為什麼重視那件事，結果他給了一個答案「自由」，千萬別以為他就是朝向型或遠離型。最好去探究對方的意思，是免於什麼樣的自由，還是為了爭取什麼樣的自由。

給自己一個動力

有時候人們會急切地展開目標，完成它們。但有時候他們雖然行動了，卻沒有完成。（想想看那些新年新希望、每年元月的健身房會員人數等等。）也有些時候他們雖然說這目標對他們很重要，但還是不會付諸行動。要想提升你個人效率，不妨留意一下你完成目標時和沒有完成時，會發生什麼事。

比方說，你會覺得追求一個長期性目標，對你來說很難嗎？那麼你可能需要碰上一件很討人厭的事情，才會逼你展開行動去完成那個目標（遠離型動力）。我就有過類似經驗，那就是當我注意到我的**牛仔褲縮水了**。這件討厭的事情會給我一個動力重拾我的個人健身和飲食計畫。雖然這是一個逼我開始行動的好方法，但無法讓我長久保持這股動力，就像約翰的客戶想要「遠離貧窮」的那個例子一樣。

如果你想長久保持住那股動力，可以想像你要的那個目標就在你眼前。譬如我腦海裡會有個畫面，想像自己穿進那件我最愛的緊身牛仔褲，感覺到那個畫面的吸引力，像是把你整個人吸了過去。這也是為什麼你可以同時利用遠離型和朝向性兩種動力來幫忙你產生動力，並留住這股動力來完成你的長期目標。

如果你急著想展開目標和計畫，希望能夠實現它們（朝向型動力），但是過了一陣子就失去興趣，那就補充一些遠離型動力吧。反問自己要是沒完成目標，會有什麼不良後果？這也是為什麼期限這種東西可以幫得上忙。若沒在期限前完成，恐有不良後果，這一招將可幫忙你維持住那股動力。

我就是靠這個方法成立和組織了一個協會。義務性質的董事會得趕在大家現身參加年度全體大會的期限之前先行召開會議，將協會創建起來。我們就是靠著這個期限不斷地往前衝。

如何了解你自己的成功策略，欲知更多這方面的資訊，請看我的電子書和有聲教材《希望、想要、實現》（*Wishing, Wanting and Achieving*）。[1]

正面思考或負面思考？

很多人第一次聽聞這些型態，都以為朝向型的人是正面的，遠離型的人是負面的。會做出這種判斷，是因為一般人對「正面思考」有先入為主的觀念。但請記住，**這些型態只是說明什麼事情會引發當事者採取行動。**

在此引用德蕾莎修女（Mother Teresa）說過的一句話，她說：「我是在發現自己心中住了一個希特勒之後，才展開義行。」她的動力方向屬於遠離型。眾多遊說團體的基本動力也都是為了遠離某種他們無法苟同的慣例。這些團體以及所謂的反對黨（「反對」這字眼的意思不就是遠離型嗎？）通常都會留意政府立法是不是不足或出錯，以至於無法落實環境的保護、受害者保護法、核安規定、福利改革等等。很多記者也都具有這樣的動力。

二〇一八年英國脫歐的危機期間，首相德蕾莎・梅伊（Prime Minister Theresa May）的保守黨內閣成員起了異心，暗中找人大肆批評她，指出她跟歐盟協商的交易內容有問題，卻不提出任何替代方案。[2] 他們純粹是在「遠離」他們不想要的梅伊。

勞資關係裡的言語衝突

在勞資關係和協商談判的過程中，衝突的發生不單純只是因為勞資之間既有利益的對立，更是因為兩方之間的文化差異。如果可以做一個歸納，我會把管理高層歸為朝向型。目標、經營計

畫、宗旨等都屬於朝向型活動。而工會存在的主要原因是什麼？概括而言，工會存在的目的是為了保護會員免於遭遇不幸，譬如薪水過低、不良工作環境、裁員諸如此類等。

通常，資方和勞工的想法、步調是不一致的。資方往往是為了朝目標前進而展開協商，至於勞工則會試圖去防範某些事的發生。

在許多勞資衝突裡，都有明顯的例子可以看出這些型態的運作。主要的爭議可能都卡在職安、退休福利，以及工會鐵了心要防範資方對其中項目的決策可能生變，尤其是在面臨可能有的民營化、裁員，或甚至關廠等重大事件時。而資方為了提升競爭力，也常常是鐵了心地執意修改工作合約。以這個例子來說，雙方是往不同方向移動，而且就像那種衝突節節升高的勞資糾紛一樣，兩造都是基於不同的要求標準在作業。

如果勞資雙方都能學會理解對方的引發點與要求標準，並學習站在對方的立場上進行溝通，便可提高雙方達成協議的機會，減少紛爭。當然，在現實世界裡，不是所有工會都具有遠離型的動機，也不是所有雇主都是朝向型。

創新事業和資助新成立的公司：誰才能拿到錢？

《科學人》（*Scientific American*）有一篇文章談到創業資本的籌募，內容顯示資助者除了評估這門事業的商機或點子之外，無論評價是什麼，「都一定會去資助令他們有好感的創業者。」[3] 但是投資者是怎麼決定他們對創業者有無好感呢？這位作者的研究證實了投資者（包括男性和女性）通常會向男性創業者請教他們要如何「求勝」，但對女性創業者則是請教她們要如何「避開失敗的可能」。這表示男性創業者被問的都是朝向型的問題，強調的是潛在機會和推廣策略，至於女性創業者則得回答遠離型導向的問題，強調的是潛在的限制因素和重重困難。作者的結論是：「男性比較可能被當成獨具魅力的創業者，他們創辦的公司有一

天會成為亞馬遜（Amazon）、谷歌（Google）或優步（Uber）之類的大公司。而另一方面來看，女性則被想像只能成為勉強開門營業的那種公司老闆，屬於小型企業，走生活風格路線，名不見經傳。」

最後出爐的資助結果，就可以看得出來投資者對朝向型／遠離型的偏好程度：通常都是給了朝向型的男性創業者和遠離型的女性創業者。儘管在美國，百分之三十八的企業是女性創業者在當家，但在所有創業資本裡，只拿到了百分之二。

那要怎麼辦呢？作者曾提到如果創業者回答的是遠離型的問題，拿到的資本額普遍比較低，但如果他們把焦點轉移到「推廣」策略，使用目標導向式（朝向型）的語言，結果就大不同。

這裡要提供所有尋求資金的創業者一個訣竅：如果投資者的提問是在強調你可能面臨的問題，你只要簡短回答會如何避開那個問題，隨即轉移話題，談你要怎麼達成自己的目標。

政治分歧：是朝向型和遠離型的問題嗎？

雖然避開危險（遠離型）是人類的天性，深植在我們的DNA裡，但過去十幾年來的研究[4]顯示，保守派人士會比自由派人士對恐懼和人身威脅更敏感一點（從幼兒期就開始了）。但是當自由派人士實際經歷過人身傷害的威脅時，就會變得比較保守。因為曾做過一種實驗讓保守派人士感到安全，結果他們的觀點就變得跟研究組裡的自由派人士沒什麼兩樣了。這很有趣吧？

職業也有分型態

有些職業在本質上是朝向型或遠離型。舉例來說，在西方國家裡，一般醫學的作業方式是屬於高度遠離型。醫藥從業人員的文化（不同於個人的文化）都是把焦點放在病人的問題上，設法遠離病痛和死亡。我最近完成某家醫院的所有藥劑師檔案分析，

結果發現十七名藥劑師裡有十四名在工作上都屬於偏遠離型或高度遠離型。剩下三個只是輕微的朝向型。在文化使然下，醫學教授也都屬於遠離型，因此當他們想到整體健康觀念很值得推廣時，便稱它為預防醫學（Preventive Medicine）。

遠離型適合用來治療（擺脫）疾病。因為當你急症發作，衝到醫師面前時，他怎麼可能無視症狀，只問你的健康目標是什麼？

在了解這些不同型態之後，你可能已經可以自己推斷不同職業的文化型態了。

人才招聘

如果你打算招聘人才，最好先弄清楚這份工作的日常作業，是以解決紛爭和問題為主，還是專注在目標的達成上。雖然大部分的組織現在至少都會口頭支持以員工目標為基礎的績效評鑑法，但你最好還是仔細地檢查這份職務的日常作業內容。

當年我在協助某設計製造公司招聘工廠經理之前，必須先有一份清單，知道這個人得承擔哪些責任和任務，包括監督生產報告；調查生產、運送和資料輸入過程中失誤發生的原因，以確保運送得當；達成品管要求；遵守政府法令；與供應商協商；以及設施維修。除了與供應商協商之外，幾乎多數活動都是要求工廠經理找出問題、預防問題和解決問題。在這種情況下，一個朝向型的工廠經理可能會為了達成生產目標，一味向前衝，以致沒注意到許多潛在的錯誤和疏漏（我注意到很多遠離型的人常把目標稱為「截止期限」）。我也分析了管理高層，以確保管理團隊的組成均衡，會有人負責查看目標的達成與否。

如果你想招聘一個很願意將手邊工作做好的人，最好先確定這份工作是目標導向，還是以解決問題為主。你需要的是一個喜歡朝目標前進的人？還是一個樂於解除危機的人？

在本書的應用單元裡會說明徵才廣告該如何撰寫，才能吸引「適任」人選。

人才管理與任務指派：蘿蔔與棍子

既然多數經理都已經有自己的團隊，那麼最好的方法就是找出團隊的長處在哪裡，加以充分利用，不要受制於短處。

要激發朝向型員工的工作動力，並要他們保持下去，便得分派任務要求他們達成目標。你可以告訴他們完成任務的好處是什麼，譬如提升效率，增加部門營收，或者獲贈紅利。在會議上，他們會把焦點放在目標上，不太有耐心討論哪裡可能出錯或正在出錯。他們認為那些討論內容都算離題。你必須向他們解釋討論這些問題的好處是什麼，而且一定要利用朝向型的措詞。「如果我們現在先討論可能面臨到的問題，先規畫好對策，便能更早達成目標。」這種說法絕對好過於「如果我們現在不去面對問題，未來一定措手不及。」

朝向型員工如果又是主動出擊型的人，若是把目標留給他們自己去衝去闖，以後恐怕難以收場，因為他們不太注意潛藏的障礙，或難以預見的不良後果。

遠離型員工會讓會議變調，成了批判大會，

我們現在要請莊孝維博士來教我們如何預防工安意外

只顧著檢討眼前提案有哪些地方出錯。為了讓他們接受和支持在會議中設定的目標，便得向他們解釋為什麼謹記目標可以防止團隊作業失去重點，因為失去重點等於浪費資源，所以必須分配一點時間做災害預防。他們的主要任務是解決和修補問題。迫在眉梢的危機最能令他們精力充沛。「如果這東西不準時交出去，他們會讓我們死得很難看。」身為主管的你最不該對遠離型員工做的事，就是搬走所有問題。他們會說：「一切正常，這讓我很擔心。」此外，身為主管的你，恐怕不會想看見因為給了遠離型員工一個朝向型任務而造成的可怕後果。

另外，我也建議你別找朝向型員工去校對文件，他們挑不出毛病的。如果你能一眼看見文章裡的錯誤，這表示在閱讀的背景下，你是屬於遠離型的人。我曾把這本書的初稿拿給一位朋友看，但我忘了她是朝向型的人。結果她除了幫我多加兩個逗號之外，只告訴我：「這本書太棒了！」然後繼續暢言她喜歡書裡的哪些部分。

走出寫作撞牆期

你在寫信、寫報告、寫論文或寫書時，是不是曾遇過撞牆期？如果這種事經常發生，這表示你在這個背景下很可能是遠離型的人。對遠離型的人來說，要他們糾正錯誤比要他們專注在寫作目標上，來得容易而且更有動力。

我的原則是盡量靠自己的長處工作，不被短處左右。所以，既然我自知是遠離型的人，就決定用我最擅長的方式寫這本書：修補原本就有的東西。為了做到這一點，我先把同一個主題下的一系列錄音帶，轉錄進 CD 裡。接著再架構書的章節，將轉錄好的單元放進去。最後才開始做有趣的部分，包括更正內文，將口語內容改成文字，尋找裡頭的錯誤和疏漏，進行更新，補充新的例子。

我告訴作家嫂嫂，我平均一天可以生產二十二頁文章。她覺得不可思議，直到我向她解釋：「我不是一天寫二十二頁，只是更正二十二頁的內容，同時補充可能的疏漏。」

對於正遇到寫作撞牆期的你們，我的建議是在紙上隨便寫什麼都好（或者在電腦螢幕上），就算必須請別人草擬一封信都可以，然後再做修正。這樣一來，寫作工作就不會太乏味，你也不必浪費太多時間苦思該寫什麼。

一條很朝向型的狗！

當然，如果真的沒有東西可寫，這一招是不管用的。

業務和行銷

我只是出於好奇地打了通電話給當地的汽車協會（Automobile Association），請教他們：「別人為什麼要購買你們的旅遊服務？」他們告訴我，百分之九十的會員之所以加入協會，是為了避免車子毀損後，得付天價的錢去拖車。所以，從汽車旅遊的背景看，大部分的會員都屬於遠離型。

我和他們一起處理會員的挑戰。其中一個挑戰是讓會員真正使用他們所提供的旅遊服務，因為他們發現，那些沒有使用任何服務的人續購的可能性很小。為了解釋什麼是朝向型和遠離型，我帶了管理階層到樓下櫃檯去偷聽顧客說什麼。結果每個顧客都說他們不想自己處理各種昂貴的損壞問題。於是我們重新設計了這家協會的行銷、業務和顧客服務流程，盡量以遠離型語言為主。「免除你一切煩惱的單一窗口旅行社」、「你不必再處理……」、「你不必再擔心……」、「免手續費的旅行支票」、「節省你時間」等等，這幫助他們提高了續購會員的比例，因為更多的人使用了更多的服務。

　　保險也是另一種遠離型商品，大部分顧客購買保險是為了幫自己和家人避開麻煩。但另一方面來說，投資在本質上卻屬於朝向型商品。試想當保險公司也開始推出投資性產品時，保險業務人員應該會覺得很頭大，他們得將保戶的思維轉成朝向型。不過，通常他們只是沿襲以往的推銷模式，直接指出若是盲目投資，財務便會陷入危機。我曾協助某大型藥廠的行銷部門分析市場，並從分析結果的角度去檢討它的平面廣告，其中預防尿失禁的廣告特別成功。廣告上是一位六十多歲、滿面笑容的男性，在美麗的豔陽天下揮桿高爾夫。標題是：「十八洞，沒有意外。」在我們分析之前，他們一直以為這則廣告效果所以好，是因為意象很陽光。後來才明白是因為產品和市場的本質都屬於遠離型，所以是標題帶來的正面迴響。

　　身為業務人員或行銷主管的你，在規畫推銷方法或行銷活動時，其實可以有幾個選項。你可以先檢驗產品或服務，確定它們在本質上屬於朝向型還是遠離型，再設計方法吸引正確的目標市場。此外，如果你的產品或服務兩者兼具，策略的設計便得根據兩種顧客的動機予以修正。另一個選項是別管產品的特性是什麼，先去找買過你產品或用過你服務的老顧客，全力提高那個市場裡的占有率。或者，如果你的消費市場已經飽和，可以考慮能

否利用適當的影響性語言，去進攻另一種型態的消費者所占據的市場。

　　許多推銷類書籍會告訴你，消費者的購買動機無非是為了獲取某種利益或逃避某個問題。先利用「為何重視它」這個問題，確定動力屬於朝向型還是遠離型，再使用適當的影響性語言。如果想賣房子給朝向型的家庭，你可能得告訴他們（如果這符合他們的要求標準），住在這裡，離學校很近，還有很多房間，大眾交通運輸也在附近。若是遠離型家庭，你可能得說它離學校不遠，屋子不會太小，就算要搭交通運輸，也不必走上好幾哩才有捷運站。

　　一名研究過語言行為量表的房屋仲介人員使用之後發現到，他一年只需花三分之二的時間便能達到自己要求的收入水準，而當時正處於經濟蕭條期間，已經有許多仲介人員離開這一行。

網路銷售和行銷

　　我曾向一些知名的網路銷售專家拜師學藝，然後自己上網賣產品，但是遠離型的賣家可能比較能被人點閱，卻不足以引發購買行動。這表示雖然你能證明你懂他們的問題和痛苦所在，能夠得到目標消費群的注意，但潛在顧客還是需要感受到一股拉力拉向適合他們的對策上。當然，也不是這麼單純而已。但如果你可以創造出那種遠離問題、朝向對策的氛圍，你就已經能讓客戶開始起心動念了。

註 1：Wishing, Wanting and Achieving e-book and audio recording by Shelle Rose Charvet: bit.ly/WishingWantingAndAchieving
註 2：bit.ly/UkCabinetResign
註 3：bit.ly/FemaleEntrepreneursHarderTime
註 4：bit.ly/YaleExperiment

摘要

方向

問題：為什麼重視那個（要求標準）？〔請教三次〕

朝向型：
積極完成或實現目標。

遠離型：
積極解決或避開問題。

在工作職場上的比例分布：

40%　以遠離型為主

20%　中間型，兩者兼具

40%　以朝向型為主

（僅限於工作背景下，數據由羅傑‧貝利提供）

影響性語言：

朝向型：
取得、獲得、擁有、得到、包含、實現等。

遠離型：
避開、防範、去除、解決、擺脫等。

第 6 章

來源：你真的可以讓別人照著你想法做嗎？

這個人的動力來自於哪裡？
來自於外面的評價，還是本來就自有定見？

這個類別處理的是動力來源，換句話說，動力的所在位置。判斷的來源在哪裡？是來自於一個人的體內，還是外在環境？這些型態人格會影響你的判斷和決策方式。等你學會之後，便能決定如何妥善運用它們，別人也會注意到你效率的大增。

以下是兩種型態：

內在型

在特定背景下是內在型（Internal Pattern）的人，會自行由內產生動力。工作品質的好壞他們自有定見，礙難接受別人的意見和外來的指導。如果他們自覺表現不錯，卻得到負面評價，便會質疑對方給的意見或回饋。他們寧願自己判斷，即便面對的是令人不得不信服的證據。

他們會很積極地向外蒐集資訊，再根據自己的標準做出決定。由於他們會將命令當成資訊，所以很難接受監督。「我老闆要我在星期二之前把這東西弄出來？真有意思。」

他們不需要外來的讚美，所以往往不像經理人那樣回饋很多意見。

內在型的人對於什麼事情是重要的，心裡自有定見。他們會先向外蒐集資訊，再對照自己的標準，做出判斷，產生動力。

外在型

外在型（External Pattern）的人需要依賴別人的意見、外來的指導，以及外在的意見回饋來保持動力。在工作背景下的他們，若得不到意見回饋，便不知道自己的表現如何。他們視資訊為命令。「他說綠色的紙跟裝潢很搭配，我最好去弄一些來。」我曾漫不經心地提到，想幫自己的「點子房」（Idea Room）弄塊白板。結果我先生一回家就給了我四個用來分析產品的線上連結，希望能幫忙我挑選。

他們喜歡由別人來做最後決定。我曾經被我的一個事業夥伴卡在外在型的思考迴路裡。他問我你希望教育訓練室怎麼布置，我反問他，那他喜歡怎麼布置。他說：「我不知道，你覺得呢？」我們就這樣你來我往地好幾回合，才發現陷入了一個無限輪迴的窘境而閉上嘴巴。

處在外在模式的人，若沒有外來的意見回饋或成果回饋，可能就沒有辦法展開或繼續作業。這對許多想要改變行為或打破習慣的人來說，尤其實在。

外在型的人心裡沒有一套標準，他們會從外面蒐集資料來源，包括網路上看到的東西。在工作上，如果長期缺乏外來的意見回饋，或者對其工作成果的回應，便可能有類似感官被剝奪的感覺。

✡ **比例分布 %**（僅限於工作背景下，數據由羅傑・貝利提供）

以內在型為主	40%
中間型，兩者兼具	20%
以外在型為主	40%

型態的辨識

> ## 問題
>
> **你怎麼知道自己表現很好？**（工作方面、挑選車子等）

* 內在型：句子結構

- 他們自己決定或者自己很清楚；「我知道」。
- 他們會根據自己的要求和標準來評估自己的表現。
- 如果有人告訴他們該做什麼或者為他們決定，他們會抗拒。
- 將外來的指示視為資訊。

* 內在型：肢體語言

- 坐得筆直；指著自己；在回答別人看法之前，可能會先停頓一下，加以評估；手勢和面部表情都不多。

* 外在型：句子結構

- 依賴別人或外來的資訊為他們做決定和判斷；需要將自己的工作表現和外面的標準做比較（譬如工作清單或業績配額，視外來資訊為決策或命令）。

* 外在型：肢體語言

- 身子前傾；盯著你的反應；面部表情顯示出他們很想知道這件事對不對。

例子·

內在型：

「我知道我的工作表現很好。」

以內在型為主：

「我通常都會知道。老闆如果讚美我，我當然很感激，不過一般而言，我若是表現得不錯，自己也很清楚。」

中間型：

「有時候我自己知道，有時候是客戶告訴我。」

以外在型為主：

「通常只要達成老闆交付我的業績配額，客戶看起來也很高興，我就知道自己表現得不錯，另外我自己也感覺得出來我做得還不錯。」

外在型：

「我的客戶很高興，我的老闆很高興。我達成了自己的業績配額。」

＊ 可替代的問題：

- （在具體背景下），你會如何回應同事平常的意見回饋？
- 你在做決定的時候，會找誰參與？
- 如果你覺得自己工作表現很好，可是一位你平日很敬重的人竟然開口批評，你會如何反應？（注意聽當事者是否會去批評、評斷或試圖說服對方〔內在型〕？還是會質疑自己工作的價值〔外在型〕？）

＊ 提問和探究：

如果你不確定第一個問題所得到的答案代表什麼，這裡有幾個例子可以教你如何繼續探究：

作　　者：蘇珊，我可以請教你嗎？你怎麼知道自己的工作表現好不好？

蘇　　珊：別人會回饋意見給我，我自己也會知道。（中間型）

這是當事者同時具備兩種型態的例子。我們知道只有約百分之二十的人剛好屬於中間型，所以我希望能找出蘇珊究竟屬於哪一型：

作　　者：假設你覺得某件事你表現得不錯，可是別人並沒有肯定你，你會如何反應？

蘇　　珊：嗯……我還是會認為自己表現得不錯，可是……也許疏漏了什麼，我得去查清楚他們為什麼不能肯定我的表現。

這裡還有兩個例子：

作　　者：路易士，你怎麼知道自己的工作表現好不好？

路易士：我自己可以感覺得出來。

作　　者：要是你感覺自己表現不錯，但卻沒有人肯定你呢？

路易士：他們可能沒看到我所見到的成果（同時聳聳肩）。

作　　者：羅伯，你怎麼知道自己的工作表現好不好？

羅　　伯：受到別人的肯定，就表示我的工作表現不錯。

作　　者：要是沒有人肯定你呢？

羅　　伯：我會覺得現在是怎樣？

雖然蘇珊在工作上兼具兩種型態人格，但還是比較以外在型為主，因為說到底，她還是需要外在的意見回饋來肯定自己的表現。至於路易士和羅伯則各自屬於內在型和外在型。

你怎麼知道？

我最近發現如果第一個問題的答案給得不夠明確，有另一種提問方式可以幫忙探究。「你怎麼知道？」內在型會說是身體裡的某部位告訴他的；外在型則會聽不懂這問題，或者給你一個和外在來源有關的明確答案。

認識自己：最近的大腦研究

最新研究[1]提出的說法是，「大腦是一個大型的預測機器，經常會拿輸進來的感官資訊和現有經驗跟已儲存的知識和以前經驗記憶做比較，再預測接下來會發生什麼事。」哇，這根本微妙微肖地描述了內在型的人。他們不會忽視外來的刺激，而會根據自己早就知道的事來作出評定。但是，如果有人是極端內在型，通常會自動捨棄任何有違自己信仰的外來資訊。（請參考下面的男子氣概檢測〔Macho Test ©〕）

＊ 影響性語言

你可能得根據你蒐集到的資訊，小心選擇措詞。技巧厲害的專業溝通者會告訴你，這樣的效果才會好。

內在型：建議性語言
- 只有你能決定；你或許可以考慮；由你決定；我建議考慮；試驗一下再決定；這裡有些資訊可供你做決定；你認為怎麼樣？如果你需要什麼資訊幫忙你做決定，只要打電話給……

外在型：別人會如何反應，或者指令性語言
- 你會得到很好的意見回饋；別人會注意到；這是經過證明的；受到尊敬；你會發揮很大的影響力；誰誰誰認為；我強烈推薦；專家說；提供參考；科學研究證明。（若

是對方或某團體覺得你的可信度無懈可擊，你就可以使用「指令性語言」，譬如「你應該……」）

指令性語言和建議性語言

當你對某人或某個團體是有可信度的，就表示他們在你面前已經成了外在型。在這樣的情況下，只要你的態度不要太專橫，就算直接告訴對方該做什麼，也可能被接受。「就是要這樣做。」我稱這種說法是指令性語言，因為你正在對別人下達指令。

但如果對方是內在型，這方法顯然不管用。事實上，他們可能會拒絕考慮你所說的話，因為你太獨斷了。在下意識裡，他們會認為你在試圖剝奪他們的自主權。

所以，也許你可以改用建議性語言或者另一種很有力的三明治回饋法（Feedback Sandwich），也就是所謂的**建議模式**（The Suggestion Model ©）：

它有四個步驟：

1. 提出建議（利用專門針對內在型的建議性語言）
2. 陳述這可以躲避或解決什麼問題（遠離型）
3. 陳述好處（朝向型）
4. 整體來說為什麼這很容易做到（外在型）

你跟阿邁德談的時候，我建議你先請教他，他重視的是什麼，再跟他說我們的解決方法。（建議性語言）這樣一來，或許能避免讓他看到他不喜歡的東西（以遠離型語言來避開問題），然後再直接提出他感興趣的對策（以朝向型語言來表明好處）。這對你來說應該很容易，因為你跟他的關係很不錯。（鼓勵性評語）

難以抗拒的言語：對付你的老闆

有些人很難被說服或影響，除非你知道方法。我們舉個例子好了，譬如你的老闆是內在型和遠離型的組合。這種老闆可能會讓你的日子很難過，因為他只會注意到你做錯了什麼，而且不管你建議什麼，一概反對。就像格魯喬・馬爾克斯（Groucho Marx，美國喜劇演員和電影明星）說的，「不管什麼，我都反對。」

所以，你需要一些能迎合對方和難以抗拒的影響性語言。假設有天你拿著報告走進老闆辦公室，開口說：「我照你的要求草擬了這份提案來解決那個問題。它還不夠完美，可以幫我看一下嗎？」你的老闆一定會接過你的報告，將它改成他想要的內容，然後接受這份報告。

研究證實了這種邀請對方自行作主的威力所在。[2] 有一個整合了四十二種研究的統合分析做出結論，在多數背景下，當你被告知「但你有拒絕的自由」時，不管之前的要求是什麼，服從率都會提高。但是，如果這個自由否定權沒有馬上給對方，效果就會減弱。所以要記住哦！如果你想要誰現在就做某件事，一定要讓他們知道：「但你是有拒絕的自由。」嘿，我要在我先生身上試試看這一招。

自我覺察力：內在型和外在型

根據曾做過大型研究的研究人員塔夏・尤里希（Tasha Eurich）[3]的說法，自我覺察力有兩種：

內在自我覺察力：這是指一個人有多清楚「自己的價值觀、愛好、抱負、環境適應性、各種反應（包括思緒、感覺、行為、長處、短處），以及對別人的影響程度」。

外在自我覺察力：這是指我們有多了解他人是如何看待我們的價值觀、愛好、環境適應性，以及上述等等。

高度的內在自我覺察力也意味當事者對工作和感情關係非常滿意，是快樂幸福的，無論是焦慮、壓力，還是沮喪程度都比較低。高度的外在自我覺察力則意謂這人很有同情心，會從別人的角度去著想，跟員工關係良好。目前為止，這都吻合語言行為量表動力型態的內在型和外在型描述。在她的研究裡有個值得注意的地方，它顯示出領導人必須在這兩者之間取得平衡，才會有成效。

超級內在型：男子氣概型[4]

　　有時候人們會變得極度內在型：拒絕所有意見，只忠於自己的想法。我稱這種行為是男子氣概型（Macho Pattern）。

　　你是否認識誰：
　　1. 自以為什麼都懂？
　　2. 什麼問題都沒有，一切都很完美？
　　3. 如果有問題，都是別人造成的？
　　4. 比其他任何人都來得更優秀、更強壯、更聰明、知識更淵博、更重要？

　　跟這種人工作和生活是很累的事。但這不侷限於男性哦！任何人都可能變成男子氣概型。別忘了當你的父母之一告訴你該怎麼過好你的生活時，你的反應是什麼。

　　有多少次重大決定的作成是因為某人的自以為是，或者只是為了不要丟他的臉？只要聽聽電臺裡的訪問就知道了。當採訪人員請教政治人物是否對某事件的變化感到訝異時，鮮少有人會承認。因為如果承認了，就表示他們不是無所不知的。有一次我在推銷一種培訓課程，它可以另外選購輔導課。結果沒有人要連輔導課一起購買，因為那等於承認他們需要協助。現在這個輔導課已經附加在培訓課程裡了。

男子氣概檢測

男子氣概檢測是我開發出來的一種修飾技巧，這種技巧就算是用在最男子氣概型的人身上，都能讓他們願意豎耳傾聽，顧及你的想法。如今全球各地都在利用這個技巧檢查意見表達的方法，會不會無意中引發某種男子氣概反應。

不過，我想你可能對它不是很熟悉……所以我在這裡把它簡單歸納成幾個簡單的步驟。

當你在寫一些東西或者準備發表談話時，若想確定你的內容能讓人聽進去，而且會當一回事，不會使對方感覺受到威脅，就請先準備好自己的草稿。

然後反問自己，你有沒有做出以下的暗示或陳述：

1. 有些事情他們根本不懂，

2. 我正在告訴他們該做什麼，

3. 他們遇到了問題，而我有解決方法。

4. 他們在某方面不夠完美，又或者

5. 我在那方面比他們優秀。

如果以上任何一點有被陳述到或做出類似的暗示，就表示沒通過男子氣概檢測！你可能希望按照下面的方法重新修飾措詞：

1. 也許你們已經知道……（然後把你懷疑他們可能不知道的事陳述出來）

2. 使用建議性語言：你們不妨考慮一下……

3. 我很明白其他組織已經遇到這個問題，其中一些組織的做法是……你們是怎麼解決這個問題的？（等於暗示他們把所有問題都解決了）

4. 藉由你們在這個領域裡的經驗和知識……

5. 你們的角色是……我的角色是……（建立起不同但平等的角色）

在加拿大全國發行的《環球郵報》（*Globe and Mail*）曾發表過一篇我寫的文章，標題是〈用來撐過醫療保健系統的十種竅門〉（Ten Tips for Surviving the Health Care System）。這個標題通過了男子氣概檢測，因為「竅門」只算是建議。這篇文章在多個國家的好幾本雜誌上被轉載。但是，如果它的標題是：〈用來熬過醫療保健系統的十種法則〉，肯定不會得到這麼多關注。

提出批評和回饋意見

當外在型的人聽到批評或負面的意見回饋時，就會質疑自己。在同樣情況下，內在型的人則會評斷對方。譬如外在型會說：「我一定是做錯了什麼。」內在型則會說：「那個顧客很討厭，他根本不懂得感激我為他做的事。」

假如有十個人對一個高度內在型的人說：「我的媽啊，你的領帶真是醜。」他的反應會是：「天啊，這太好笑，來了十個人，剛好都是沒品味的。」然而，外在型的人則是回家換條領帶。

我最近終於明白外在型的好處。我買了一個便宜的書架，得自己組裝。當我努力照著說明書組裝時（我父親曾說過，要是怎麼樣都做不好，就看說明書吧），我注意到頂層和底層的隔板與背板不太合。「爛設計。」我嘴裡嘟囔，但還是設法合了上去。但是等我把書架立起來時，這才發現原來我把頂層和底層的隔板前後裝反了。要是我當時稍微以外在型為主一點（畢竟這種型態最適合情況未明的時候），也許我在注意到隔板與背板不太合的時候，就會去質疑自己是不是前後放反了，而不是批評設計太爛。

照說明書作業，可能比較適合外在型的人。我的雙胞胎弟弟也證實了這一點，因為我們兩個當時在討論為什麼這種組裝產品好像總是鑽錯洞，結果最後才發現，原來是我們自己搞錯了。

我外出和朋友用餐，她提議去一家餐點和氣氛都不錯的餐廳。「不過，我聽說它的老闆換人了，不像以前那麼好。」她雖然這樣說，還是堅持去那裡，因為她一定要眼見為憑。那天晚上

近尾聲時，她宣布道：「他們說得沒錯，服務不像以前那麼好，餐點也是。可是我一定要親自來確定一下。」因為她是高度內在型的人，別人的話不足以採信，除非她親自走一遭，否則這疑問永遠懸而未決。

許多女士告訴我，當她們告訴丈夫車子有問題時，他們往往不相信。做丈夫的總是得自己碰上問題才肯相信。

要內在型的人願意把話聽進去，願意考慮你說的事，最簡單的方法就是將它說成是「你可能感興趣的資訊」，否則他們只會評斷你或你說話的方式。

非關自信

有人向我請教這些型態。「有人可能因為聽到正面或負面批評，而從內在型轉變成外在型？或從外在型轉變成內在型嗎？」誠如語言行為量表的開發者羅傑·貝利所言：「語言行為量表就是針對我（用我的特定結構性格）對各種背景的回應方式，所做的一種現況報告。」在幾個我分析過的案子裡，我注意到有一種模式很能呼應以上問題。有人只要認為自己的工作表現不好（一種背景），就會變成高度內在型；但一旦認為自己的表現不錯（對她來說是另一種背景），又會變成高度外在型。當她確定自己做得不好，不管是誰都無法說服她其實做得不錯。但是，如果她自認為做得很好，便會探詢別人的看法，確定自己表現真的不錯。我懷疑這和自信心太低有關，屬於一種自我設障策略（self-handicapping strategy）。

但是，你不能把外在型和自信心不足搞混，它們是兩碼事。譬如當我在向團體簡報時，我的動力來自哪裡？是聽眾的笑容？還是因為我知道自己的準備很周全？（在那樣的背景下，如果我的目標是將簡報完美呈現，滿足聽眾的需求，那麼兩種型態都有可能。）

朋友有一次問我：「你會不會認為我太外在型了？」然後她突然恍然大悟自己說了什麼，於是開始大笑。我的回答是：「為什麼太外在型？」我以前很容易感受到同儕壓力，但我朋友說服我走了出來。

教育課程的設計

我在新伯倫瑞克省（New Brunswick）和一群高中校長合作，共同討論教育課程的設計。其中一位與會者認為很多新課程的架構，都是為了幫學生培養內在型態。依我看來，如果你仔細檢查所有教育課程的結構和內容，或許可以為這些課程的創造者做語言行為量表。大部分的課程在各類別裡都會偏向其中一種型態。這位校長的問題是：「要是孩子們在學校裡是外在型，需要靠外來的意見回饋幫他們保持學習的動力，才知道自己做得好不好，如果是這樣，該怎麼做呢？」

我相信教會他們和鼓勵他們自我評鑑，應該沒什麼問題。但如果你想激發學生的學習動力和維持學習的興趣（這算是另一種背景），可能就需要不停地回饋意見或成果了。

人才招聘

這份工作需要一個可以自己產生動力、自己判斷工作成果的人來擔綱嗎？還是需要一個根據外在要求調整做法的人？舉凡業務還是接待人員，或者那些必須滿足別人要求的職務，都需要外在型的人才。你想招聘的是那種在工作和行為上，願意將別人意見當作評量標準的員工。他們需要被密切監督，或者透過一些外在方法，讓他們知道自己做得好不好。

人才管理職務大多需要以內在型為主、但帶有一點外在型的人來擔綱。經理人得負責決策和制訂標準，所以自己心裡一定要有所拿捏才辦得到。不過，也常有人說，如果他們的老闆太內在

型，便聽不進去任何意見，根本不會理會你。此外，自由工作者需要以內在型為主，以激勵自己，但也必須考慮客戶的要求。

對業務或顧客服務這類職務來說，需要的是很外在型的人。在今天的市場上，業務推銷和顧客服務人員一定要很在乎顧客的滿意度。如果顧客不滿意你的產品或服務，但你的業務代表卻說那是因為顧客太笨，你怎麼可能改善顧客服務的品質？現在的顧客已經變得比以前更內在型，他們對價值和服務自有一套很高的標準，光是一次不好的經驗便足以破壞他們對你的印象。

內在型的大型企業現在面臨的最大挑戰之一，是如何把自動產生的顧客意見併入產品和服務的改善計畫裡。我常發現自己得向櫃檯後面那些只會嘆氣、不知所措的服務人員提出建言。

但最近的業務推銷趨勢之一，卻希望將業務人員提升為客戶的長期夥伴和顧問。如果你的業務代表可以提供諮詢，這表示他們具有專業經驗可傳授客戶，換言之他們需要有一定程度的內在型。但你又不希望他們太內在型，因為說到底，他們的表現還是得靠客戶的滿意度來決定。

如果你正在分析一份職務，準備招聘或挑選人才，那麼你得先確定應徵者是認為達到自己的標準就算成功，還是會將別人的意見當作成功的標準。

人才管理

內在型的人不太能接受別人的管理，也不太需要別人的讚美來維持工作的動力。他們的動力來自於自己，他們做事主動，喜歡自己做決定，就算沒得到允許也照做不誤。如果什麼決定都不能做，他們會喪失鬥志。你給的任何指示，他們只會當作參考，要不要照做，他們自己會決定。

有個朋友提到兩個內在型的人所發生的文化碰撞經驗，其中一個是英國經理，另一個是美國雇員。英國老闆告訴美國員工：「如果我是你，我會重新考慮。」他是在試圖告訴對方，他覺得

這點子不好，不該這麼做。但是美國員工只聽懂字面的意思，他說他重新考慮過了，還是覺得這點子很好，決定繼續做下去，惹得他老闆很不高興。

當兩個內在型同在一個團隊時，你可以預測得到他們一定經常起爭執，因為他們都照自己的標準行事（而且通常不說明白，尤其如果他們又是遠離型的話）。假如他們第一次碰面協商時，能明確地訂出共同的衡量標準，一定會有更好的合作成果。

內在型的人只要稍微監督便會有最好的工作成果。你可以指派任務，給他們「全權委託書」，交由他們自己做決定。要是你不確定他們的判斷對不對，最好在首度碰面時便先協商好標準何在。先確實知道他們的要求標準是什麼，再將這些標準和待辦的工作結合在一起。告訴他們：「這是給你的挑戰。」

若要提供任何指示，最好這樣說：「只有你才能決定……」或者「這裡有一些這方面的資訊，目標是完成這個，你得自己找出最好的方法。」

外在型員工會等主管提供方向，期待主管的鼓勵。你需要明白告知你希望他們怎麼做，因為他們常常將資訊當成指示。如果你對外在型的員工說：「現在有訂貨單了。」他們會丟下手邊工作，去取訂貨單。

若是沒有定期回饋意見，他們會失去工作動力，感到茫然。高度外在型的經理，最後也可能希望屬下給予肯定。外在型的員工需要有明確的目標和外在的方法，讓他們知道方向是否正確，包括定期檢討、核對清單、目標配額，或者可供遵循的範例。

對外在型的人來說，光靠一年一度的表現評鑑並不夠。在評鑑出來之前，他們就已經把自己搞得很緊張，因為他們不知道自己做得好不好。

當你指派任務給外在型的人時，一定要讓他們知道這份工作有多受到重視（如果他或她在組織類別裡的型態又剛好是做人型），或者這份工作的影響層面有多大（如果他或她在組織類別

裡的型態又剛好是思考型）。「你會得到很多很棒的意見回饋」，或者「這會對我們的工作造成很重大的影響」，這類措詞都能吸引他們對工作的興趣。他們最能發揮所長的工作是，必須照別人的期許進行作業或調整的工作，但前提是期許值必須很明確。

警世玩笑！

有多少外在型的人會去換燈泡？
「我不知道，你覺得呢？」

有多少內在型的人會去換燈泡？
「我覺得它看起來還可以，不用換。」

買方市場裡的推銷術：適應顧客的轉變

現在的顧客愈來愈難伺候，他們要求品質完美的產品，排斥過於複雜的購買流程；東西壞了，希望立刻有人修，而且不用花錢；只要出錯，他們馬上痛斥，讓客服人員很不好受；他們甚至會玩兩面手法，多找幾個供應商比價，就怕自己吃虧。他們要求很多，卻吝於付出。[5]

換句話說，顧客會變得高度內在型，供應商可得千萬小心了。僅依賴金錢和時間支出為客戶開發出最好的產品和服務，已不足以應付客戶的需求，你還得修正自己的言語和程序，才能滿足那些將你說的話都只當成參考的顧客。你應該已經注意到，當你聲稱你的產品和服務最棒時，顧客多半持懷疑態度，他們會堅持「證明給我們看」（直到他們滿意為止）。

TD（一家加拿大的金融集團）對信貸市場的改變做了回應。他們的口號下得非常好：「全加拿大最棒的貸款交易？歡迎上門鑑定。」這種語言很對內在型的胃口。

CIBC 是加拿大一家很大的銀行，它也改變了自己的線上策略，從

　　第二則廣告的語言比較讓人心動，它提出邀請，請你過來一談，不像第一則廣告是使用指揮性語言。這種利用內在型語言的策略很適合用在那些不喜歡或不信任銀行的人身上。

　　而在另一個例子裡，一家職涯諮詢機構採用的推銷手法是：先約準客戶前來聽取他們所用的流程，再送走對方，請對方考慮之後再決定是否需要諮詢服務。經過詢問後，我才發現他們的客戶有百分之八十都是內在型，而這家公司的創辦人和多數員工也都屬於內在型。於是我建議他們或許可以考慮使用一種專為外在型所設計的諮詢方法，以便吸引更多客戶。創辦人想了一下，決定不採納，他認為外在型的客戶會占用太多諮詢時間。

　　要向內在型的人推銷，必須提供資訊讓他們自行定奪。

　　「我希望你能來親自試用，再告訴我你的想法。要想知道它是不是你要的，最好方法就是親自試用。」這也是為什麼汽車經銷商會要求業務人員一定要找可能的買主前來試駕。

線上購物：內在型和外在型購買模式的順序

　　當顧客在線上購物時，他們會經歷先是內在型，然後是外在型的購買模式順序。假設你想預訂巴黎的一間飯店。你知道你想要的區域、價位和附加設施，於是你搜尋了一下（內在型），於

是有了很多選擇。你逐一瀏覽，看哪一個最適合你（內在型）。但在按下確認鍵之前，你可能會先讀一下評價文，才會確定要訂哪一間（外在型）。

我曾和大型公司共事，幫忙他們把顧客（企業客戶和消費性客戶）的購買過程解碼成語言行為量表型態裡的模式順序，幫助他們提升銷售效益。行銷人員可以靠這套方法，找出企業客戶和消費性客戶正在經歷的模式順序，再於購買過程中配合顧客的模式順序適時地從視覺和口語上提供資訊。

親密關係

在某種程度上，我們也可以說有穩定交往對象的人都有他們自己的型態：內在型、外在型，諸如此類等。但是其中有些研究顯示在更基礎的層面上，我們每一個人在伴侶面前都算是外在型。約翰・高特曼（John Gottman）研究了伴侶之間的互動，他說當其中一個伴侶向另一個「投石問路」時⋯⋯譬如「你看外面那隻漂亮的鳥」⋯⋯這位伴侶其實是在尋找一個信號，藉此知道對方是否感興趣、是否認同，或是否支持。「這位丈夫認為他丟出來的話題重要到足以引起對話，就問題在於他的伴侶是否認同和尊重這一點。」

這是外在型的例子（需要一個回應來表示尊重、支持等等）。伴侶不是「朝向」就是「遠離」那個話題。（嗯，這句話聽起來似曾相識！）高特曼在經過六年的追蹤後，發現最後以離婚收場的夫妻只有百分之三十三會有朝向型回應，至於那些仍維持婚姻關係的，朝向型比例高達百分之八十七。

此外，高特曼也發現到，蔑視伴侶是分手的頭號主因。同樣的，伴侶對我們做出的反應是婚姻關係成功的一個重要因素（外在型）。就算在爭執的時候也表現出善意的一面，才能凝聚彼此的關係（外在型）。

所以，即便我們很難說服自己的伴侶去照我們的話做（因為

在我們來看，他們都很內在型），但也許從更深的層面去看，真正的關鍵是在於我們說話的內容和做的事情。所以，如果你想說服你的丈夫做某件事，或許可以試試看我的老公動力（HusbandMotivator™）應用程式。（沒錯，也可以應用在妻子、老闆和其他人身上哦！）

醫生和病人

一項法國研究報告宣稱有百分之八十的病人不會把藥吃完。醫生也告訴我，北美地區也有同樣比例。很多人一旦症狀消失，便忘了吃藥。我們可以利用語言行為量表來說明這一點。大部分人在身體有病痛的情況下，都屬於內在型和遠離型。我們只有在自覺生病的時候才會去看醫生，而不是因為有人說我們氣色不好，就去看醫生。我也注意到了自己的問題——內在型和遠離型。

因此，醫生必須讓病人相信他們得服從指示。「你得自己決定要不要治這個病。如果要，就需要照我開的處方把藥吃完。」（內向型和遠離型）但就算有很多人在醫生和其他權威人士的眼裡屬於外在型，一回到家裡，就又會變回內在型。

許多病人在診間會變成高度外在型的人，而我相信醫生有必要了解這種現象所代表的意義。不管醫生說什麼，病人通常都很相信，那是因為他們認定醫生是知識淵博的權威人士。這表示醫生必須更小心自己說了什麼，以及話裡的意涵。

我母親去年寒冬時手腕骨折，我帶她回醫院更換石膏，因為第一次做的石膏太緊了。醫生在套上新石膏時，開了個玩笑：「好了，這一次就換這個吧。」這一次？我當場看見我母親點頭同意，意思是，既然是這一次，那就表示還有下一次囉？「不，」我喊道：「這是最後一次了！」可是我母親並沒有對我這個女兒展現出她的外在型態。三個月後，她在自家花園摔倒，跌斷了另一隻手腕。

醫病關係裡還有另一種趨勢，完全不同於我上述的關係。多達數百萬的人開始嘗試另類療法。問他們理由是什麼，很多人的回答不是醫師治不了他們的病，就是他們不再相信醫生的治療方法對他們有幫助。這些人已經變成內在型，很清楚自己想要什麼，不想要什麼。

其他背景下的推銷方式

請病人接受治療的方法，對其他背景下的內在型顧客來說也很管用。「你得決定自己到底要不要（顧客想得到的結果）。如果想要，可以試用看看（我們的產品或服務）。

外在型的人需要有資料做為參考，他們必須知道有誰已經購買了。在那樣的背景下，名人加持的產品廣告特別容易吸引那些只要碰到名人就變成外在型的顧客。

如果你可以讓顧客在你面前變成外在型，你會很容易向他們推銷東西。這代表你必須先建立關係和可信度。我有個客戶問我：「你認為我需要它嗎？」若希望客戶也能這樣請教你，或許可以靠穿上比客戶還正式的服裝，彰顯出自己的資歷和專業，再換上一副「依我的經驗來看」，或者「我的慘痛經驗是……」的表情，便能辦到了。

除此之外，外在型的人買東西是因為它會影響他們的形象，或者對別人有影響。為什麼人們要買捷豹（Jaguars）汽車？因為皮椅比較舒服嗎？一位專門負責捷豹客戶的市場研究專家告訴我，今天人們之所以購買奢華的車子，多半是為了這種車所提供的認知價值，而非它們所賦予的地位。然後他停頓一下，想了一會兒，又嗤之以鼻地說：「也許……他們買的理由是因為他們想被看見他們買得有價值。」

如果你想吸引兩種族群，又或者如果你的客戶注重的是內在型的標準和外在型的意見回饋，那就兩種型態都使用。要是你不

確定，可以先使用其中一種，再好好觀察。如果反應不佳，改換另一種。

未出櫃的外在型和未出櫃的內在型

就像上述的捷豹例子一樣，潛在客戶似乎都有某種內在型觸媒，但真正的動力卻是外在型。曾率先進行語言行為量表研究調查的研究人員比爾‧哈克比稱這是「未出櫃的外在型」。換言之，外在型的那一面被藏在櫃子裡。

要說服這種型態的人，你必須同時訴諸兩邊……如果你的說法太偏向外在型，告訴他們該做什麼或者跟他們說別人都在做什麼，你可能會被拒絕。所以也許你可以試著這麼說：「雖然大部分的人都在爭取這個，但只有你自己知道你想要什麼。」這是使用建議性語言（針對內在型），然後再補充說明其他人現在正在做什麼（針對外在型的部分）。根據我所得到的回饋，這方法被證明是非常有效的策略。

在《科學人心智》（*Scientific American Mind*）[7] 所引用的一份研究裡，自認對某主題很懂的人，都喜歡「過度誇大」自己對這方面的知識。而如果在被問到自己這方面的知識之前，曾先通過簡單的測驗，更會加深他們的自信。因為有了這種外在型的反饋來證明自己的見識（另外兩組人做的是很難的測驗或者完全沒有接受過測驗），他們就會比其他兩組人更認定自己的專業。這是未出櫃的外在型正在起作用！身為總統的唐納‧川普在面對外界批評時所表現出來的行為，正是典型的未出櫃外在型模式。舉例來說，當川普的支持者批評他為了終止二〇一八年年底美國政府停擺的現象而上推特妥協他的美墨築牆經費法案時，他的立場又立刻變得強硬，純粹是為了投合支持者的要求。而當有名人、民主黨員，或主流媒體批評他時，他就會花上好幾個小時或好幾天的時間上推特攻擊對方。他對外面的負面反饋非常敏感，往往會立

刻回應，這一切從外面來看都像是難以對付的內在型傢伙。

在其他時候，他表現出典型的內在型行為，譬如二〇一九年年初，有專家反對他從敘利亞撤軍，他無視對方建議，執意要軍隊返抵美國。他的內閣很難說服他同意讓軍隊花幾個月的時間慢慢陸續撤軍返國。他的這兩個傾向……未出櫃的外在型和高度內在型……證明了語言行為量表型態跟背景之間的關係有多微妙。

「未出櫃內在型」的人往往看起來和聽起來很像是他們很想要也很需要你的意見，但事到臨頭他們又會轉身走開，做他們自己想做的事。內在型的建議性語言似乎最適合用在這個族群上。你覺得呢？

有些事會傳染

《科學人心智》裡有篇文章[8]提到，有些事情會在社交上傳染。體重變化、飲食失調、情緒、心因性疾病、自殺念頭，搞不好連集體槍擊也會。這種情況之所以可能發生，代表有一群人在那群行為有偏差的人面前成了外在型。

我認為正面行為在社交上也具有傳染力——這應該是一個幫自己建立可信度的好理由，我是說如果你很希望成為某種行為榜樣，讓別人也照著做的話。因為，假如你的受眾在你面前成了外在型，他們就比較有可能學習和模仿你的做法。

● **警世玩笑！**

內在型的人會怎麼説「我不懂某件事」？
「我還沒決定。」

外在型的人會怎麼説「我不懂某件事」？
「你的想法是什麼？」

內在型的人會怎麼説「我錯了」？
「我改變主意了。」

外在型的人會怎麼説「我錯了」？
「是我搞錯了嗎？」

註1：Van Mulukom, Valerie, Is it Rational to Trust Your Gut? bit.ly/IsItRation altoTrustYourGut, 20180516

註2：Carpenter, Christopher J., A Meta-Analysis of the "But you are free" Compliance-Gaining Technique; Communication Studies; Vol 64, No 1, January-March, 2013, pp. 6-17

註3：Eurich, Tasha, What Self-Awareness Really Is (and How to Cultivate It); bit.ly/ WhatSelfAwarenessReallyIs. 這篇文章很值得一讀，因它也揭示了經驗和權力如何對自我覺察力產生負面影響。

註4：改寫自我的文章 The Macho Test，參見 bit.ly/MachoTestArticle。你也可以透過這裡的「男子氣概檢測」來了解你有多男子氣：bit.ly/ MachoTest。

註5：另請參閱 Customers and the LAB Profile® : Words That Change Customer's Minds

註6：Gottman's research was explained in this article by Emily Esfahani Smith of The Atlantic, quoted here: bit.ly/LastingRelationships

註7：Schmerler, Jessica, You Don't Know as Much as You Think: bit.ly/FalseExpertise

註8：Long, Kat and Victoria Stern, Mass Shootings are Contagious: bit.ly/ MassShootingsAreContagious

摘要

影響性語言：

內在型：

只有你能決定；你可能想考慮一下；由你來決定；你的
想法是什麼？諸如此類等。

外在型：

其他人會注意到；你會得到意見回饋；成果；提供參考；
誰誰誰認為諸如此類等。

來源

問題：你怎麼知道你在……方面表現得很好？

內在型：

他們會根據自己的標準做出決定。

外在型：

他們需要靠外在的意見回饋知道自己的表現如何，才能
繼續保持動力。

在工作職場的比例分布：

40%　以內在型為主

20%　中間型，兩者兼具

40%　以外在型為主

（僅限於工作背景下，數據由羅傑・貝利提供）

第 7 章

動力理由：這是對的方法，還是有方法可以完成？

這個人是如何推理思考？是不斷追尋各種選項？
還是寧願照著既定的程序走？

這個類別會帶你進入無限的可能，告訴你正確的方向，抵達目標。這裡有兩種型態。

選項型

在特定背景下屬於選項型（Options Pattern）的人，會因為有機會使用各種方法去嘗試某件事而產生動力。他們總是相信一定有更好的方法。他們喜歡自己創造各種流程和系統，但又很難自己完全照辦。如果你告訴選項型的人有個方法保證可以賺到一百萬，他們還是會試著改善這個方法。

他們會因為無限的可能和點子而興奮不已，選項型的人最無法抗拒的，就是打破和扭曲成規。

選項型的人喜歡新點子或展開新計畫，但不見得會強迫自己去完成它。他們喜歡開發和計畫，而非維修。有時候他們很難做出任何承諾，因為他們認為這會降低選項的數量。再極端一點的人可能會避免做出任何決定（尤其如果他們又剛好是被動反應型的人）。此外，在有新點子之前，他們會全力以赴眼前的點子或計畫。

程序型

　　程序型（Procedures Pattern）的人喜歡照固定方法做事。他們相信有「正確」的做事方法，一旦找到程序，便會反覆照做。這種型態的人感興趣的是做事的方法，而非為什麼這麼做。

　　程序會有開始和結束，中間可能出現幾個交叉點，藉此蒐集更多資訊和做出決定。如果沒有資訊，程序型的人會覺得不知所措或卡住了。當他們展開一個程序時，最重視的就是把程序走完。他們是一群會把自己起頭的事負責完成的人。

　　如果有人建議他們打破或規避成規，他們會覺得自己的人格被褻瀆了。只要知道有程序可循，他們就會欣然執行。

✪ **比例分布 %**（僅限於工作背景下，數據由羅傑‧貝利提供）

以選項型為主	40%
中間型，兩者兼具	20%
以程序型為主	40%

型態的辨識

> ### 問題
>
> **你為什麼選擇現在這份工作？**
> （或這棟房子、這場假期、這部車子等）

　　你可能會想到我們曾在這本書的前言討論過現實世界。人們為了創造出自己的現實世界模式，會利用三種分別稱之為刪除、扭曲和一般化的過程。這個類別就是在談扭曲的部分。為了找出這裡的型態，我們會請教的問題是：「你為什麼選擇……」至於

未說完的部分，則得看你指的背景是什麼。

當選項型的人聽到**你當初為什麼選擇它**這類問題時，他們會聽見**為什麼**這三個字，於是給你一串他們的要求標準做為答案。

當程序型的人聽到這個問題時，他們會自動刪掉**為什麼**這三個字，取而代之的是**如何演變成這樣？**他們回答的問題是：「過程如何？」有時候，他們的第一句話是：「這工作當初也不是我選的。」接著再告訴你一連串有這份工作的原因。「我本來在我姊夫那裡工作，後來合約滿了，剛好這家公司有缺，我就來了。」

＊ 選項型

- 一堆要求標準。
- 機會，可能。
- 不斷擴充的選項和選擇。

＊ 程序型

- 不用選擇。
- 在面對「為什麼」這樣的問題時，給的答案是過程「如何」。
- 事實、導引的事件、故事。

你要如何辨識出中間型的人，這是件很有趣的事。他們可能會先告訴你一個故事，但裡頭一定藏有他的要求標準。我剛好就是中間型的人，所以如果有人問我，為什麼我回到加拿大之後，選擇自己開公司？我會這樣回答：「我回來後，就在想該做什麼，於是在一家小型訓練公司當合夥人。過了一陣子，我覺得**不是很滿意**。對我來說，**條理組織**很重要。我知道如果我自己開公司，或許可以**賺更多錢**，還可以**降低開銷**，又能**完全獨立**。於是我開了一家叫做 Success Stratgies 的公司。」在這個答案裡，我展現出兩種型態。（**粗體字**為要求標準）

選項型：

「我認為這會很刺激、很有趣、很有挑戰。」

以選項型為主：

「這比較有趣，需要負起比較多的責任，薪水也比較高。是我朋友告訴我有這份工作。」

中間型：

「有個朋友告訴我有這份工作，它看起來還滿有趣的。」

以程序型為主：

「十年來我都沒換過公司。有個朋友告訴我，他們在招人，於是我來應徵就錄取了。這工作比較有趣，而且可以賺更多錢。」

程序型：

「這也不是我選的。我是透過姊夫的關係認識我現在這個老闆，我姊夫曾跟她合作過。他們需要一位技師，我又剛好合約滿了。」

✽ 影響性語言

要找到適當的言語，其實有無數種可能。

選項型

- 機會；選擇；只為你打破成規；另一種更好的方法；無限的可能；另類選擇；這是其中一種方法；這裡有些選項；一定有辦法的；沒有限制，不擇手段。

程序型

- 正確的方法；按程序來說：首先……然後……接下來……最後一步；屢試不爽；可靠的；如何使用這個；只要照著程序；程序是；證明有效的方法。

業務和行銷

　　我寫過和發表過一篇專題演講，主題是〈性、飲食和成功〉（Sex, Diets and Success）[1]，目的是要揭發那些專門教人自救、不合乎道德標準的大師所使用的推銷策略。他們保證成果驚人，還告訴你這有多容易成功（只除了超小字體的但書）。換言之，他們讓你開始做夢（語言行為量表型態裡的被動反應型和選項型），意思是你是被動地想像出自己的豪宅、名車和成堆的鈔票，諸如此類等。比特幣和加密電子錢就是用同一套方法炒作出來，跟許多詐騙手法一樣。但如果有人是被動反應和選項型，他們不會主動出擊，也不會從頭到尾地照著成功必備的程序去走，只會滿腦子都在做那個夢。他們買下那套課程，又不乖乖照著步驟做，於是覺得自己很失敗（因為他們相信成功是掌握在個人的手上），然後又去買下一個產品，希望這個對他們會有效。不幸的是，沒有任何一種課程「**會替你**做完功課」，你必須花功夫自己去做，才會成功。在我的文章裡，我也示範了如何激勵人們進入那個會實際幫助自己成功的模式裡，靠這套方法來販售和購買個人成長方面的產品。

　　有時候要向一個選項型的人推銷，其實很難，因為選擇的意思就是你得刪除掉一些選項，而這是他們很不喜歡做的事。他們是因為可能性很多才產生動力，所以你要給他們很多選擇，但也不要多到令他們難以取捨。他們想知道為什麼他們應該購買。我記得我曾和一個老愛抓住某問題不放的人有業務上的邀約拜訪。我離開時，不經意地使出了一種令他難以抗拒的型態。我對她說：「總有辦法找到你要找的東西。」結果我一回到辦公室，電話就響了。她說：「你說得對，一定有辦法。而且只有你可以幫我。」

　　如果你特地為他們打破慣例，有時候他們反而會馬上決定（尤其如果他們也屬於主動出擊型）。我的地毯清潔工告訴我：「公司說我們清理沙發的收費是五十美元，不過既然我都已經來了，算你三十美元就好了。」

最近我發現有時候選項型模式的出現只是因為在購買程序裡本來就會出現這個模式，可能是他們還沒準備好做出選擇。等到某個人準備好要購買時，就會無意識地轉變成程序型。身為銷售專員的你可以請教以下問題來試探客戶是否已經準備好了：

「你準備要看下個步驟了嗎？」（程序型語言）

如果他們準備好了，他們會跟著你進到下個階段。你要用這種方法來查探你的客戶是否已經準備好要購買，而且還是在客戶自己意識到之前。如果他們還沒準備好，他們可能會在你面前表現出選項模式：

「你還有其他的嗎？」或者「我想要再看一下其他的東西。」

要向偏程序型的人推銷東西，正確的方法是讓他們從某種程序開始，因為一旦開始了，他們就會忍不住想要完成。告訴他們這個產品或服務是可靠和正確的對策，們就會有興趣知道怎樣才能買到它或怎麼使用它，而不是該不該買它：

「第一步是，我先拿產品給你看，你可以親眼看到它們。然後我會教你如何使用，你可以自己試用看看，再決定哪一種最適合你。選完之後，我會告訴你怎麼付款，再幫你把一切準備好，你只要簽名就行，最後可以馬上帶產品回家。」

如果產品符合要求標準（再加上沒有其他因素介入），他們便會完成整個程序。而且最後一步與其用付清帳單來結束，倒不如讓客戶快樂地帶走產品。

有些店會自然而然地吸引某類型態的顧客。有些人（譬如我）一進到有多種選擇的音樂用品店，便無法招架，其他人頂多是興奮而已。

宜家家居（IKEA），瑞典的家居用品自行組裝連鎖店的設計就是以程序型為主。當你走進 IKEA 時，你根本走不出去，除非你把整間店都逛完（會讓你走到差點想去拉火警警報器）。我知道，因為我也試過。他們的程序是逛完整家店→測量→決定→下單→排隊→付款→停車→裝貨→最後回家組裝。

人才招聘

你可以看得出來，選項型和程序型對人才招聘以及自我職業生涯的管理來說都同等重要。事實上，這是一個值得你好好探究的地方。當你在分析一份職務時，先反問自己這份工作主要是照著程序做，還是得自行創造和設計系統及程序？它側重的是創建和開發？還是維修保養？等你弄清楚這其中的平衡取捨，就可以撰寫徵人廣告吸引適當人才，並解聘不適用的員工。（請參考徵才廣告的撰寫單元。）

當你有一份適合你的工作時，一切都會變得不一樣。如果你喜歡創造和開發流程，喜歡找出替代方案，喜歡突破常規去為生活增添色彩，選項型職務就很適合你。但如果你比較喜歡把已經起頭的事情完成，喜歡有步驟可以遵循，那麼程序型的工作會很適合你。我在寫這本書的第三版時，我都是先創造一個可以遵守的流程，再照著流程來做！（靠選項型來創造流程，不過大多時候，我只是照著流程走。偶爾我會突然想到很棒的點子，於是就會想盡辦法看看能不能塞進這本書裡。）

像玫琳凱（Mary Kay）、安麗（Amway）這種多層次傳銷公司（Multilevel marketing companies，或簡稱 MLM），以及所有的保健事業公司，都是靠招募業務人員（或稱下線）來銷售產品。根據小心金字塔騙局消費組織（Pyramid Scheme Alert）的羅伯特·費茲派翠克（Robert FitzPatrick）的說法，參與這類生意的人大多會虧錢，只有少數可以成功地全職傳銷。那是因為他們找錯了目標人才。多層次傳銷公司在找新的分銷商時，都是告訴他們這份

工作的收入有無限的可能。這種說法屬於選項型語言。無數的選擇或可能，甚至沒有上限，這些字眼對選項型的人來說，都是無法抗拒的。

可是當他們真的成了分銷商時，通常會發現公司已經設計出一套產品的銷售程序。你要做的只是**積極地照著程序做**，才能賺進那沒有限制的收入，可是大部分的人都沒辦法做到這一點。諷刺的是，要是他們在促銷方案裡使用程序型的影響性語言，新進的分銷商才比較可能賺到沒有上限的收入。

如果你仔細去檢討專為電話行銷人員所準備的成功策略，而這當然也包括其他類別的銷售人員，你就會發現有一種型態特別厲害：必須照著流程走的程序型。因此程序型的電話行銷人員會比選項型的人員更有可能得到較好的業績。

理由很簡單，推銷這種事是要靠業務人員的主動出擊，而且主要都是照著程序走。你聯絡潛在顧客，打好關係，進行需求分析，再提出能滿足這類需求的產品，最後協助顧客做出決定。這就是一個程序。但如果我屬於選項型，這一次我會照著這套方法做，下一次我又會想試試看別的方法。選項型業務人員的業績經常起起落落，因為他們有時候會想到更好的點子，業績就突然上揚。但是他們不懂得在程序上磨利自己的技巧，使它變得更無往不利。而且他們經常「忘了」後續作業。但程序型的人會一次又一次地遵循同樣流程，因為這會令他們放心而且自覺妥當。這對業務推銷來說算是最理想的做法（不過若是業務環境起了變化，就得教他們另外一套新的程序）。

有些工作在本質上就屬於選項型或程序型，譬如駕駛飛機顯然是程序型。你能想像商業客機的駕駛員是選項型的人嗎？「我們這次飛越北極好了。」任何攸關安全的工作都需要程序型的人才。緊急應變程序必須被牢牢記住，而且得一絲不苟地照做，內在型兼程序型的人特別擅長這類工作。另一方面，如果要開發和測試某種安全程序，你會想找選項型的人來處理，而且最好兼具

遠離型，才能避免犯錯。

建築這門技術需要偏選項型且對程序型有一定了解的人。建築包商需要的是很強的程序型，才能確保完全遵守建築法規。如果你打算翻新房子，也許想要試驗一下。

若需要發想出別具創意的對策或者幫現有的系統找到替代的方案，在這種情況下，選項型的人最適合。譬如企業流程工程師（business process engineers），就必須是重量級的選項型。

在法國的教育訓練公司裡，我必須跟我的老闆密切合作，後者在工作上屬於高度選項型和內在型。我從他身上學到許多別具創意的研討會設計方式，我們經常在同一家大型公司主辦多場內容一樣的研討會。開會前，我們會先各自準備，因為他很堅持每場研討會都要重新設計，我曾出言反對。「可是皮耶，上次的效果還不錯，真的很棒，他們都很喜歡。」但是他會說：「不，不，一定有更好的方法。」我總覺得這就像是把小嬰兒從洗澡水裡撈出來不斷往空中拋一樣。你可以想見選項型和程序型的人之間的衝突。

事實上，要設計出訓練課程，你必須先開發出各種選項，但若要完美落實課程，就得不斷重複同樣的程序，直到足以複製出有效的流程。最厲害的職業演說家會把例行的演說內容演練到爐火純青，這需要靠選項型和程序型兩者並用。我認識幾位別具創意的職業演說家和培訓師，他們都有絕佳的點子和課程，但是不會為了行銷和推銷自己，就轉變成主動出擊型和程序型。他們會等顧客上門！不然就暫時打住，打造出另一種他們從沒推銷過的課程。

在職場上，這個工作需要哪種型態和這個職務最容易吸引到什麼人，這兩者之間經常搭不起來。我曾請教護理人員：「為什麼選擇當護理師？」答案通常是「我想幫助人」，或者「一旦拿到護理師執照，我就能四海為家了」。這些都算是要求標準，也是選項型的人會給的答案。許多護理師之所以對護理工作感興

趣，是因為它提供了多種可能。這些人都偏選項型。可是等他們決定當護理師，進入護理學校，學校裡的老師是誰呢？都是那些覺得醫院裡的護理工作不符自己期待的人。最後護理系學生拿到執照，進入醫院工作。結果是什麼樣的醫院呢？是程序型的醫院，而且程序通常緊湊到不容有太多選擇。

　　很多醫療保健系統為了配合老去的人口和緊縮的預算，愈來愈側重於居家照護，於是私人護理的機會大增。你可以去當照護病人的護理師，而且是採用自己的照護方法，有大展身手的機會。而醫院本身也在從善如流地做出改變，開始活用人力。

一點小變化

工作上的文化衝突

當我參與企業營運的變革時，常會注意到不同部門之間經常出現內部文化的衝突。就拿軟體設計和行銷為例，如果你是軟體設計師，很有可能屬於選項型，你擅長開發和設計軟體。但行銷卻以程序型為主，因為在產品上市前，有太多的程序得照辦（除了開發資訊、視覺效果和標語的「創造性」程序）。軟體設計師開發軟體，他們常常把其中一個案子丟在一邊，先做另一個。他們會不斷更改和修正，想靠新的方法去精進改良。但行銷部會對他們大喊：「別再修正了，快把它交給我們，才能推出上市啊。」為什麼你最喜歡的軟體產品總有那麼多升級版呢？一名當顧問的朋友歸納出軟體界的問題：「沒有足夠時間讓它一次到位，只好不斷修正囉。」

同樣情況也發生在設計工程師和工廠之間。設計工程師的工作是什麼？創造系統和設計產品。工廠要做什麼？製造產品。每次設計師更改產品規格，生產經理就很火大。

內部團隊的效益性

為了更有效地合作以及降低選項型和程序型部門之間的摩擦，雙方都必須去了解對方的角色和作業方式。選項型的人必須展現創造力，設法探索各種可能，發明對策。程序型的人則得確保這些精心設計下的成果，可以在適當的時間和地點完整呈現。許多公司會找一個能同時處理選項型和程序型的人協調雙邊部門的工作。

終極選項

最新修正版！

科技提供者和使用者

你有沒有注意到，當你請教某「科技人員」如何做某件事時，他們都會提供你很多很多的可能做法？這對那些只是想找個簡單程序來使用軟體、裝置，或甚至電視遙控器的終端使用者來說，就像是某種永不間斷的挑戰。當然，我是在說我自己啦！在使用科技時，我經常被它們的各種必要的方法、選擇和決定給搞得昏頭轉向。

你是不是曾經在指示下進入某個網頁想找裡面的一些資訊，結果你無論怎麼看這網頁，就是找不到你要找的東西？然後那個

叫你上這個網頁找的人堅持那東西就在裡面，可是你還是找不到？科技的創造者和使用者這兩者使用科技的方式是很不一樣的。眼動研究（Eye tracking studies）[2] 顯示出多數使用者在掃視網頁時，還是會採用 F 形狀的掃視方式，這是一種視覺上的程序型。但開發者不是典型的終端使用者，他們通常都是高速掃視整個頁面，眼球移動的方式比較像這樣：

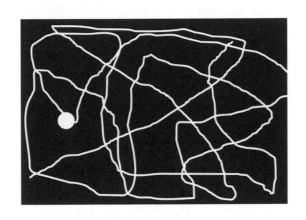

　　所以，眼球移動模式類似選項型的開發人員在幫那些會無意識地一再循著同樣程序的人設計網頁和其他科技時，就會碰撞出問題。用 F 形狀掃視頁面的終端使用者，就是無法找到在他們掃視模式外的元素。如果這種選項型－程序型的二分法到現在都還出現在網頁的設計上，可想而知日常應用程式和產品的典型終端使用者在碰到那種會改變他們使用習慣的升級作業時，會感到多棘手。

　　我幫一家大型的軟體開發商做過諮商，幫忙他們找出終端使用者和企業買主的語言行為量表型態。終端使用者往往是程序型和千篇一律型（你會在下一章讀到更多有關千篇一律型的細節），至於他們軟體的企業買主則往往是選項型和差別型（想要新的東西；下一章會有更多有關差別型的詳細內容）。

誰在控制電視遙控器？

程序型的人不喜歡不斷轉臺。一旦他們看了某個節目，就想把它看完。選項型的電視／Netflix／Prime／YouTube 觀眾，通常會一個節目換過一個節目。我猜那些開發出子母畫面的人都是選項型，不然就是有在感情上無法給出承諾的問題！有傳言說，女生喜歡從頭到尾看完一個節目，而男生則喜歡不停地轉臺。傑里・賽恩菲爾德（Jerry Seinfeld，美國好萊塢知名喜劇演員、劇作家、電視與電影製片人）曾說：「男人不在乎電視在演什麼，他們只在乎電視上還有什麼其他東西正在演。」

人才管理

需要開發或設置新系統／程序時，選項型的人最能發揮作用。他們一定能找到有別於標準作業程序以外的方法，所以你必須先想好有什麼好方法可以駕馭他們的創造力。如果給他們的任務是必須從無到有地創造出來，他們會躍躍欲試。要提供他們工作上的動力，可以要求他們發想各種可能方法，或者要求他們找方法替代現有的做法。

要提供程序型的人工作上的動力，就告訴他們這是正確的做事方法。他們習慣重複做同樣一件事。讓他們知道成果的完成有多重要。

對於那些在工作上同時兼具選項型和程序型的人，必須讓他們有機會既能遵守程序，又能改善程序。你可以利用對兩種型態都有效的影響性語言。「你得想出更好的方法來處理這件事。必須是正確的方法（內在型和程序型），然後從現在起你就可以使用這套方法。」至於對外在型的人，你可以改口這樣說：「你可以來找我商量，確定方法是正確的……」

組織的再造和員工的投入

許多組織都一心引進全面品質管理、持續改進計畫,以及其他形式的典範轉移。目的是要員工有新的思維,才能因應不斷變遷的環境。這些計畫的目的是為了創造什麼?選項型。基本上它們的訊息都是在告訴員工,他們應該成為選項型的人。你必須靈活應變,徹底改變現在的做事方式,找出替代的方法,創造新的系統,迎合和回應可能的改變。

但若是沒有人走完整個程序,你想企業世界、救援組織、教育系統或其他任何單位會遭遇什麼?試想一下。全新管理作業的設計,是為了告訴全體人員現在的作業方法不夠完善。但若是程序一直都沒走完,怎麼可能開始賺錢?不過,當然有很多純程序型的職務已經被自動化,或者改用人工智慧來取代。

我發現很多人對程序型有偏見,大家很抗拒被別人稱為是「程序型」的人。我相信我們必須尊崇程序型的人所帶來的貢獻,而不是一味認定他們的做法僵化,這一點很重要。因為有了他們,工作才能有始有終。我們需要依賴選項型的人思索新的選項,也需要依賴程序型的人監工完成。要建立一個高績效團隊,靠的是你怎麼活用團隊裡不同人才的優點來達成目標。

學習新技術,或者說為什麼我們老是搞不懂那些電腦奇才在想什麼

學習也是一種特定的背景,每個人各有不同的學習風格。重要的是必須清楚自己的學習型態(或者說你的教導對象的學習型態),才能加速新知的整合速度。

我的第一臺電腦,當時附贈不少軟體組合。賣我電腦的人是個很有經驗的電腦使用者,他花很多時間教我。他告訴我:「我希望你弄懂它為什麼這樣設定。」但我跟他說:「不,我不要知道它為什麼這樣設定,只要告訴我怎麼打開就好了。」「可

是……」他繼續說道,「你必須先了解這種特殊程式背後的幾個概念。」「不,我不需要,我只要知道如何建檔和列印文件。」不然就是他在回答我的「怎麼辦到」這類問題時,竟然告訴我:「其實有幾個方法都可以辦到。」這時候我會覺得血壓開始上升,於是我告訴他:「我不想知道那麼多方法,只要告訴我一種方法就行了,而且是正確的方法。」

我需要的是可以照辦的程序。除非等到我已經精通一些必要程序,我才會有興趣去知道它們為什麼做這樣的設定。在那樣的情況下,他才能配合我的學習型態跟我說:「現在我要告訴你文件製作和列印的基本方法。等你學會後,再跟你解釋它的操作方法,你就能很熟練以後的作業,然後能夠自己慢慢摸索出來。」一個選項型的人會因為軟體提供的各種可能,而產生動力。但我懷疑電腦初學者以及其他正在學習新技術的人,恐怕只想學會可以依樣畫葫蘆的程序而已。

在面對新的手機應用程式或新的科技產品時,有些人只想學會基本的操作方法,而且他們很容易受挫。不過也有些人會去好好研究,直到搞懂所有的用途(選項型)。當我明白第二種策略比較好玩而且能更有效地掌控新科技時,我就改變了態度。不過,如果它沒有清楚的流程供我遵循或者選擇太多時,我還是會很挫折。

這問題到今天都還存在,就連許多學習課程和研討會也遇到同樣問題,因為專家們給了初學者太多選項,害他們不知所措。另一方面,我記得我參加過一場攸關創造力的研討會,結果主持人竟然給我們一套程序去追求創意。

和團隊合作

當一群人正在學習新事物時,他們需要步驟式的程序,才能照著流程做,直到慢慢精通此技術。千萬不要在一開始就給他們

選項和其他很多選擇。同樣地，你在給團隊下達指令時，直接委派工作，如果你給他們選擇，他們可能會不知道該怎麼做而停在那裡。因此，你在向團隊下達指令時，給他們清晰的步驟程序，他們將更會容易採取行動。我在蒙特婁主持一場語言行為量表的入門課程，結果沒在預定時間內教完所有型態。這個團體似乎很沮喪，想繼續上課。於是我說：「好吧，有幾個方法。我們可以現在先吃午餐，再早點回來把剩下的型態教完。或者我們繼續上課，晚點吃午餐。要不然今天就到此為止。你們選哪一個？」每個人都在嗯……啊……嗯，就是沒有人回答。

於是我改口：「這樣好了，我們現在去吃午餐，想提前半個小時回來的人，就在這間會議室裡碰面，然後繼續上課。」他們說太好了，然後大家出去吃午餐。

在向一個團體說明作業或指派任務時，必須給他們明確的步驟程序。

輔導

當我們輔導別人或提供諮詢時，對於他們接下來該做什麼，我們通常會給他們很多選擇。但如果你面對的是一個程序型的人，太多選擇只會帶給他過多負擔。我說的不是剝奪哦，而是過多負擔，過多選擇。程序型的人需要的，是一個讓他們找到想要東西的程序。

接受輔導的選項型客戶很愛探索其他選擇，但可能猶豫不決，無法下定決心付諸行動。這時有個方法可以激勵他們，那就是搬出他們的要求標準來點醒對方，告訴他們唯有做好選擇，貫徹到底，才能滿足他們所有的要求標準。

（身為選項型的要求標準）「一旦你選定之後，開始落實，才有更多機會陪伴你的家人或者探索新的嗜好。」（選項型和朝向型）

123

「一旦你選定之後，開始落實，就不用再擔心那些可能妨礙你陪伴家人或探索新嗜好的事情了。」（選項型和遠離型）

註 1：揭發那些專門教人自救、不合乎道德標準的大師所使用的推銷策略的文章連結：bit.ly/ SexDietsAndSuccess。

註 2：Pernice, Karen; F-Shaped Pattern of Reading on the Web: Misunderstood, But Still Relevant (Even on Mobile); bit.ly/FShapedPattern; 2017 11 12

註 3：bit.ly/SeinfeldScripts

摘要

理由

問題：你為什麼選擇你現在這份工作
（或這棟房子等）？

選項型：
會主動發想和創造系統及程序。難以遵守已設定好的程序。

程序型：
寧願照著已設定好且行之有效的方法做。若無程序可循，恐怕會被難倒。

在工作職場上的比例分布
40% 以選項型為主
20% 中間型，兩者兼具
40% 以程序型為主
（僅限於工作背景下，數據由羅傑‧貝利提供）

影響性語言：

選項型：
機會、多樣化、無限可能、許多選擇、各種選項、專為他們打破成規。

程序型：
正確的方法、如何、行之有效、就程序上來說：首先……然後……最後。

第8章

動力決策因素：要改變，還是不要改變

一個人對變化會做出什麼反應？需要什麼樣的變化頻率？
其動力是來自於對「差別」的追求，
還是對「千篇一律」的追求？

決策因素這個類別是在談你心裡的打卡鐘，以及要求改變的鐘聲有多常響起？你之所以產生動力，是因為事情正在慢慢演變？還是因為出現變革？抑或兩者都有？或者是因為狀態很穩定？這裡總共有四種型態：

千篇一律型

千篇一律型的人在特定背景下，希望自己的狀況永遠維持不變。他們不喜歡改變，可能拒絕適應任何改變。也許他們每十年才能接受一次重大改變，不過每十五到二十年會主動做出改變。

千篇一律中有例外

千篇一律中有例外這種型態的人，喜歡所處的背景盡量不要有變動，如果變動不太劇烈，他可以接受一年一次的改變。他們希望自己身處的環境是隨著時間慢慢演變。他們通常會抗拒重大的改變，除非這種改變被視為一種進步或漸進式的改變。他們可以每五到七年來一次重大改變。截至目前為止，這種型態在工作背景中占有最大人口比例，在其他許多背景下恐怕也是如此。

差別型

差別型的人喜歡改變。他們靠著它茁壯成長,他們希望看見重大的改變,而且經常出現。他們排斥靜止不變或穩定的狀態。他們需要每一到兩年便來一次劇烈的變革。如果沒有,他們可能會離開。他們喜歡的改變是革命性的、劇烈變動的。

千篇一律中有例外和差別(雙重型)

雙重型的人喜歡改變和革命性的變化,但如果是慢慢演變,他們也甘之如飴。不管是革命還是演變,他們都很享受。平均而言,他們需要每三到四年來一次重大的改變。

✪ 比例分布 % (僅限於工作背景下,數據由羅傑・貝利提供)

千篇一律型	5%
千篇一律中有例外	65%
差別型	20%
千篇一律中有例外和差別	10%

型態的辨識

問題

你今年的工作和去年的工作有什麼關聯性?(這個假期和上次那個假期、現在這個住家和以前那個住家等等)

又或者

這份工作和你上次那份工作之間有什麼關聯性?

這個問題問的是：「……之間有什麼關聯性？」在這個背景下，關聯性的意思是相似度。一般人可能一聽就明白，然後告訴你它們相同或相似的程度，但也可能不太懂你的意思，或者把它重新詮釋為它們之間有什麼不同。

✳ 千篇一律型

- 它們相同、相似的程度。
- 它們的共通點。
- 沒改變的地方。

✳ 千篇一律中有例外

- 它隨著時間演變了多少。
- 它還是一樣，只是多了……、少了……、更好、更糟、正在改進等等。（按比例進行比較）
- 著重的是旅程而非目的地的抵達。

✳ 差別型

- 可能不太能理解關聯性這個字眼。
- 會描述成它有多不一樣。
- 全新的、不同的、有變動的、搖身一變、革命性的。
- 言語中明白指出有立刻的轉變。
- 強調目的地，而非旅程。

✳ 千篇一律中有例外和差別

- 會使用差別型的回應方式，也會使用千篇一律中有例外的回應方式。

例子·

千篇一律型：
「完全一樣，我還是在處理一堆數字。」

千篇一律中有例外：
「一樣啊，只是我責任更多了，時間更少了。」

差別型：
「完全不一樣，現在我在外面推銷。」

千篇一律中有例外和差別：
「今年有了很大的改變，我的表現進步很多。」

　　若想在工作背景下試做診斷，只要問對方有多常改變自己的工作內容就行了。他們的職稱可能不變，但我們要看的是他們有多常改變職責內容。答案通常很吻合他們所屬型態的打卡鐘模式。你也可以在其他背景下試試看，問他們多久搬一次家？每年度假都做些什麼？是住同樣的度假小屋，還是會做點不一樣的？諸如此類等。

　　請教問題時，先弄清楚當時的背景，因為形態會隨說話內容改變。我曾幫一個人做不同背景下的分析。就工作而言，他會說：「嗯，基本上都一樣，只是責任更多，得監督更多人，有了更多客戶。」這是千篇一律中有例外。於是我說：「好啊，那你上次度假和上上次度假之間有什麼關聯性嗎？」他說：「關聯性？你說的關聯性是什麼意思？」他才剛回答了第一個關聯性問題，過了兩分鐘後，就突然無法理解關聯性這三個字的意思了，只因為我們換了背景話題。

* 影響性語言

這裡有一些可以改善溝通，維持良好關係的全新方法。

千篇一律型：

- 和……一樣；共通點；就像你以前常做的；跟以前一樣；沒有改變；誠如你所知；維持；完全一樣；跟以前一模一樣；完全相同。

千篇一律中有例外：

- 多了……；更好；少……；除了……都一樣；先進的；升級；進步；漸進改善；很類似，甚至更好；正在提升；成長、改進。

差別型：

- 全新；完全不同；跟別的不一樣；獨特；獨一無二、徹底改變；認不出來；轉換；轉變；變得完全不一樣；全新；前所未聞；唯一。

千篇一律中有例外和差別：

- 更好和全新；一種全然不同的改善方法；逐步做出改變；轉換成一個比較自在的狀態；它是全新的而且比以前好太多。

善用你的改變模式

由於每個人在不同背景下會有不同型態，所以千萬不要將對方一般化。我有個朋友雖然工作經常變動，但每次都去同樣餐廳點同樣食物。閱讀習慣屬於差別型的人，通常手邊同時會有四、五本書等著讀。有人每年都到同樣的小木屋度假，有人則是同一個地方絕不去兩次。

回顧我的過去，我才發現我每十八個月就會更換一次住所。但我也發現再繼續這樣下去，銀行和其他財務機構會認為你這人很怪。而你猜他們屬於什麼型？

知道自己的所屬型態，可以幫助你了解和預測生活裡可能發生的事。有一年秋天，我的搬家「打卡鐘」又響了。我突然覺得現在住的地方很不對勁，開始心癢，想要搬家。但是我告訴自己，現在我手邊有幾個營運計畫需要銀行的資金，必須讓他們覺得我這個人屬於穩定、正常的那一型。於是我重新粉刷客廳，買了幾件新家具，搬走幾樣舊東西，讓整個屋子有不一樣的感覺。直到拿到我需要的資金，再馬上著手換個新家。透過做了很多的改變和裝修，我在最後的那個家住了十六年。另外，我還經常旅行，所以從理論上說，我並沒有真正在那裡住了整整十六年。

　　我有個朋友在工作和學業上，是屬於高度選項型和高度差別型的人。她曾在不同城市的三所大學裡讀過三種碩士課程，但都沒拿到學位。她收養了三個來自不同背景的小孩。她拿到第一個大學文憑後，便回到學校，當了護理師。她經常三不五時地回醫院工作，因為她真的很喜歡照顧人。她通常會待一陣子，等到被程序搞煩了就離開。她平均每一到兩年便會變動一次，在某些背景下，甚至頻繁到每六個月就要變動一次。

　　這對當時還是學生的她來說是很麻煩的，因為她讀過一本書之後，便無法忍受再讀一遍，她想讀新的。我陪她做了語言行為量表，她才篤定地告訴自己：「我在進修碩士學位，我要拿到學位。」（她也屬於內在型）這是她第三次嘗試，她好不容易加入許多計畫，努力朝碩士學位的目標前進。為了寫碩士論文，她投入亞洲的一個研究計畫。當時她的丈夫正好請公假，於是她設法把她對差別的需求放進了自己的作業活動裡。此後，她完成了博士學位，在三年內換了兩次工作。

　　她丈夫的所屬型態在許多背景下都屬於千篇一律中帶有例外。他的動力來自於演變和進步，至於她則希望看見所有事物都能不斷改變。這在婚姻裡要如何磨合呢？這樣說好了，既然我們都不是真的活在現實世界裡，只要他覺得情況愈來愈好，而她也認為事情變得完全不一樣了，誰還會去管你的配偶屬於什麼型

「倉鼠遷徙……每七年一次。」

態？只要她在搬動家具的時候，別讓他撞到小腿肚就行了。

如果夫妻的所屬型態完全不同，我的建議是，你要了解你對改變的需求程度，但也要了解配偶的，然後盡量讓彼此感覺到你們的需求都被滿足了。

改革和演變：人才招聘

當你為了招聘人才而進行工作行為分析時，有幾件事需要先考慮。這份工作需要執行多種不同的任務嗎？每個任務的時間持續多久？要成功達成目標，靠的是變革（差別型）？還是在既有基礎上繼續加把勁（千篇一律中有例外）？抑或維持現狀（千篇

一律型）？每種型態的程度各占多少？

　　你可以預測差別型的人一定會不斷改革周遭事物，尤其如果他們又屬於主動出擊型和選項型。事實上，選項型和差別型組合的人可能是一名改變成癮的藝術家。我有個客戶就屬於這種型態，我兩年沒見到他了，有一次想拜訪他，試著到他以前服務的公司尋人，他想當然耳地離職去了別處。但多虧了社交媒體，我們現在很容易就能找到經常搬家的人。

　　我曾幫一名男士做過行為分析，我告訴他是差別型，並解釋這對事業生涯來說代表什麼意義。結果他反駁我，他說他已經擔任三十年的高中教師和高中校長。於是我問他待過幾所學校，他的答案是十七所不同學校。了解這個類別的型態，有助於你預測對方的過去……這在派對上應該很管用。

　　在工作背景下，大部分人（百分之六十五）的型態都屬於千篇一律中帶有例外，所以你找到的人才可能大多如此。而大部分的工作也都需要那種願意在基礎作業中不斷求進步的員工，只有少數工作才需要革命家。

　　要吸引到千篇一律型的求職者，可以談到一些跟維持原樣、保障、穩定性有關的話題。而要吸引千篇一律中有例外型，則不妨提到開發、改善、成長、提升等字眼。如果有個職務需要處理很多不同的短期專案計畫，可以使用嶄新、不同、短期計畫、獨特的工作環境等這類語言。

　　有些職業會自然而然地吸引有特定喜好的人士。新成立的公司會吸引的是那些喜歡在工作上嘗鮮和不喜歡工作一成不變的人。公立學校的教職（英國的公立學校）往往能吸引到喜歡工作千篇一律的人。他們在學制裡念了十二年的書，然後去上大學（另一種學校），接著又回到學制裡。但是也有例外，這就是為什麼對課程、測驗程序和教師評鑑程序引進任何變革，都會很有挑戰性的理由之一。

人才管理

千篇一律型的人不太會應變，但適合從事沒有變化的工作，譬如行政或生產。屬於這類型態的經理人會努力維持標準，貫徹作業。這對長期客戶關係的維繫來說很重要。若要維持千篇一律型員工的動力，就得告訴他們這個任務和現在手邊的工作，有什麼共通之處。

千篇一律中有例外的這一型員工，可以接受一年一次的改變，前提是改變不要太劇烈。如果被放在高度變動的環境裡，他們會覺得壓力很大。若能感覺到工作有進展，他們才會有工作動力。要他們對眼前任務產生興趣，得告訴他們這會讓作業更順利，或者這是建立在現有作業的基礎上。

為了吸引差別型的人的興趣，你必須給他們很多不一樣的工作去忙。要求他們改變事物（如果他們也是主動出擊型），或者製造一些變化讓他們應變（如果他們是被動反應型）。反正對有些公司來說，這種事也常發生。

差別型的人必須聽到他們現在的工作有多不一樣。每次我更新這本書（千篇一律與例外）或推出一個新版本（差別）時，很多人會問我它有什麼新東西。這是他們真正想要知道的資訊！

組織變革的止痛法

以前大型企業都會有個部門稱為打字部（typing pool）。那個部門的員工大多在那裡待了很長時間，不是十五年，就是二十年或二十五年，整天都在打字。後來奇蹟出現，文字處理機被發明問世。變革推動者對於這種奇妙的機器所帶來的各種可能感到興奮不已。他們向打字部的員工們預告神奇機器即將來臨，「我們已經購買了全新的機器，屆時將革命性改變你現在的工作方式。」很多人因此辭職，無以數計的員工驚慌失措，他們說：「我太老了，學不會這種新玩意兒，我是個失敗者。」而現在打字部已經從工作職場裡完全消失。

這則故事的寓意非關這些革新性機器。試想，如果你打字打了十五年，你會對改革有興趣嗎？改革性**語言**在工作職場裡，只會增加不必要的抗拒心理。

千萬不要用全新和革命性這類字眼。對於千篇一律型和程序型的人來說，比較得體的說法是，「我們購買了和打字機一模一樣的機器，它們有同樣鍵盤，但多出了幾個鍵方便你加快打字速度，提升品質，更正錯誤。但基本上，它們沒什麼兩樣。我們會教你們使用的方法。」

各組織開始注意到，很多員工在變革頻繁的時期變得畏縮不前。於是許多計畫被改稱為「持續改善性」計畫，而非「全面改革性」計畫。

不過，這樣的教訓是需要反覆地重新學習。很多公司似乎經常在重組、再造、轉換技術和引進新的軟體，但都沒有考量到員工的型態。當技術和組織層面出現重大變革時，務必先做好一些基礎準備作業，包括了解你的員工組織、妥善研擬你的宣布內容和執行方法，語言的使用也務必配合影響層面內的員工，才能有效降低變革遭排斥的可能。但也不是所有的變革計畫都會遭逢抗拒。

我注意到負責引進和執行組織變革的人，對於改變現況都有高度的個人需求，他們通常和現有環境格格不入，所以他們的語言也完全不同於他們想改變的那些人的語言。

如何幫被太多變革搞得不知所措的員工舒緩壓力

若是想盡量不讓員工在頻繁變動和高度壓力的環境下罹患壓力方面的疾病，而且還能夠全心投入眼前的工作，最好在策略的傳達和執行上都能使用程序型和千篇一律型的影響性語言。這會帶給員工熟悉的感覺，清楚公司對他們的期許是什麼。「我們正在引進這套流程（避免使用「新」這個字眼），你們會留意到我們仍保留了你本來就很清楚而且一直都在做的重點工作（千篇一

律型），我們每踏出一步，而且是一次只踏出一步（程序型），都會教會你那套使用的程序（程序型），這樣一來，就比較容易讓每件事情順暢運作（以千篇一律型和程序型為主）。」千篇一律型和程序型的語言及落實方法，真的可以幫那些被變革給搞得不知所措的員工舒緩壓力。

為什麼新可樂沒成功？

再說一遍，好的市場研究是無可取代的。還記得一款在一九八五年四月至七月推出，但在很短時間內便退出市場的新可樂嗎？顯然他們測試新可樂的口味時，結果是令人信服的：新可樂比舊可樂好喝。但可惜他們沒有測試品牌。可口可樂公司是這樣描述哪裡出了問題：「可口可樂傳說中的祕密配方被改變了，採用了在近二十萬名消費者口味測試中的首選配方。但是，這些口味測試並沒有連繫上消費者對可口可樂品牌的情感。他們不希望任何人，包括可口可樂公司去篡改這種情感。」[1]

讓我們檢視一下這個類別裡的型態比例分布。根據羅傑・貝利的研究，在工作的背景裡，頂多只有百分之三十的人口對「新」的東西有興趣。可是這裡說的是冷飲。你認為有多少人會想試喝新的冷飲，而非他們熟知、信任和經常購買的飲料？顯然不多。可口可樂公司的應變方式，是讓舊可樂立刻重回市場，並稱它為經典可樂（Coke Classic）。這就是千篇一律型的語言。當然，在他們推出新產品，如 Coke Zero（男性健怡可樂）時，也沒有提到任何新東西。

加拿大啤酒 Labatt Blue 顯然很清楚型態這種東西。他們製作了廣告看板，標語是：「厭倦一成不變嗎？我們也厭倦了。」我認為，大型知名啤酒品牌的消費者有著千篇一律的模式，而偏愛小型啤酒廠的人則經常渴望新的口味。

美國的馬歇爾百貨公司和加拿大的 Winners 廉價百貨商店，

使用不同的口號來吸引女性光顧它們的服飾和家居用品店;「全然不同的店。」或「在馬歇爾,你總是可以找到新事物和喜愛的。」

如果你的市場鎖定的是千篇一律型的消費者,就必須示範這個產品有什麼地方是他們熟悉的。它必須看起來、聽起來和感覺起來,跟以前那個可靠的產品很像。「你始終可以信任我們」或者「我們始終都在」。這對新產品和新服務來說,是很有創意的挑戰。不然這句話怎麼樣:「你還記得當年……嗎?現在它回來了,和以前一樣,甚至更棒。」

型態上屬於千篇一律中有例外的顧客,會希望產品有所改良。因此請向顧客證明你的產品或服務,優於競爭者或者優於以前,或者可以讓他們的生活變得更輕鬆(朝向型),少了很多麻煩(遠離型)。因為他們想買的是升級版而非全然不同的軟體組合。

差別型的人想要的是和別人完全不一樣的全新玩意兒:「在這附近,你是獨一無二的」(外在型),或者「你可以親眼看看它有多不一樣」(內在型)。

如果你想抓住每一個人,既然口號已經過時,那就推出一個全新改良過的更新版。

業務和行銷

在業務和行銷裡,有兩個重要的背景。第一,吸引潛在顧客的注意力,第二,讓他們展開購買流程。要在網路、街上和購物中心等處吸引任何人的注意,就必須先在群眾裡脫穎而出。這表示你得設法變成差異型。網路上的廣告都是無所不用其極地利用色彩、動作,和聳動的標題吸引注意。這種差異是非常重要的。但是,一旦得到了注意,就要配合目標對象的決策因子模式來行事。

說到銀行業務，顧客都希望自己的專員、網站的使用方法，以及平常得遵守的格式和程序，必須給他們一種千篇一律型的感覺，即便他們尋求的是更優的服務和產品。

　　在諮商輔導和培訓這個領域裡，我們經常遇到那種有「閃亮新計畫」症候群的客戶。他們非常熱衷新的工具，新的顧問、新的方法，並保證會叫整個組織好好學習這套系統，徹底落實。但顧問們總是發現一旦完成第一回合之後，這些客戶就不回應了，因為他們又去忙他們找到的另一個「閃亮新計畫」。那要靠什麼方法來對付他們呢？要他們保證（並拿到款項！）會落實一個確實能對員工和組織造成正面影響的專案計畫（不是小型的實驗計畫，而是重大計畫），而且一定要按這個專案計畫的價值來收費。

軟體的採購者和使用者

　　軟體的採購和使用，又是另一種有趣的背景。從我和幾家重量級軟體公司合作的經驗來看，客戶和我剛好屬於互有衝突的型態。說到公司的軟體採購者，我們注意到他們似乎都是選項型和差別型的組合。他們想要升級版以及看起來跟以前完全不一樣的全新軟體，即便沒有立即性的需要，也希望裡面有更多的應用程式。可憐的末端使用者則完全相反，每次的重新安裝都令他們痛苦萬分，必須重頭學習。末端使用者往往是千篇一律型和程序型的組合者。（說到軟體這東西，我也很討厭我經常使用的軟體有變動，因為我擔心需要再一次花很多時間來學習如何使用它！）

　　我們已經為我的軟體客戶研擬出，可以同時滿足採購者和末端使用者兩種型態要求的行銷素材和業務流程。其中部分流程包括採購者應如何激起末端使用者的興趣，減少他們對全新升級版的抗拒心理。

註 1：引用自 bit.ly/TheRealStoryOfNewCoke

摘要 _____

決策因素

問題：（你今年的工作和去年的）有什麼關聯性？

千篇一律型：
他們喜歡維持不變。每十五到二十五年，才願意改變一次。

千篇一律中有例外：
他們喜歡事情隨著時間慢慢演變。大約每五到七年，才能接受一次重大的改變。

差別型：
他們希望經常改變，而且是劇烈的改變。他們每一到兩年會自行變動。

千篇一律中有例外和差別：
他們喜歡演變和變革。平均每三到四年就想來一次重大的改變。

在工作職場上的比例分布：

5%　千篇一律型

65%　千篇一律中有例外

20%　差別型

10%　千篇一律中有例外和差別

（僅限於工作背景下，數據由羅傑‧貝利提供）

影響性語言：

千篇一律型：

和……一樣；如你所知；像以前一樣；相同。

千篇一律中有例外：

多了……；更好；少了……；除了……都一樣；演變中；
進步；漸漸改善；升級。

差別型：

全新；完全不同；徹底改變；轉換；轉變；獨特；獨一
無二；嶄新。

千篇一律中有例外和差別：

更好和全新；一種全然不同的改善方法；逐步做出改變；
轉換成一個比較自在的狀態；它是全新的而且比以前好
太多。

第 9 章

利用那張量表工作單：
動力型態

　　你會在後面一頁找到動力特質工作表，它可以協助你熟練語言行為量表的提問方式，辨識出受訪者的型態。在作業特質單元的最後一頁，也會找到類似的量表。書裡的結尾處也有完整的行為量表（包括動力和作業特質）。

　　後面那一頁的左邊欄是你要提問的問題。我會使用**粗體字**強調基本問題，背景則使用楷體字。別忘了**程度**的部分（主動出擊型和被動反應型）是沒有問題可以提問的，你只能利用對方談話時仔細聽出其中型態。

　　表格右邊是各種型態以及可用來辨識型態的大概線索。

　　我在訪問受訪者時，通常會在主動出擊型和被動反應型上面各打一個勾，因為有百分之六十到六十五的人口都屬於中間型。等訪問到最後，若是發現其中一種型態的跡象明顯多於另一種，就在該型態上再多打一個勾。

　　關於決策因素，如果有人是千篇一律中有例外和差別模式，我通常會在千篇一律中有例外及差別型兩處分別打勾，這樣我就能了解一個人有多少模式。

　　如果對方的某種表現明顯透露出其中一種型態，我會特別記錄下來。這樣一來，當我檢討結論時，便可順道驗證。

意見回饋的提供

當你與對方分享語言行為量表的結果時,請避免使用朝向型或遠離型這類專門術語,最好只單純形容各種型態的行為。譬如,「你喜歡解決問題,排解爭端,甚過於朝目標前進。只要出現有待解決或防範的問題,你會變得很帶勁兒。」

我在附錄中也放上了模式摘要,方便你與不熟悉此領域的人溝通。

語言行為量表：動力特質

姓　名：＿＿＿＿＿＿＿＿＿　　公　司：＿＿＿＿＿＿＿＿＿
分析者：＿＿＿＿＿＿＿＿＿　　職　位：＿＿＿＿＿＿＿＿＿
日　期：＿＿＿＿＿＿＿＿＿　　背　景：＿＿＿＿＿＿＿＿＿

問題	類別	型態：指標
（程度部分沒有問題可以提問）	程度 ＿＿＿＿＿	主動出擊型：行動、做就對了、句子簡短俐落 被動反應型：嘗試、考慮、可能、觀望
你想從自己的（工作）裡得到什麼？	要求標準	
為什麼重視那個（要求標準）？（最多問三次）	方向 ＿＿＿＿＿ ＿＿＿＿＿	朝向型：實踐、贏得、實現、得到、包括 遠離型：躲開、排除、找出問題
你怎麼知道你（在……方面）的表現很好？	來源 ＿＿＿＿＿	內在型：自有定見 外在型：別人告知，事證和數據
你為什麼選擇（你現在這份工作）？	理由 ＿＿＿＿＿	選項型：標準、選擇、可能性、變化性 程序型：故事、方法、必需品、沒得選
（你今年和去年的工作）有什麼關聯性？	決策因素 ＿＿＿＿＿ ＿＿＿＿＿ ＿＿＿＿＿ ＿＿＿＿＿	千篇一律型：同樣、沒有改變 千篇一律中有例外：更多、更好、比較 差別型：改變、全新、獨特 千篇一律中有例外和差別：全新和比較

第三部

生產力型態

第 10 章

生產力型態

問題	類別	型態：指標
（範圍和注意力方向這部分沒有問題可以提問）	**範圍** _____ 具體型：細節、後果、確實 _____ 全面型：綜觀、全貌、隨機順序	
	注意力的方向 _____ 自我型：簡短又單調的回應 _____ 他人型：生動、富有表情、不假思索的回應	
請告訴我一個曾令你煩心的（工作經驗）。	**壓力反應** _____ 感覺型：進入和待在情緒裡 _____ 選擇型：進入和走出情緒 _____ 思考型：不會進入情緒裡	
請告訴我一個吻合（要求標準）的（工作經驗）。 （等待回答）	**風格** _____ 獨立型：單獨、我、單一責任 _____ 親近型：掌控中、身邊有人參與 _____ 合作型：我們、團隊、分享責任	
你喜歡它什麼？	**組織** _____ 做人型：人們、感覺、反應 _____ 做事型：工具、任務、點子	
有什麼好方法可以提升你在（工作上）成功的可能？ 別人有什麼好方法可以提升他們在（工作上）成功的可能？	**規範結構** _____ 我的／我的型：我給自己的規範／我給你的規範 _____ 我的／句點型：我給自己的規範／誰在乎？ _____ 沒有／我的型：我沒有規範／我給你的規範 _____ 我的／你的型：我給自己的規範／你給自己的規範	

問題	類別　　型態：指標　　　　（接前頁表）
你怎麼知道別人（你的同儕）在（工作上）表現良好？ 那件事你必須（看見、聽見、讀到、做）幾次，才會被說服他們的確很不錯？	說服者 _____ 看＿ 例證次數型：給一個數字 _____ 聽＿ 不假思索型：很容易相信別人 _____ 讀＿ 持續型：沒有被完全說服 _____ 做＿ 時程型：會給一段時間

生產力型態

接下來的語言行為量表裡還有八個類別會告訴你，人們是如何處理資訊？在特定背景下，必須給他們什麼樣的任務和環境，才能有最好的生產力？什麼方式才能說服他們？

這些類別會教你學會如何分析人才，而且是從他們如何發揮最大的生產力和他們需要什麼來著眼。

在這個單元的結尾處，會有另一份摘要性的量表工作單來協助你精通生產力型態的提問方式，以及各種型態的辨識和合作方法。

第 11 章

範圍：見樹或見林

你可以利用範圍類別確認對方能否綜觀全局，有無整合能力，或者是否著重細節。在這個類別裡有兩種型態：

具體型

具體型（Specific Pattern）的人能妥善處理細部資訊，再極端一點的人則根本無法看出全貌或做出概述。他們處理資訊時，是依線性順序、按部就班和強調細節。一個具體型的人會看見樹木，看見枝葉，卻看不見整片林子。因此，他們可能很難看出事情的優先順序。中途若被打斷，往往需要從頭開始，或者從被打斷的點接續下去。具體型的人適合從事強調細節的工作，譬如組織各種活動或者後勤的處理。

全面型

在特定背景下，全面型（General Pattern）的人，喜歡從全面性的角度展開工作，或者從概念層面著手，如果時間不要太長，他們也可以專注在細節上。由於他們看的是全貌，所以可能隨性提出彼此之間毫無關聯的點子。他們看見的是整片林子，若要求他們長期處理一棵棵的樹木，恐怕會惹惱他們。

⬧ 比例分布 %（僅限於工作背景下，數據由羅傑・貝利提供）

以具體型為主　　　5%
中間型，兩者兼具　25%
以全面型為主　　　60%

型態的辨識

儘管這個類別沒有太具體的問題可以提問，還是能從對方的答案裡聽出型態。

提示：有個簡單方法可以知道，那就是計算這場語言行為量表訪談所耗的時間。平均而言，完整的訪談應該花五到八分鐘便能完成，這當中不包含你提供給對方的意見。可是，如果訪談對象是具體型的人，訪談時間會非常久。

這個類別沒有問題可以提問。

以下是幾個可從對話中辨識型態的方法：

* 具體型

- 按順序說話，按部就班。
- 很多的修飾語、副詞和形容詞。
- 人、事、地都有適當的名詞。
- 如果順序亂了，便得重新說一遍，或者從中斷的地方接續下去。
- 似乎只知道前一個步驟和下一個步驟，不太有整體的概念。

* 全面型

- 可能會不按牌理地提出想法。
- 綜觀、概述。
- 概念、抽象。
- 簡單的句子，修飾語或細節極少。

例子·

具體型：

「昨天早上十點，我和喬治跟羅馬的大客戶維瓦第先生碰面，這是他連續第三年談到運送合約的更新。這次他希望下年度的總價可以涵蓋紙板箱包裝的價格。」

偏具體型：

「昨天早上十點，我和喬治跟羅馬的大客戶維瓦第先生碰面，討論運送合約的更新。他想把包裝費涵括在總價裡。」

中間型：

「昨天維瓦第先生告訴喬治和我，下年度他想把紙板箱包裝涵括在總價裡。」

偏全面型：

「下年度維瓦第先生打算重新協商我們的合約。」

全面型：

「羅馬想要重新協商。」

各種組合

我經常被問到，如果有人在回答動力特質和理由類別裡的問題時，說了一段經歷，那該怎麼分辨對方是具體型還是程序型？這個理由類別的問題是：「你為什麼選擇現在這份工作？」要分辨程序型和順序（也就是具體型）之間的不同，得注意對方給出的細節部分。

以下有幾個例子。第一個是程序型偏全面型的人所給的答案：「並不是我選擇了這份工作。我原本在別家公司上班，他們裁了很多人。這份工作上門的時候，我還在失業中，結果我去應徵，就錄取了。」這是程序型偏全面型。

這裡還有個例子是程序型偏具體型。「二〇〇一年到二〇一〇年那段期間，我在 Whoofed 餅乾飲料公司任職維修工程師。那時公司剛好有財務危機，為了不讓情況惡化，他們被迫裁掉兩百五十名員工。他們收掉了我的部門，害我失業了八個半月。我在三個不同地區應徵了三十份工作。結果奇蹟治療清潔公司的史帝芬尼·史羅唐諾維打電話給我，要我隔天十點去面試，結果我就錄取了。」（有很多細節，但沒有選擇這份工作的要求標準。）

至於同時是具體型和選項型的人，可能會這樣說：「這份工作正是我想要的工作。我可以和很多人一起工作……不同的人。個子高的、矮的、胖的、瘦的，頭髮捲的、頭髮少的、頂上無毛的……」這不算是描述語言，這些全是要求標準（因此是選項型），而且是用一種我認為很枝微細節的方式在陳述。（如果我把這例子形容成枝微細節，你覺得我是什麼型態的人？）

這裡有另一個注意事項。

等你愈來愈擅長從每日對話裡辨識出型態時，你會發現一次可以聽出好幾種型態，有時候甚至是一個句子裡就有好幾種型態。

＊ 影響性語言

一般而言，你對話時的說話方式一定要配合對方的型態。

具體型

- 確切地、精準地、具體地、細節、會使用順序和很多修飾語。

全面型

- 全貌、重要的點子、基本上、重要的是、一般而言、概念。

好人也有溝通不良的時候

當一個全面型的人和一個具體型的人溝通、談判或解決問題時，中間可能出現許多誤解。譬如，具體型的人會專注在個別的例子，全面型的人則直接說重點。兩方處理的資訊量大不相同。其中一方處理的是單項細節，另一方則試圖從全貌著手。

可能發生幾種情況：

1. 全面型的人或許可以暫時將注意力放在細節上，但很快覺得無聊，或者想放棄、想脫身或想放聲大喊，看他喜歡用哪一招。
2. 具體型的人為了讓對方確實了解事情經過，往往用過多細節試圖說明，他們不懂全面型的人只想了解大概狀況。
3. 全面型的人可能使用模擬兩可的語言，資訊給得不足，使得具體型的人無法理解對方到底想說什麼，不太敢相信，甚至懷疑企圖。

所以，解決方法是什麼？方法有幾個（你應該不知道吧？）。第一，你必須明白這種情況可能得花點時間解決，因為其中一方需要了解細節。這也是適當釐清合約細節的好機會，避免任何疏漏，省掉日後許多麻煩（你得同時屬於全面型和朝向型，才會產生疏漏）。

你也可以請一位同時是具體型和全面型的人居中協調，來回解釋。如果是你居中協調，你必須向雙方保證，雖然各自有不同的方法，但無論方法是什麼，都同樣重要。

你需要為具體型的人重述他們重視的問題和標準，說明你的順序方式，包括把一些細目轉換成全面型的術語。你也必須為全面型的人準備一個大概的藍圖。「重要的是，確保雙方理解彼此。我會盡全力促成此事。」

其他方法包括，請具體型的人列出問題清單，方便全面型的人能夠理解。為了幫助具體型的人更了解全面型的人，可以請教全面型的人一些具體感受性的問題，譬如「你怎麼知道這件事是對的？」或者「你可以給我一個具體的例子嗎？」抑或「要具體發生什麼事才算數？」

為了充分利用雙方的優點，請具體型的人檢查合約細節（尤其如果他們剛好又是遠離型，還可順便挑出錯誤和疏漏）。全面型的人能夠看出整個流程的方向是否朝合約的目標前進。

重點是確保雙方了解彼此的作業方式。若能接受彼此，像先前所提願意考慮對方需求和長處進行調整，就能充分利用互補性差異來幫助彼此。

如果有人是高度具體型，要如何與他們互動，才能幫忙加快他們的速度，依序抵達終點？方法之一，是請教他們最後結果會是什麼？他們可能認為這有點違規，但至少不是中途打斷。

專利權和其他律師

當我的軟體公司溫格茲（weongzi）在幫我們的 Libretta® 軟體申請專利時，我們找來了一位大律師。他是具體型與全面型的混合體，也就是說他很擅長處理手邊這件複雜的工作，此外他也是程序型以及一點選項型。他能夠放大視角，確定整體策略，也能小心檢查每條細則。我們的會議總是拖得很長，因為他會按部就班地逐條討論。我的注意力沒辦法專注在這麼多細節上，所以聽這些東西對我來說如坐針氈，不過因為這很重要，我還是得勉強自己撐下去。

為什麼我知道的歌，唱到最後都只會啦啦啦？

有個比喻可以說明具體型的人是如何處理資訊。當人們想記住一首歌的歌詞時，通常會先從頭唱到尾，才能將歌詞按順序記在腦海裡。要是打斷他們，順序會被打亂，又得從頭唱一遍。但如果只是說點話和回應他們，倒還不至於又得從頭開始，被打斷才需要從頭開始。請教他們「然後呢？」或許可以幫助他們進入下一個項目。這麼做也代表你尊重其中的順序，幫忙往下一個步驟推進。「然後」這個字眼代表之前有事情發生過，之後也有事情會發生。如果他們不是很極端的具體型，那麼另一個方法是請他們「快轉」，這有點像是他們已經把想法「錄」在錄音帶上了，所以請他們快轉。

人才招聘

這份工作需要長時間專注在明確具體，以及有前後順序的細節上嗎？或者細節只占這份工作的一小部分而已？記帳這類工作，需要從事者每次都花很長時間專注在具體明確的細節上。至於財務策略方面的決策，則偏向概觀式的作業任務。人才管理和專案計畫管理，通常是以全面型為主的人所擅長的工作。

製造業裡有很多職務在本質上都屬於具體型，重視先後順序，譬如裝配線上的工作。全面型的人恐怕會因忽略細節，而犯下許多錯誤。品管需要的，是以具體型為主，以及程序型和遠離型的人才。

在分析職務時，一個應該問的基本問題是，對細節的注意必須達到什麼程度？你總不希望一名藥劑師在配藥時，只是抓一個大概劑量而已。

很難相處的老闆

經理人如果同時具有具體型和全面型，會很難侍候。這種經理人不僅知道該做什麼，也會很具體地告訴手下怎麼做。由於他們很清楚如何處理工作上的這兩部分，因此往往不假他人之手，深信自己動手會簡單多了，或者自認自己動手做的成效比較好。如果他們剛好也屬於合作型（請參考作業風格類別），更是不留任何一點空間給手下處理，完全自己來。

細節和全貌都能兼顧的人有個好處，那就是他們能處理複雜的任務和分析作業。他可以參與任何層面的工作，也能處理整體性的工作。

領導力的挑戰

在領導人做的事情裡頭 —— 就算你是自我管理達人（self-leader），也被算在內 —— 其中最重要的一件事，就是決定我們現在（或者今天、下週或下個月諸如此類等）對細節該重視到什麼程度，才能達成目標。如果一個領導人在不應該卡在細節上的時候，偏偏卡在那裡，就可能錯過該完成的關鍵性要務，或者錯過可以邁入下一階段的那個關鍵時機。我曾和某所新學校的校長談過話，後者具有雄心大志，希望這所學校能盡快擴大規模。我給他的建言是，一定要確定自己是在做非他不可的事，如果不是非他不可，就委派給別人做。

此外，員工也要確定自己正在做對的事情：細節內容相較於整體計畫這兩者之間的比例要抓對。加布里拉（Gabriela）的老闆跟我抱怨不知道該拿她怎麼辦。她每個任務都執行得很出色，但是並沒有為這個部門整體加分。她是業務經理，卻總是達不到業績。

加布里安對老闆的負面反饋意見很是不悅。雖然老闆同意她的任務執行方法很出色，但他老是說她放錯重點，沒把重心擺在

關鍵性的重點工作上。原來她重視細節，沒有拉大格局去做全盤考量，找到該真正付出心力的地方在哪裡。我以前也有個員工跟她一樣，常搞不清楚哪一個作業任務應該優先處理。

我的建議是要經常提醒自己目標何在和各種指標是什麼，以及你必須處理的議題和問題。然後定期檢討，看看自己有沒有完成這些目標，還有你（這個月、這一週、今天和這個小時）所做的事情能不能幫你往目標移動。為了做到這一點，你必須先拉開距離，想像自己正在縱覽這份工作和自己的角色任務，就像乘坐在一架高空盤旋的直升機上，從制高點去看見過去、現在和未來，才能幫你做出更好的決定，知道重心應該擺在哪裡。

業務、行銷和投標

全面型的準購買者希望看見產品的整體描述完全符合他們的要求標準。同樣道理，具體型的人則希望看見依序詳列的所有事證。科技產品或軟體的平面廣告往往會放進產品的許多特性，而這些廣告可能會附帶另一則專為全面型購買者準備的廣告，上面只有搶眼的畫面和寥寥數語。

許多公司在投標時，並不知道採購組織的組成分子究竟是偏具體型還是全面型，抑或兩者兼具。結果不是提供太多資訊就是資訊不足，全憑運氣，何苦如此呢？全面型會讀摘要，偶爾瞄一眼索引裡的項目，找到可供他們拼出全貌的具體細節。具體型和兩種型態兼具的組織，則需要完整的資料做決策。

當你向政府機構或大公司提交投標書時，通常你不會知道決定者的語言行為量表模式。這就是我開發 Proposal Template[1]（標書模板）的原因，它將幫助你建構一個吸引主要模式的架構。

生命、宇宙和萬物

在道格拉斯‧亞當（Douglas Adam）著名的科幻小說《銀河系漫遊指南》（*The Hitchhikers Guide to the Galaxy*）裡，有人請教那臺有史以來最巨大的電腦，一個和生命、宇宙及萬物有關的問題。在經過幾世紀的計算以及集銀河系所有哲學家的思考大成後，這臺奇妙的電腦將答案給了全體人民：42。唉，你向一個具體型的實體請教全面性的問題，還能得到什麼答案呢？

太全面型？

當你在做計畫時，務必要從全面型移到具體的步驟裡，這一點很重要。我曾跟一個快四十歲的男子談過話，他在工作上非常不開心，已經到達了沮喪和告病假的地步。

當我們討論到他的目標是什麼，以及如何達成那些目標時，他發現自己很難跳脫一些籠統的說法，譬如「我想要在工作上很快樂」或者「我不想工作都是自己在做」。此外，他也說他必須找到適合自己的工作，因為他已經浪費太多時間在不適合的工作上。他給自己很多的壓力，他一直很努力地想要查出什麼性質的工作和環境可以帶給他動力，結果反而被卡住。

他是以下型態的組合：被動反應型、全面型、遠離型、選項型、壓力反應下的感覺型。因為這樣的組合，他發現自己不斷繞圈子，一直在等待和思索（被動反應型），想要先有幾個大概的想法讓自己可以好好考慮一下（選項型和全面型），但又會注意到這些想法裡頭都有一些問題（遠離型），於是覺得很有壓力（感覺型）。

要協助這樣的人，可能需要花點時間。如果這個人終於受夠了眼前的問題，搞不好就構成了一股動力讓他做出必要的行動。這正是遠離型的動力。我們都曾在某個時刻因此而得到動力……因為受夠了而決定改變現況。「你已經受夠了，所以現在就要改

變現況？還是寧願等到情況再糟糕一點？」

　　朝向型的方法，是陪他們從那些跟工作相關的生活層面裡去找到會帶給他們動力和滿足的元素。但要做到這一點，得先確定他們是處在一個資源豐富和自在的狀態下，而且能夠全神貫注。兩種方法都會需要遠超過我能在這裡所提供的資訊。但基本上這種人是必須從被動反應型、全面型和選項型，移往主動出擊型、具體型和程序型的。（若想更了解其中做法，請參考利用語言行為量表進行對話輔導的那個章節。）

　　很全面型的人在談論事情時，可能是採隨機順序的方式（隨機順序這句話很矛盾），反正就是比較沒有章法，因為他們看到的是大方向。有時候他們會懶得詳述各項目之間的關聯性，因為他們看到的是整體的關係。也因此有些人會不懂他們在說什麼。很具體型的人通常給的細節會多到令大部分的人都無法忍受。我喜歡在財務長對聽眾談過之後再展開主題報告，因為多數財務長會先告知聽眾很多細節。

　　你怎麼知道自己在溝通的時候會不會太全面型？只要觀察你的聽眾，他們是看起來一頭霧水嗎？他們是不是想了解更多資訊？是哪一部分的資訊呢？注意對方的反應，這一招很管用。如果你有全面型的傾向，那就先做好被提問的準備，反問自己，他們可能還想知道什麼。

　　但如果你有提供過多資訊的傾向，**兩句話原則**（Two Sentence Principle）可能很適合你。只說兩句話，然後觀察你的聽眾或者聽聽看他們怎麼說（不管是一個聽眾還是很多聽眾）。他們想要更多資訊嗎？他們看起來很無聊或者想離席？

註 1：語言行為量表標書模板（bit.ly/LabProfileProposalTemplate），是我所開發的一個可修改、調整的通用模板，可幫助你在未知標案決定者的語言行為量表模式下贏得標案。

摘要

範圍

問題：
這個類別沒有問題可以提問。

具體型：
處理的是細節和順序，看不見全貌。

全面型：
喜歡綜觀、全貌，只能短暫處理細節。

在工作職場上的比例分布：
15% 以具體型為主

25% 中間型，兩者兼具

60% 以全面型為主

（僅限於工作背景下，數據由羅傑・貝利提供）

影響性語言：

具體型：
確切地、精準地、具體地、提供很多細節。

全面型：
理解、思考、等待、分析、考慮、全貌、基本上、重點是、
一般而言。

第 12 章

當暗示沒用時：工作上的注意力方向

> 這個人會很自然地注意到別人的非口語行為嗎？
> 或者只注意自己的內在經驗？

注意力方向這個類別可以看出一個人能否察覺和不自覺地回應別人的肢體語言及聲音語調，這裡有兩種型態。

自我型

自我型（Self mode）的人雖然有感覺，但不會表現出太多情緒。有時候他們收到刺激後再予以回應的這中間會有時間落差，他們是根據他們覺得適當的部分做出回應。這些人只相信對方說的內容，而非根據對方的語調、肢體語言或默契程度來做判斷。你很難與他們建立默契，因為他們不會注意到別人的肢體語言，於是錯失許多線索。這種型態的人看不見任何暗示。

他們只能憑自己的感覺去察覺這場溝通順不順利，也因此他們不太擅長人際溝通。在工作職場上，自我型的人多半成為現場技術專家，不太需要溝通技巧。

他人型

他人型（Other mode）會對別人的行為不自覺地做出反應，他們充滿活力（就他們的文化來說），會用臉部表情、肢體動作

和音調的轉換回應對方。他們會自覺或不自覺地觀察別人的回應，再據此判斷這場溝通進行得如何。如果這些人兼具其他適當型態，便很擅長建立和維繫關係。

每十四個人裡頭才有一個

如果羅傑‧貝利的統計數字屬實，那麼根據羅傑‧貝利在工作背景下的研究結果，大約每十四個人裡頭才有一個偏自我型。依我的經驗，我相信你會找到更多介於這兩種型態之間的人。

型態的辨識

這個型態無法從言語上做任何測試，因為它會顯現在肢體語言裡，或者因為缺少肢體語言而漏餡。要測試注意力方向，通常我會故意不小心掉枝筆在地上。他人型如果看見或聽見筆掉了，會自動彎腰去撿。自我型的人不會撿。如果是用電話溝通，我會在說到一半時，故意打個噴嚏或咳嗽，測試對方會不會出現與自身文化相應的行為，還是完全當作沒聽見。

以下訊息可以透過對話明顯看出：

＊ 自我型

- 沒有做出任何符合他們文化該有的行為回應，譬如點頭、用口語簡單應答。

- 只回應你說的內容。
- 不會「撿」你的鉛筆。
- **不會注意或回應你的聲音語調。**
- **鮮少出現或完全沒有面部表情或聲音變化。**

＊ 他人型
- 對於內容和非口語的溝通都會回應。
- 會點頭、會移動身體、會用口語簡單應答。
- 充滿活力（就他們的文化來說是充滿活力的）。

當我和一個自我型的人說話，即使我肩膀下垂，下唇噘起，語調不耐，而嘴裡說的是：「我真的很高興來到這裡。」對方會以為我真的很高興來到這裡。因為除非你很明確地對這類型的人說：「我覺得很煩，很不高興。」否則他們察覺不到。暗示性的溝通方式對他們來說不管用，挖苦嘲笑也一樣。

雖然只有百分之七的人口在工作背景下屬於自我型，但可能還有很多人處於臨界點上，也勉強算是，或許可說他們帶有一點自我型。只要利用掉鉛筆的方法便能找出他們。他們會看看鉛筆，再看看你，再看看鉛筆，最後也許決定撿起來。但這不是自發反應，也不是反射反應。反射反應是一種非自主控制的反應。雖然處於臨界點的這些人，他們的非言語行為（譬如面部表情、手勢和聲調變化）可能不多，但還是會注意和回應別人的非言語行為，所以有時候可以辨識出他們。

這個類別沒有對話的例子可供參考，只能靠觀其行地辨識出「自我型」和「他人型」。

有一次我在日內瓦為歐洲原子能研究中心（European Centre for Nuclear Research，簡稱 CERN）一系列溝通與衝突對策研討會主持其中一場會議，結果遇到一個非常自我型的工程師。他總是打斷別人的討論，要求更明確地說明某些專有名詞，令人煩不勝煩。其實他是在過濾別人說話的內容。後來我請與會者分組作業，要求他們練習面對面的交鋒技巧。在角色扮演的過程中，每個人都得輪番負責觀察和回饋意見。當我去指導他那一組時，他已經快哭出來了，因為雖然他知道自己得負責觀察，卻偏偏看不出來或聽不出來其中的異狀。我得在現場幫忙，教他從哪裡去找出線索。

所謂稱職的主人或女主人，是會在客人知道自己要什麼之前先察覺到。舉例來說，當你到某人家裡作客，找不到吃沙拉的叉子時，主人是不是在你沒開口前便注意到你的窘境，趕緊補送上一支叉子？自我型的人不會注意到你有沒有叉子，你得自己開口要。

溝通

有人問我，自我型的人在社交場合裡是不是很不自在。答案是自我型的人怎麼可能知道眼前的溝通順不順利？他們只專注在談話內容和個人感覺上，根本不會注意非口語溝通裡的細微差別，所以可能覺得挺自在的。至於他人型的人由於會不自覺地抓到肢體語言裡的線索，聽出語調的不同，所以能自行研判溝通的好壞。比較可能的情況是，他人型和自我型溝通時，會覺得有點不自在，因為後者完全沒有非口語的回應，所以前者找不到任何線索供自己回饋意見。

當與他人型溝通時，你所建立的友好關係的感覺對他們來說，與你所交流的實質內容同樣重要。自我型的人往往不會注意到你與他們的融洽程度，所以你在陳述論點或解釋時要更謹慎。

人才招聘

自我型的人不太擅長從事那種需要靠關係的創造和維繫，才能做的工作。他們不適合從事顧客服務或面對不滿的顧客。自我型的人通常擅長專業技術工作。

他人型的人若在壓力反應類別裡屬於選擇型，便能對別人產生同理心。

一日自我型，終生自我型？

理論上，自我型的人可以出現在單一背景下，也可以是跨背景。跨背景的意思是，這種型態存在於多種背景下，而兩者情況都有可能。依我目前的經驗來看，我發現跨多重背景的自我型多過於單一背景的自我型。有個學生告訴我，她先生「好像從來不會注意到眼前的事」，她覺得都得靠她告訴他。

我的建議是，與其直接認定某人永遠都是自我型，倒不如在不同背景下進行測試，比較精準。

＊ 影響性語言

請注意你們之間的默契程度，而且你的主張一定要有道理，別忘了《宅男行不行》（ *The Big Bang Theory* ）裡的謝爾頓。

自我型

- 溝通上必須強調內容。
- 配合他們的要求標準、說服者管道和模式。

他人型

•關係的好壞與否會影響到他們。

對於自我型的人來說，沒有什麼具體的影響性語言可用，注意你的內容就行了，因為人際關係不是他們關心的重點。一定要小心你說話的內容，適當定義你的用詞。如果他們同時具有遠離型，而你的內容又完全說不通，他們會對你窮追猛打。但他們不是針對你，純屬他們的行事風格。

如果你是自我型

如果你在工作上是自我型，意思是你會比較專注在你手邊做的事，可能不會去注意別人的語調或他人的臉上表情。又或者你有注意到，只是可能錯判對方的情緒感受，而別人也可能誤會你的意思，因為你的表情通常不是很多，語調也沒有太大變化，更不會提供什麼非口語的線索。你喜歡全神貫注在自己的工作上，完全掌握它。所以也許你可以請那些跟你關係還不錯的同事直接告訴你他們的感受如何，以免你漏掉了任何重要的訊息。

自我型和自閉症譜系

自我型的行為跟自閉症譜系裡的一些典型行為是重疊的，譬如在手勢、眼神接觸、臉部表情和語調上都有困難。但這不表示自我型的人就一定在那個譜系裡，他們就只是處在一個自我模式裡而已。

摘要

注意力方向

問題：
這個類別沒有問題可以提問。

自我型：
專注於自我的經驗；不會注意非口語的行為或語調。
他人型：
對於非口語行為會出現自發性的反應。

在工作職場上的比例分布：
7%　　自我型
93%　他人型
（僅限於工作背景下，數據由羅傑‧貝利提供）

影響性語言：
自我型：
強調內容、配合他們的要求標準、説服者管道和模式。
他人型：
關係的好壞與否會影響到他們。

第 13 章

驚慌失措還是泰然自若：
工作壓力反應

在工作背景下遇到壓力時，會如何反應？

　　壓力反應類別檢驗的是，你在工作職場和其他地方會如何回應壓力，這些壓力是你所處環境的典型情況。這裡指的壓力反應並非面對人生裡的劇變，畢竟那種情況下的情緒反應是情有可原的。我們說的是在面對「正常」壓力時，一般人出現的三種反應方式。

感覺型

　　感覺型（Feeling Pattern）的人面對工作上的一般壓力時，會出現情緒反應。他們會進入情緒，走不出來，因此很難長期面對壓力大的工作。看在很多人眼裡，這種人遇事會過度反應或者過於敏感。他們比較適合從事藝術或創意工作，因為情緒可以變成創作的養分。但若擔任業務人員，將很難承受被人拒絕的感覺，所以可能無法像平常一樣開發新客戶。

選擇型

　　在特定情境下，選擇型（Choice Pattern）的人遇到工作上的一般壓力時，會先有情緒反應，然後不是回復到無情緒狀態，就是不願走出來。換言之，他們有選擇。由於他們本身能感受到情緒，所以對別人可能會有同理心，也可能沒有。他們通常適合擔

任人力主管，因為他們必要時會自行調整工作裡的個人情緒，拉出客觀距離。

思考型

思考型（Thinking Pattern）的人在特定背景裡的正常壓力下，並不會出現情緒化反應。他們對別人很難有同理心，因此無法進入情緒化狀態。他們遇到最緊急的狀況時，也能保持冷靜，不會恐慌。他們是可以抗高壓的可靠執行者。

✪ **比例分布 %**（僅限於工作背景下，數據由羅傑・貝利提供）

感覺型　15%
選擇型　70%
思考型　15%

型態的辨識

問題

請告訴我一個曾惹你煩心的工作經驗。

如果是在非工作的背景下，只要把「工作經驗」這幾個字改成你要的背景就行了。譬如，請告訴我一個曾惹你煩心的購買經驗。

當你請教這類問題時，請別讓對方只提出他們經常遇到的問題。譬如，「每次顧客不滿意我們的服務，我就很緊張」。一定要讓對方說出一個他仍記憶猶新的具體棘手經驗（但還不至於構成

災難）。你要做的是，當他們回顧經驗時，仔細觀察對方是否進入情緒化的狀態，走不出來；或者進入了，又走出來；還是完全沒有情緒反應。

＊ 非口語的各種指標

在壓力反應類別裡，並無具體的語言可以留意。要辨識出型態，必須依賴非口語線索以及行為變化上的觀察和傾聽。這表示你需要在提問壓力反應問題之前和之後，比較這個人的非語言行為。

感覺型
- 在描述棘手狀況時，會讓人看得到和聽得到他們的情緒反應。
- 若出現以下三種或三種以上的變化，代表情緒狀態有了變化：
  ▸身體姿勢、手勢
  ▸臉部肌肉緊繃
  ▸垂下眼睛
  ▸音色、音調、說話速度和音量都出現變化
- 整個陳述過程中，都沉浸在自己的情緒狀態裡。

選擇型
- 一開始先進入情緒，但至少會回復正常狀態一次。

思考型
- 不會進入情緒。

當你請教這類問題時，（如果受訪者是感覺型，又或者他們剛好挑了一件重大悲劇進行陳述）對方可能進入極度負面或痛苦的情緒狀態。因此，請務必在**風格**和**組織類別**的問題提問之前（「請告訴我一個符合你『正面要求標準』的工作經驗，你喜歡它什麼？」），先請教壓力反應類別裡的問題，以免對方一直處於負面狀態下。藉由一些與正面經驗有關的提醒，幫助他們轉移到正面情緒裡。如果他們好像還是很沮喪，可能得讓他們換個位子，幫忙他們走出情緒。

例子·

這些型態只能透過觀察行為才能辨識出來，而不是從語言結構裡去察覺。

若想看這三種型態的範例，請參考我的線上課程和音頻系列「了解和引發動力：語言行為量表」。（Understanding and Triggering Motivation: The LAB Profile ®）

人才招聘

多注意這個類別的型態是很管用的，因為某些職務對壓力反應有一定的要求。還記得二〇〇九年成功將 US 1549 航班降落在哈德遜河的薩利（Sullenberger）機長嗎？你能想像高度感覺型的飛行員處於同樣的情況下會發生什麼嗎？接受過我輔導的飛航交管人員告訴我，他們通常分辨得出旁邊的人是否正在處裡差點出狀況的飛航事件，因為感覺得到一股不安的能量正在釋出。

如果有份工作很重視關係的融洽與否以及同理心，選擇型的人便是最佳人選。選擇型的人會有感覺，但也能適時走出情緒，

客觀看待事情或採取行動。如果你經常感覺到自己的情緒，也會比較容易體會別人的情緒。如果電影《當哈利遇上莎莉》裡的哈利，是以分析和思考的層面去回應莎莉的感受，他可能無法體會莎莉的感覺，甚至不會產生同情心，而他可能也不會擁有她所擁有的！

許多從事藝術工作的人都是感覺型，因為藝術是結合感覺與情緒的表現。我發現許多精緻餐飲業的活動（尤其在歐洲），都不是為了顧客服務而舉辦，而是為了主廚，想讓他們開心。許多主廚都是高度情緒化的人。當他們的情緒超過臨界點時，便會天翻地覆。

無力感上身

如果是感覺型的人從事業務，每次被潛在顧客拒絕，便會意志消沉，因為他們會認為那是針對他。在這樣的心理作用下，將會經常承受到巨大的壓力。甚至可能出現我朋友所說的無力感上身。無力感上身和一個人的真正本領沒有關係，事實上他可能很有本領，只是在情緒上強烈認定自己沒有能力。會出現這種感受的人，多半在工作背景下都屬於感覺型。

職涯諮詢

我在輔導別人選擇事業生涯時，會很留意這種型態，因為它能說明當事者的抗壓性如何。

熱情

還有其他因素也要考量。雖然高度感覺型的人可能容易受壓力所苦，但他們更需要的是熱情的強度。當一個人在某種背景下同時具有感覺型和選項型時，便會對另類方法的開發特別有熱情，屬於很有創意的型態組合。

172

情緒的爆發

在柏林，我參加過一場跟整合性引導（Integral Facilitation；一種禪式的團隊經營方法）有關的研討會，結果意外搞砸了。美國的協調師負責指導一個由各國學員組成的國際性團體，她要我們學會它的使用方法，即便是用在棘手的議題上。當時我們分組討論德國的移民問題，而這問題充滿爭議性。

當時我的感覺是這個小組對人太和善，總是欣然接受彼此的說法，想要找出可以處理各方異議的整合性方法，於是我脫口而出：「我覺得我們應該把所有的移民丟出去，鎖上大門。」結果協調師沒有把這個觀點整合進討論裡，反而在結尾時重新界定「有必要再重新審視我們整合移民的方法」。我是沒打算追究，但另一位學員決定力挺我，堅稱我的論點沒有受到尊重。等我們回到大團體後，她當面質問總協調師，說我的論點刻意被忽略。當時我們的協調師試圖向這位學員解釋，但後者起身離開會議室，這顯然令協調師很沮喪。

午餐過後，我們回來了，協調師把那位小姐帶到旁邊去，當著所有人的面對她大聲叫嚷，感覺吵了很久。有人出面打斷，想打圓場，協調師竟叫對方住嘴。我等了一會兒才介入調解，因為情況愈來愈失控。當時我得提高音量才能讓協調師聽見我的聲音，也讓那兩個人的聲音都被聽見，並為分歧的意見打造出一個大家都能接受的結論。最後雙方終於冷靜下來。

那天晚上我發現雖然我已經把他們兩個安撫好，但我還是很難過之前的事件。第二天我們在大團體裡詳談這起事件。協調師解釋她會這樣反應是因為被戳到一個很久以前的負面敏感問題，但我說我到現在都還是很難過她的失控，以及她對學員的欺壓行為。我覺得她的反應完全不適合擔任專業的協調師，尤其這個角色必須在課堂上示範那套禪式法。我花了好幾天時間來處理我自己的感覺型態！

如果你有情緒爆發的問題，想要好好管理自己的情緒，第一步是先搞清楚你有哪些不能碰觸的負面敏感話題；再來是留意你情緒爆發當下的反應是什麼（沒錯，這一點你做得到）；第三，可能的話，在還沒引起別人注意之前，先離開那個情境，才能使用必要的方法讓自己冷靜下來；第四是如果無法離開，先深呼吸，露出微笑，因為你知道等到情緒上準備好了，你就能恢復正常了。

我最近幫自己訂了目標，要當一個更好的人，方法是在做出任何反應之前，先走到對方的公車停靠站，尤其是在跟我先生、家人，以及某些同事相處時。（就是好好練習我所鼓吹的方法！）以上那幾個步驟的確幫助我做到了。

壓力管理和人才管理

根據羅傑・貝利的說法，在工作職場上，多數人都是選擇型（70%）。這代表在面對困境或棘手處境時，會先出現情緒反應。身為經理人的你可以協助他們抽離情緒，並在適當時機幫忙他們改變觀點。

有兩個方法可以辦到這一點。你可以扭曲時間，請教他們：「兩年後，你覺得我們會怎麼看待這件事？」或者請他們從別人的角度來看這件事：「我不認為我們的顧客很在乎這件事。」或者從旁觀的角度來看整件事：「如果這件事發生時，你剛好是一隻停在牆上的蒼蠅，你會注意到什麼？」

你可能得為感覺型的人多練習他們的衝突解決技巧和調解技巧。要保持他們的工作動力，提供的職務必須能激發他們的熱情才行。請留意工作中的他們有否出現任何沮喪和無法抗壓的跡象，這些人最可能被壓力方面的疾病纏身，因為他們比其他型態的人更能感受壓力的存在。感覺型的人往往過度反應，尤其是在緊張或衝突的狀況下。若能讓他們學會抽離或冷靜，會很有幫助。我猜川普總統是屬於感覺型的人，因為他有一種傾向，當受到其

他知名人士的批評或輕視時，他會立即在自己的推特帳號進行攻擊。他不是那種會「放下」的人。

在面對員工的過度激烈反應時，先提高音量與對方一樣，搭起溝通的橋梁，同時說些正面鼓勵的話。「我很難過你這麼難過，我也快抓狂了！」這麼說可以引起他們的注意，才能把他們的負面能量導進較有生產力的管道。

若是需要頭腦冷靜的人才，思考型的人會受到高度賞識。他們平常就會抽離情緒，所以需要理性做法時，可以找他們擔綱。但不要寄望他們會和正在情緒化的人建立良好關係，因為他們沒有同情心。但如果是思考型兼內在型的人，特別能承受壓力，不會輕言離開。

後創傷壓力症候群會傳染

在《科學人》裡有篇文章在討論一個研究調查，內容是後創傷壓力症候群（Post-Traumatic Stress Disorder，簡稱 PTSD）的病人為什麼他們的治療師竟然也有百分之十到二十的比例會出現同樣症狀，即便這些治療師並沒有經歷過任何創傷。這些症狀包括噩夢、影像的閃現。但不是所有治療師（或家人和照護人員）都有這問題。這篇文章引用一份研究，而這研究發現到治療師和家人「若是展現出很大程度的情緒同理心，就比較容易在後續追蹤的過程中經歷到間接引發出來的創傷。」[1]

如果這種特質就像丹尼爾‧高德曼（Daniel Goldman）所界定的，是「跟著對方去實際感受，就像他們的情緒會傳染似的」，那麼語言行為量表裡有哪個型態是天生就具有情緒同理心？可能是外在型（會敞開心房接受 PTSD 患者給的資訊）、遠離型（注意到哪裡有出錯）、他人型（會很在意他人的非口語溝通內容）、壓力反應下的感覺型（進入負面情緒狀態，然後停滯在那裡）、做人型（以人、人際關係和情緒為優先），以及說服者管道裡的

視覺型（靠視覺性管道的輸入來被說服）。如果有人是由這些型態組合起來，他就不會在自身和對方之間設下一道防線，因此很容易「被影響到」。這是一個值得研究的好主題。你能預測由這些語言行為量表型態組合下的治療師比較容易得到二手的 PTSD 嗎？如果可以，那就開發出一些專門針對他們的療程來進行預防和治療 PTSD。

在我寫這本書的同時，已經新開發出更多有效的療程來治療 PTSD，而且是驗證過的，其中一個叫做 RTM 療法（RTM Protocol），這種療法令人驚訝的地方是有超過百分之九十的美國退伍軍人，可在兩週、六週和十二週的後續追蹤裡解除症狀，其間只做過五次或不到五次的療程。

✱ 影響性語言

你只要人在那裡，很理性地弄清楚一切，便能用一種特殊的方法鼓勵他們。

感覺型
- 以下措詞會令他們對某件事感到興奮或專注在情緒上，譬如：
- 激烈、興奮、舉棋不定、不凡等。

選擇型
- 措詞上要表現出你的情緒可隨時收放。（譬如「你可以對這一切很興奮，然後也會明白這其實有它的道理。」）

思考型
- 提出合理的事證：客觀現實、鐵的事實、清楚的思考、統計數字。

言語的誇張程度和文化

使用最情緒化的措詞，不見得代表這人就是感覺型。有些文化的遣詞用語常喜歡語出驚人，有的文化則是盡量避免。

譬如，我常懷疑美國文化和英語系加拿大文化之間的另一個差異，是在於言語的誇張程度。你也許已經注意到，相較於其他英語系國家，美國人使用的字彙都很極端，不是說**天大的災難**（Complete Disaster），就是說**美好到無與倫比**（Amazingly Wonderful）。法國人和魁北克人也常這樣說。

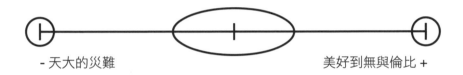

- 天大的災難　　　　　　　　　　　　　　美好到無與倫比 +

英語系加拿大人（依我的經驗，還要再加上非魁北克的法語系加拿大人）則介於中間，言語誇張程度是從**相當糟**（Pretty Bad）到**相當好**（Pretty Good）。

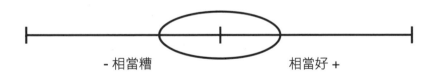

- 相當糟　　　　　　　　　　　相當好 +

我聽說過美國人常說要英語系加拿大人對某件事感到興奮是很難的。我給加拿大人的建議是，當你聽美國人形容某件事時，最好套用喜劇團體蒙提派森的經驗法則：不管他們說什麼，只要相信一成就夠了。[3]

相形之下，英國人（尤其是上流階層）的言語誇張程度似乎更小了一點，用**不好**（Not Good）代表否定，用**不差**（Not Bad）代表肯定。

－不好　　　不差 ＋

　　要利用壓力反應類別裡的影響性語言去影響別人，便得先挑出適合該文化的語言。

註 1：Christian Wolf, Post-Traumatic Stress Disorder Can be Contagious; Oct 3, 2018; bit.ly/PostTraumaticStressDisorderCanBeContagious

註 2：欲了解更多有關 PTSD 治療研究資訊，請參考：bit.ly/ResearchAnd Recognition。

註 3：這個「一成」說法出自英國經典電視喜劇《蒙提・派森的飛行馬戲團》（*Monty Python's Flying Circus*）。

摘要

壓力反應

問題：請告訴我一個會惹你煩心的（工作經驗）。

感覺型：
在正常壓力下會出現情緒反應；一直陷在情緒裡。
選擇型：
可以自主地進出情緒。會有同理心。
思考型：
在正常壓力下，不會有情緒反應。不擅長表達同理心。
即便在高壓工作下，也能保持冷靜。

在工作職場上的比例分布：
15%　感覺型
70%　選擇型
15%　思考型
（僅限於工作背景下，數據由羅傑・貝利提供）

影響性語言：
感覺型：
激烈、興奮、舉棋不定、美好
選擇型：
同理心、適當、合理、覺得正確
思考型：
清楚的思考、符合邏輯、理性、客觀現實、鐵的事實、
統計數字

第 14 章

風格：環境和生產力

在何種環境下才能最有生產力：獨自工作？
周遭有人參與？還是責任分擔？

工作風格類別可讓你知道（或確認）自己在什麼情況下狀態最好？你是否想和別人一起分擔工作？還是寧願自己做，但是有人參與其中？抑或全部自己來。

很多人在這個類別裡，都具有一種以上的型態，也就是在特定背景下會有一個主要型態和一個次要型態。至於其他類別，你的語言行為量表型態偏向也會根據背景而改變。

以下是三種型態。

獨立型

在工作背景下屬於獨立型的人會想獨自工作，獨自承擔責任。如果旁邊有人參與或者必須與他分擔工作，生產力就會折損。一旦受到打擾，他們的思緒會被打斷，所以寧願關起門來自己在辦公室裡工作。最極端的人可能會忘了徵詢他人的意見（如果剛好也屬於內在型）。在工作上，他們可以有很長的時間不與別人聯絡。

駱駝是一群人設計出來的馬（A camel is a horse designed by a committee，意思是原本良好的創意，經過一群人討論後，太多相左意見，最後成了四不像），這句話的作者恐怕就是這種型態的人。獨立型的經理人很多事都親力親為，不太容易與他人建立良好的工作默契。

親近型

　　親近型的人希望有清楚的責任領域，但也需要他人的參與或陪伴。他們要求責任分明，才會產生動力和生產力，而且工作上一定要有他人參與。如果將責任和權限交給別人分擔，或者要求他們獨自工作，生產力都會打折。

　　在這三種型態裡，這種型態最適合人才管理和專案管理的工作。他們會確保每個人知道自己的責任是什麼。親近型的人如果當老闆或者上面還有老闆，只要責任領域劃分得夠清楚，都會很稱職。

合作型

　　合作型的人希望和別人一起合作和分攤責任，他們相信二加二等於五，深信團結力量大。若要求他們自己完成工作，會無法在期限內完工。他們不需要責任領域的清楚劃分。如果擔任經理，他們會希望與員工共同合作。

　　加州人的燈泡就是在說這種人。換個燈泡需要多少加州人？答案是六個：一個換燈泡，五個在旁邊分享經驗。

　　合作型的意思並不像一般定義，意謂這個人喜歡合作，而是他們需要和別人一起從事活動。我的大兒子傑森五歲時，曾花了一個小時用樂高積木做了一艘船。而我的小兒子山米那時只有兩歲半，他小睡起來，一腳將那艘船踢得七零八落。傑森很難過，但是山米認為傑森怎麼可以自己做？他沒有等山米陪他做。這對山米來說完全無法接受，因為山米不會自己去做，也不會自己去玩。他玩耍的時候，有時可能有破壞力，但是他需要伴。

獨立型　20%

親近型　60%

合作型　20%

型態的辨識

> ### 問題
>
> **請告訴我一個吻合你（要求標準）的工作經驗？**
> • 等候回答
> **你喜歡它什麼？**

如果是工作以外的背景，你可以把該背景直接放進問題裡：「請告訴我一個符合你⋯⋯的感情經驗。」

務必確保你分析的對象給的是一個符合他們要求標準的明確例子。如果他們對於這個討論中的背景有很多要求標準，只要使用一個就行了。有些人可能從來沒遇到過一個符合所有標準的經驗。

在這個類別裡，你必須小心聽對方說了什麼。先聽出第一個問題的答案，再追問第二個問題。這個人是說他完全靠自己完成某件事，還是在別人的參與下負責處理這件事，或是和別人一起合作完成？

◀ ! 注意 ▶

第一個問題的答案與檢測型態類別中的模式最相關。

* 獨立型

- 只說我，我做的，我自己，我的責任。
- 不會談到或提到其他人。
- 從事的活動都是靠他們親力親為。

* 親近型

- 其他人雖然在場，但是「是我完成的」。
- 也許有提到別人或沒有提到別人，不過活動的性質需要別人在場（譬如推銷或教書）。

* 合作型

- 會說：「我們、我們的工作、一起」。
- 把別人涵括在內，還有責任分攤。

上述的問題可以這樣問：

作　者：莎拉，你對工作的要求標準之一是什麼？

莎　拉：挑戰。

作　者：你可以告訴我一個帶有挑戰的工作經驗嗎？

莎　拉：那是一場表演。大家都在質疑這個表演團體有沒有發揮該有的水準？我必須負責界定這是誰的責任還有解決方法，畢竟那次表演很不理想。我得從各部門集思廣益，而真正的挑戰在於我必須想出一個對策。

作　者：你喜歡這個挑戰的地方在哪裡？

莎　拉：我發揮了自己的創造力。過程很刺激、很有挑戰。

　　在莎拉提到的這個例子裡，我們知道有別人參與其中，所以不算獨立型。莎拉說的是「我」，而且清楚證實她知道誰該負責，所以她屬於親近型。

例子·

獨立型：

「我設計出新的軟體，而且排除了故障因素。」

獨立型兼親近型：

「我設計出新的軟體，而且在團隊的參與下，我排除了所有故障因素。」

親近型：

「在團隊的參與下，我設計出新的軟體。」

親近型兼合作型：

「在團隊的參與下，我設計出新的軟體，然後我們合力排除了所有故障因素。」

合作型：

「我們設計出新的軟體，並排除了所有故障因素，這是團體共同努力的成果。」

獨立型兼合作型：

「我設計出新的軟體，然後我們一起坐下來，合力排除了所有故障因素。」

可替代的問法

你能在完全不打電話和完全不見任何人的情況下，在辦公室裡獨自工作多久？

＊ 影響性語言

你應該可以自己想出來，再運用於別人身上，然後你們就可以好好合作了。

獨立型

- 獨自完工；自己來；靠自己；沒有人打斷；由你負完全責任，由你掌控；只要關上門，將電話轉接到別地方。

親近型

- 由你負責;別人會參與,但這是你的成果;由你來指揮;領導;你的責任是 X,他們的是 Y。

合作型

- 我們;一起;我們所有人;團隊;團體;責任分攤;共同處理;在這件事情上,你不會孤單(遠離型);我們一起來;這件事我們辦得到。

人才招聘和管理

許多管理階層的職務和專業性職務都在徵人廣告上,要求應徵者必須是團隊合作者(team players)。但團隊合作者是什麼意思?管理階層必須懂得為團隊人員分配工作、協調活動和創造願景,所以需要一個親近型但帶點合作型的管理人才。

要了解職務要求的是什麼,必須先看一下工作中有哪些活動,還有花在各活動上的時間比例。哪種活動必須獨自作業?(要對某個職位進行完整的語言行為量表,請參閱招聘章節。)哪種活動需要負起成果責任,但過程中又少不了別人的參與?又有哪些活動必須共同合作,才能達成目標?如果這份工作對這些要求都缺一不可,你可能很難找到理想人選,或許得為這份職務重新定義。

多年前我在一家全國性的年輕人潛力發展組織裡,擔任地區性人力資源助理總監,其中包括曼尼托巴省(Manitoba)、沙士卡其彎省(Saskatchewan)和亞伯達省(Alberta),以及西北部各省(North West Territories)。我的老闆偏合作型,我在工作上屬於親近型兼獨立型。他要求我們共同處理所有事情,可是我只想做好分內工作。我需要有清楚劃分的責任,知道自己該負責什麼。他非常滿意我們的工作關係,但我卻很沮喪。

在工作上偏獨立型的人需要有自己的空間和時間。如果你需要的是,就算世界已經天翻地覆,還是能專心致力於工作上的那

種人才，獨立型的人會是最好的人選。他們可以無視外界紛擾，始終保持專注態度。但若需要在工作上經常溝通和取得共識，他們恐怕不在行。可以想想那些你認識、需要一個安靜私人空間來集中注意力的人。

由於在工作職場上有百分之六十的人口都偏親近型，因此你會發現大部分的工作在設計之初都會先清楚劃分責任，但也要求必須與人互動。由合作型的人所策畫的工作任務，通常鮮少提到個人所應負擔的責任，這會令許多員工感到疑惑和沮喪。我懷疑開放性辦公室的設計，就是合作型的人所創。有些公司在實驗「虛擬辦公室」（Virtual Office）的概念，沒有人可以自稱擁有自己的辦公空間。你得視作業活動的性質預約使用時間。大部分的人在沒有自己的實體空間下，都會變得沒有生產力。（當然，數位游牧工作者〔digital nomads〕例外。）

由獨立型的人所設計的工作，可能不會規定人際互動和溝通方式。這對程式設計師來說是件好事，因為大多時候他們都得單獨編寫程式。而這可能在個人和部門之間造成「左手不知右手在做什麼」的狀況，這在許多組織裡是很常見的。至於那種需要諮詢同事意見的工作，矮一點的隔間牆會很管用，因為才有可能隨時找同事商討事情。

英國的大型目錄零售商大宇宙購物（Great Universal Shopping，簡稱 GUS）曾拜託我幫他們招募和留住客服中心的員工。他們的員工屬於兼差性質，以女性為主，都是在電話線上照著例行式的腳本致電客戶，確認訂單，再試圖說服對方購買更多產品。我會模擬和示範頂尖員工的標準做法，觀察員工們的工作狀態。當時我走進客服中心時，有好幾百人正在自己的辦公桌上工作，有趣的是，大多數的人都會注意到我（他們會抬眼看，用眼神或揮手的方式招呼我），表情都很好奇。他們的客服中心有隔間設計，高度矮到足以讓每個人的視線橫掃整個辦公空間。這方法很能配合他們在工作上想要有的風格：親近型！

為了配合在這裡工作的員工和有待完成的這些工作，你要怎麼擺設辦公空間、營造氛圍，讓他們感覺自在，變得更有生產力？

你自家住所的室內設計又如何呢？它是開放空間嗎（合作型）？還是有不同的空間來進行不同的活動（親近型）？抑或有很多有門的房間來保障個人隱私（獨立型）？或是以上的組合？

如果家裡沒有找到對的「風格」，假日對家人來說會很有壓力。你想要獨處嗎？你想要有家人陪你，大家各有貢獻和角色嗎（父母和子女－組織者－組織－親近型）？還是想什麼事都一起做（合作型）？我曾用一家人都放假的背景情況來幫一位男士做出量表，結果他是獨立型。你可以想見他家人的反應是什麼！

型態的組合

經常有人問我，在語言行為量表裡，可不可能有兩種或多種型態互有關聯？譬如獨立型和內在型之間互有關聯嗎？這兩種型態不見得一定會同時出現。你可能想獨自承攬所有工作，但又不知道自己做的夠不夠好，於是請教別人：「莫琳，我剛完成這個，你可不可以告訴我你的看法？」（獨立型和外在型）。或者我發表了一份報告，自覺寫得很棒，根本不問別人的看法（獨立型和內在型）。大部分的型態都會附帶其他型態。組合型態的重要之處在於，當你了解了個體型態是如何組合成整體的態度和行為時，你可以更有效地預測行為和影響。有關這方面的更多資訊，請參閱組合型態章節。

孤寂正流行

有愈來愈多的人在生活上離不開行動裝置，總是在傳訊或等人家回訊（就算身處在四周都是人的社交場合裡）。而且也有愈來愈多人是獨自工作，他們不是在家裡的辦公室，就是在共同工作室或咖啡館裡獨自工作。很多年長者也是獨自生活，日常鮮少

與人接觸。還有很多年輕人花很多時間在網路上，勉強才「下線」面對現實生活。（下線這個字眼怎麼會變成是重回正常生活的意思呢？）

以上每個例子都很像是獨立型。說到底，傳訊、打電話、狂追劇、玩線上遊戲等這些活動，都不像是有旁人陪伴的活動。有位男士告訴我，他在一家咖啡館裡工作，旁邊有個女的，他很想找她說話，結果花了三十多分鐘才鼓起勇氣搭訕。根據一項全國調查，有幾近一半的美國人覺得寂寞或者被冷落，只有百分之五十三的人回報他們會跟別人正常對話。Z世代（在一九九六年到二〇一二年間出生的人）是最寂寞的一代，也是健康狀況最不理想的一代。[1]

但就連這些統計數字也只是部分屬實，這種流行病對全球的健康將有重大的影響。在工作上，只有百分之二十的人口是獨立型。我不確定在其他背景下的型態比例是怎樣，但誠如我們所知，人類環境會影響我們的生產力，也顯然影響著我們的幸福感。我們需要更多可以讓人們一起生活、工作和玩樂的社群（合作型）。或者「互相陪伴」的社群（親近型）。我曾擔任某活動的演說者，這場活動的贊助者是加拿大一家專門為長者提供住所和療養院的公立機關。他們的代表很慎重其事地說，我們都習慣告訴老奶奶最好學會獨立，在自己的屋子裡自己過活，但是我們可能也都知道老奶奶、老爺爺和其他年長者如果能同處在一個可以互相關懷的社區裡，身邊環繞著許多有趣的人與活動，日子才會過得充實愉快。補助年長者的專屬社群，會是一個幫忙降低年長者的醫療保健成本和提升生活品質的好方法。

註1：美國全球醫療服務公司信諾集團（Cigna Corporation）在二〇一八年五月所發布的一項調查；bit.ly/LonelinessStudyNC。

摘要

風格

問題：請告訴我一個能符合你要求標準的（工作）經驗。你喜歡它什麼？

獨立型：
喜歡獨自工作，責任自負。

親近型：
寧願有自己的工作領域，過程中有別人參與。

合作型：
與別人分擔責任的情況下才有生產力。

在工作職場上的比例分布：

20%　獨立型

60%　親近型

20%　合作型

（僅限於工作背景下，數據由羅傑・貝利提供）

影響性語言：

獨立型：
你得自己來；獨自完成；負起全責。

親近型：
由你負責；別人會參與；你來指揮；領導。

合作型：
我們；共同；責任分攤；我們一起來；合力完成。

第 15 章

組織：做人型和做事型

人們如何組織自己的工作？他們重視的是想法和感覺？
還是點子、系統、工具和任務？

作業組織這個類別是在談人們的工作方式，是強調做事？還
是強調做人？在這個類別裡有兩種型態。

做人型

做人型（Person Pattern）的人，注意的是自己或他人的感覺
和想法。「感覺」的比重會多到甚至可能成為工作本身。他們會
組織自己的工作，以便將重心放在做人和感覺上，他們擅長建立
良好的關係。

做事型

做事型（Thing people）的人，會把注意力放在產品、點子、
工具、任務和系統上（事物）。他們將人和點子視為物件，認為
情緒對工作無益。他們只要求把事情做好，以任務為導向。

✪ **比例分布 %**（僅限於工作背景下，數據由羅傑·貝利提供）

做人型	15%
中間型，兩者兼具	30%
做事型	55%

型態的辨識

由於在工作職場裡有百分之五十五的人屬於做事型，因此較常聽聞到這種型態，不過性質特殊一點的職業多半擁有自己的文化型態（譬如從事人力資源服務的人多半是做人型）。

這裡提問的問題跟風格類別一樣。換言之，當你在請教以下問題時，你會同時收到風格和組織兩種類別的資訊。對於組織類別，請特別注意第二個問題的答案：你喜歡它的什麼？

問題

請告訴我一個符合你（要求標準）的工作經驗。

• 聽對方的答案

你喜歡它的什麼？

做人型

• 會提到人、情緒、感覺。
• 會提到幾個人名，使用人稱代名詞。
• 人是句子裡的主體。

做事型

• 談到過程、系統、工具、點子、任務、目標、成果。
• 不會提到人，除非是非人稱代名詞（譬如「他們」或「你們」）。
• 人成了物件，過程裡的一部分。

例子.

做人型：

「李奇勒先生非常喜歡我的報告，我自己也很滿意。」

偏做人型：

「李奇勒先生非常喜歡我的報告，我自己也很滿意，因為這對公司來說是重大的突破。」

中間型：

「李奇勒先生非常喜歡我的報告，這對公司來說是重大的突破。」

偏做事型：

「我的報告對公司來說是重大的突破。我的老闆也很喜歡。」

做事型：

「我的報告對公司來說是重大的突破。」

＊ 其他問題：

最近我發現如果你不確定型態，有一種試驗性問題可用來確認。

「想像你很賣力地工作，因為你得在三十分鐘內完成這份重要的任務。這時一位你平日欣賞和敬重的同事走了過來，表情沮喪，想立刻找你談談他個人遭遇的困難。這時你會怎麼做？」

答案不是繼續把工作做完（做事型），就是先把工作擱在一旁，好好安慰對方（做人型），不然就是在這兩者之間猶豫（中間型）。

或者你可以改問對方：「告訴我工作上完美的一天是什麼樣子。」答案不是提到任務和工作上的事，就是談到人和感覺。

以下是另一個中間型的例子：

作　者：賽門，你為什麼想幫助那人解決問題？
賽　門：可以解決問題啊，而且那個人也很重要。

賽門的注意力同時放在解決問題和人的身上。

當你請對方告訴你一個完全符合他們要求標準的工作經驗時，也順便請教他們為什麼喜歡那個經驗，這時候通常就會透露出他們重視的地方。除非你的受訪者也懂什麼是語言行為量表，很清楚你想聽出裡頭的答案。「單純」的受訪者才會透露出他們的型態。

＊ 影響性語言

體驗一下正確措詞所帶來的幫助，它可以讓你早日達成目標。

做人型

- 使用人稱代名詞；人的姓名；感覺；想法；體驗；感覺會很好；為了你；為了別人；這些人；你的團隊；我的小組。

做事型

- 使用非人稱代名詞；事物；系統；物件；任務；目標；過程；把工作做好；專注在手邊的任務上；標的；成果。

好人和壞人？

做人型並不代表你不是好人就是壞人。舉例來說，如果某人的職業有部分必須靠騙人才行，便得把全部重心放在對方的情緒上，於是會迂迴編織情緒，布出天羅地網。

在高級餐飲業裡，領班基本上是把所有顧客都當成物件，他們會將上門要求服務的顧客，逐一放進位子裡。但是，他的工作是要確保這些物件都很滿意。對我來說，做事型的最佳例子出現在商業客機上。兩名空姐前推後拉著一臺推車走在廊道上，你聽見她們正在對話，她們說：「妳知道我還聽說過他的其他傳聞嗎？」然後瞬間換上很假的笑容，彎腰對座位裡一個不太動的物件說：「要喝咖啡嗎？」你拿到了咖啡，於是她們又回去聊八卦。

政客也是把人當成物件，他們談選民服務。選民是什麼？就是你、我，還有一般大眾。但對一些人來說，我們只是一個可以在社交媒體上被追蹤和操弄的物件，就像二〇一六年的美國總統選舉一樣，當時劍橋分析公司（Cambridge Analytica）利用Facebook 數據確定相關的人格特徵，並大量發布「消息」來操控選民支持或疏遠候選人。

人才的招聘

在工作職場裡，許多職務都是為了完成某特定任務而設置，所以需要做事型的員工。但是，專業的招募者對於會在意感覺、溝通、默契，以及會解決紛爭的人才，也愈來愈有興趣。

有些工作的確需要做人型的員工，顧客服務和接待工作便是最好的例子。它們也需要外在型，因為必須以客為尊。在一家法國培訓公司和我一起工作的一個行政人員，是很強烈的做人型。她非常喜歡我，只要我請她做什麼，她會立刻放下手邊事情，先來幫我。我經常得告訴她，這不是很緊急，下週做完就行了。如果她不喜歡某人，那麼對方交辦的工作，她不會立刻做，可見她很注意感覺。

做人型的業務人員通常很難將案子結掉，因為他們與準顧客溝通得很愉快，變得不想快點結案。而做人型的經理在主持會議時，則經常離題討論自己的英勇事蹟。「這使我想起了當年……」做事型經理有時候不會察覺到別人的感受，於是可能傷害對方或

者令對方感到尷尬，結果還說：「不要把情緒帶進工作裡。」在非正式的社交場合，你通常可以很容易地認出做人型的人，他們經常會在你試圖離開時，繼續與你交談。他們不願意破壞友好關係，結束你的來訪。

很多人因為在乎別人的感受，而選擇從事諮詢工作或擔任社工。有時候他們會忘了自己的任務是幫助案主獨立，再接下一個案子。如果他們是高度的做人型，可能會過度擔心案主的情緒，而將自己搞得筋疲力竭（尤其，如果也具有遠離型，在壓力反應類別裡又剛好是感覺型。很多人都是這樣）。為了自己的長期健康著想，這些專業人士最好和案主劃清界線，盡量只專注在工作任務上（但也不要忽略客戶的感受）。

有些人會告訴我：「這個素材對我來說很新，我覺得有點不放心。」因為我比較任務導向，心裡不免會想：「所以你的薪水是為了領心安的嗎？」不過，身為專業人士的我通常是這樣回答：「你知道，不放心也是一種很有趣的情緒，因為這代表你很盡心盡力。通常當你從事的是你以前沒做過的事，多半會有點不放心。這樣的回答**可以**嗎？」在我看來（我是偏做事型），讓別人覺得放心和自在，只是一種幫助對方達成學習目標的工具。

領導風格和管理風格，通常是用來描述領導階層和管理階層對工作任務或人際關係的重視程度，以及什麼時候該發揮出來，才能有最好的成效。這些風格都被賦予不同的名稱，譬如權威型、顧問型、輔導型，諸如此類等。搞不好任何一種管理風格都可以被你擺進做人型和做事型這兩者之間的閉聯集裡。

對女性來說，要在男性的工作環境裡生存下去還是有點困難。女性往往被認定太情緒化。某些男性（當然也有一些女性）聽到太做人型的語言、看見做人型的行為，尤其這些語言和行為都來自於女性時，就會完全不甩她們的想法，認為太軟趴趴。在另一方面，如果有女性使用很做事型的語言，內容儘管再怎麼可信，也往往被認為「太苛刻」。所以很難找到適當的平衡點。這

也是為什麼我要為女性領導者和經理人專門開發進階級商業影響力課程[1] 的原因。

做事型的人和做人型的人，即便是在溝通最簡單的事情都可能出現誤會，這方面的例子我有很多。當年我到巴黎參加一場跟神經語言程式學有關的課程，課後跟一位朋友吃午餐。當我在描述課堂上一場很爆笑的慘事時，蘇珊打斷我：「你當下的感覺怎麼樣？」「我想還好吧。」我回答道，然後又繼續說那一連串小事故裡的另一件慘事，但她並沒有對我的爆笑慘事做出回應，反而又問我：「那對方的感覺怎麼樣？」她就是想知道答案。「我不知道他們覺得怎麼樣。」我說道，而且開始有點火了，「但是他們就是這樣做啊。」然後兩邊又繼續各說各的……「那對你來說一定很不好受吧。」「我想是不好受吧，不過後來……」而在另一個場合裡，有位朋友描述她先生是如何要求她幫他跟新車合拍一張照片。結果她先生很失望照片裡的焦點竟是對準他，根本不可能看清楚那部車。你猜得到這兩種情況下的型態各是什麼嗎？

業務和行銷

做人型的人是因為靠體驗來決定購買，比如這東西讓他們有什麼感覺。染髮用品及其他個人用品和服務就是用這種方法推銷。萊雅（L'Oreal）在廣告上說：因為你值得。如果你是那種該有的東西都已經有的人，可能就會比較想體驗一下禮物這種東西。我的姪女送給我們的禮物是全家人一起上烹調課，我們七個人選好菜單，再花一個晚上的時間跟著一位專業主廚學習如何烹飪，最後當然是一起享用大餐！

向思考型買家推銷時，要把他們的注意力集中在產品或服務和利益上。想想看你生活中的那些新科技迷，他們手裡一定有最新上市的電子裝置。當我和我的事業夥伴安德列斯·普萊尼格（Adnreas Plienegger）開發出業務平臺專用的數位版語言行為量表

（LAB Profile）[2] 時，安德列斯發現到在銷售時要分辨客戶是做人型和做事型，最好的方法就是請教潛在客戶他們的「影響偏好度」（Impact Preference），聽聽看對方談論的是人還是東西。

你的網站、產品、服務，甚或名片的設計，都必須反映出你的目標市場是傾向做人型還是做事型。如果你的目標市場是一群很有同情心、很愛分享心情的人，你就要選擇那種不是很中規中矩、有點搞怪的字體，再配上看似溫馨親切的圓弧形圖案。相反的，如果你的目標市場只想看見確鑿的事實，那就使用正常的無襯線字體和比較方正的設計。你的名片看起來是什麼樣子呢？

註 1：參見 Institute for Influence (bit.ly/AdvancedBusinessInfluence), Advanced Business Influence Program

註 2：業務平臺專用數位版語言行為量表（LAB Profile®），bit.ly/SalesTrainer Platform。

摘要

組織

問題：告訴我一個符合你（要求標準）的（工作）經驗。你喜歡它的什麼？

做人型：
專注在感覺、想法和人際關係上，把它們當成任務。

做事型：
專注在任務、系統、點子、工具、事情上。最重要的是把事情做好。

在工作職場上的比例分布：

15%　做人型

30%　中間型

55%　做事型

（僅限於工作背景下，數據由羅傑・貝利提供）

影響性語言：

做人型：
會稱呼別人的名字；感覺；想法；感覺不錯；別人喜歡。

做事型：
事情；系統；事情是；目標是；過程；任務。

第 16 章

規範結構：為你自己和別人準備的準則

規範結構談的是自我管理和管理別人的能力及意願。在這個類別裡共有四種型態：

我的／我的型：我給自己的規範／我給你的規範

我的／我的型（My/My Pattern）會為自己也為別人訂下規範。他們願意向別人溝通自己的規範，因為他們相信大家都大同小異，所以認為對他們有益的東西，也適用於他人。他們會說：「如果我是你，我會⋯⋯」在工作上，大部分的人都屬於這種型態，其他背景下也可能一樣。

我的／句點型：我給自己的規範／我不在乎

我的／句點型（My/. Pattern）會為自己訂下規範，但不在乎他人。他們也不是對別人有惡意，只是覺得那不關他們的事，不是他們的問題。這些人通常會把分內事做好，但不管別人的閒事。有時候別人會覺得他們很自私，因為他們不會考慮其他人。

我住在巴黎的六樓公寓裡，經常在半夜被這種型態的人吵醒。他們半夜兩點還在住宅區裡亂按喇叭，根本不管這附近有幾百個人已經入睡。

沒有／我的型：沒有規範或者不知道為我設的 規範是什麼／我給你的規範

屬於沒有／我的型（No/My Pattern）的人，不知道自己有什麼標準，或者不會為自己設下任何規範，不過一旦有人給他們規範，會很願意與別人分享。也因此，他們可能很難為自己找到一個方向或做出任何決定。他們多半進退不得，不知如何是好。

我的／你的型：我為自己訂的規範／ 你為自己訂的規範

屬於我的／你的型（My/Your Pattern）的人，在工作上知道該遵守什麼規範和政策。但不願意或沒辦法傳遞給他人知道。他們認為「一樣米養百樣人」，每個人各不相同，如果你告訴別人怎麼做，是很傲慢的行為。因此，其他人往往不清楚他們的期許是什麼。

這些人能夠明白爭執過程中雙方各自的立場，但看在一些堅持己見的人眼裡，可能覺得很討厭。

✪ **比例分布 %**（僅限於工作背景下，數據由羅傑・貝利提供）

我的／我的型	75%
我的／句點型	3%
沒有／我的型	7%
我的／你的型	15%

型態的辨識

你得照以下方式請教兩個問題，注意聽對方會給兩個答案還是一個。

問題

有什麼好方法可以提升你在（工作上）成功的可能？
- 注意聽答案

別人有什麼好方法可以提升他們在（工作上）成功的可能？

要認出這些型態，就必須將答案和這些問題做比較。不知道答案的人會猶豫良久，然後才以探詢的語氣回應。

✳ 我的／我的型

- 兩個問題給的答案都一樣，或者是很輕鬆地回答兩個問題。（每個問題的答案可能都不盡相同。）

✳ 我的／句點型

- 對第一個問題有清楚的回應，對第二個問題表示沒有興趣回答。

✳ 沒有／我的型

- 不知道第一個問題的答案是什麼，但會為第二個問題訂下規範。

✳ 我的／你的型

- 對第一個問題訂有規範，不知道或不願對第二個問題做任何推測。

```
例子·
```

我的／我的型

1. 賣力工作，做事要更有條理。
2. 方法一樣，賣力工作，做事要更有條理。

我的／句點型：

1. 做事要更有條理。
2. 那不是我的問題。

沒有／我的型：

1. 呃……不確定。
2. 做事要更有條理。

我的／你的型：

1. 賣力工作，做事要更有條理。
2. 每個人不一樣。

＊ 影響性語言

　　如果我是你，我只會注意對方是做什麼工作的，畢竟每個人都不一樣，不是嗎？雖然這個類別裡沒有具體的詞語，不過我還是找到了一些措詞幫助你了解如何配合這些型態。

我的／我的型

　　「如果你是他，你會那麼做嗎？你知道你想要什麼，也知道什麼對其他人有利，那就照你想的和小組一起解決這個問題。」（這些話反映了這個人會為自己和他人做決定）

我的／句點型

　　（對於這個群體，我建議你使用會對內在型使用的語言，但有一點不同）「你很確定這一點，別人怎樣，那並不重要；這可能對你最有利，他們怎麼想，不重要。」

沒有／我的型

「既然你已經知道別人對你的期許是什麼了，就可以交代下去了；等老闆給你指示，再讓大家都知道。你能把我們指導手冊中的規則告訴大家嗎？喬治會怎麼做？」

我的／你的型

「你知道你應該怎麼做，至於其他人，你希望他們自己做決定；你有自己的獨特方法，並承認每個人都不一樣；每個人都是與眾不同的。」

人才招聘和管理

我的／我的型如果同時兼具其他型態，譬如主動出擊型兼被動反應型、以內在型為主、偏全面型、他人型、選擇型等（當然還要加上一些知識和技術），便很適合從事人才管理工作。他們可以清楚說明他們對員工的期許是什麼，也很清楚自己的行為規範。如果有份工作或職務要求任職者必須傳授專業知識，那麼我的／我的型是最佳人選，因為他們能夠告訴別人該怎麼做。

如果經理人屬於極端的我的／我的型，又結合了內在型，恐怕會給員工製造麻煩。我曾幫一家組織開過大型訓練課程，這家組織的總監決定所有員工都要通過錄影式的訓練。他的理由是這種訓練對他自己幫助很大，所以應該可以為員工帶來同樣效果。但在我看來，不是每個人（在那個階段）都能接受那樣的體驗。

如果經理人是我的／你的型，往往會令周遭的人感到焦慮，因為他不會告訴別人他的期許是什麼。但他們非常適合知道自己需要做什麼的成熟團隊。如果找到別人的要求標準、價值觀、目標等，再與他們共同合作這件事很重要，那麼我的／你的型是適合的人選。我的／你的型是厲害的調停者和談判者，他們能了解雙方兩造的觀點，同時維持調停者的中立立場。那些專為諮商師、

教練、主持人、訓練講師和治療師，所設計的標準傾聽和探詢技巧，也都是為了打造出我的／你的型。

業務人員若是我的／我的型，但又兼具其他適當型態（主動出擊型、一些外在型、偏程序型、選擇型、親近型等），通常表現都不錯，因為他們會主動推銷。但如果他們是極端的我的／我的型，可能會過度干預別人該做的事。我的／你的型，則可能不願意主動推銷或提出任何建議。

所以，為什麼中階主管會受到擠壓？

在層級分明的大型組織裡，我們發現到中階主管大多屬於沒有／我的型。意思是，他們通常不需要為員工訂定規範，而是找到公司的規範，再告知員工。

自二十世紀九〇年代初的經濟危機、二〇〇〇年的網際網路泡沫、二〇〇八年的金融危機、二〇一六年的油價暴跌等等，組織經歷了許多轉型作業：縮編、「重新改造」流程、扁平化組織層級，並在過程中，裁掉中階主管。中階主管普遍被認為（在我看來是錯誤的）對流程來說沒有太大價值，他們似乎只是政策和程序的一種傳達機制（relay mechanism）。（這可能是網際網路的世界觀。）

中階主管扮演的是引導員工和開發員工潛能的角色，但這兩個角色都被低估了。企業組織只是在找替罪羔羊，結果造成很多沒有／我的型的人突然發現自己得另覓新職，有些人甚至還是生平頭一次遇到這種事。我們能為這些人做什麼預測嗎？很難。他們不曾為了找新事業或新工作而給過自己任何規範。不過幸虧現在有很多工作網站和工作人脈論壇（LinkedIn、Xin 等）可以幫得上忙。

告訴自己該怎麼做

我有一名職涯諮詢客戶屬於沒有／我的型。我問她：「你是不是有時候很難做決定？」「是啊，」她說道，「如果是涉及到我自己的事。」我請她想像自己坐在另外一張椅子上，然後要她告訴自己該怎麼做。這方法幫了她很大的忙。在工作背景下，要她告訴別人她的期許是什麼，並無大礙，但若要她說出對自己的期許卻很難。

專注在眼前工作上，不必理會別人需求，這類工作是我的／句點型的人最擅長的。但是，現在這種工作愈來愈難找到，因為許多企業都堅持員工必須擅長溝通和協調。而我的／句點型的人在態度上，難免都是「非照我的意思去做不可」，如果又剛好兼具主動出擊型和內在型，更是不管周遭意見，一意孤行。

我曾和一家小型環保公司的老闆共事過，他就是這些型態的組合，很多員工被他嚇得每天下班前都以為會收到他的解雇通知書。

親密關係

有可能有人在工作上是我的／我的型，但在穩定交往的關係裡卻是我的／你的型的。因為我的／你的型這種人通常不會明說他們對婚姻裡的伴侶有什麼期待，所以有時候若能轉換成我的／我的型，讓對方知道他們想要什麼或不想要什麼，可能會比較好。如果你一直停留在我的／你的型模式裡，結果就會是伴侶永遠不知道對方喜歡或不喜歡什麼，長久下來就可能積怨。我知道有些夫妻不討論重要的議題，譬如要不要出手幫忙有困難的成年兒女或者如何幫忙，抑或是討論財務和退休生活的規畫。當我問到作為夫妻的他們為什麼不討論這些事時，他們只是無助地看著我。同樣的，在婚姻裡大多時候是我的／我的型的人，可能要轉換成我的／你的型，才會知道自己的伴侶怎麼看待眼前的事情。

我相信只要清楚這些不同的型態，你才會曉得在某特定時間比較適合選擇哪種型態。

教養孩子

正在養育孩子的你，能從孩子身上得知他們想要什麼嗎？能了解他們，讓他們做自己嗎？能告訴他們你的期許是什麼嗎？在親子教育裡，最適當的型態是我的／我的型，有時候我的／你的型也很適用。親子教育的目標之一，是培養孩子，讓他們適性成長和發展。

直升機養育方式是指從孩子出生一直到快成年，做父母都在監督、指揮、輔導、控制孩子，企圖防止孩子有任何失敗或負面經驗。在為人父母的背景下，這種養育模式算是很極端的我的／我的型，而且裡頭還結合了內在型和程序型。（我的孩子應該照我知道的正確方法來做。）這種現象愈來愈常見，而且似乎跟大學生心理問題個案數量的上升很有關聯。[1] 如果我們也把風格那個章節所提到的寂寞元素加進去，就感覺到智慧型手機和這種養育方法似乎並沒有幫助孩子長大成熟。

根據《紐約時報》援引的一項研究，創造力普通的孩子，他們的父母平均訂下六條規範，而創造力很強的孩子，父母只訂下一條規範。[2] 少一些規範要求孩子該做什麼和怎麼做，孩子會比較有創意，但是他們可能比較難管教。

註 1：bit.ly/KidsOfHelicopterParents
註 2：DACEY, J. S. (1989), Discriminating Characteristics of the Families of Highly Creative Adolescents. The Journal of Creative Behavior, 23: 263–271. doi: 10.1002/ j.2162-6057.1989.tb00700.x, quoted in the New York Times, 2016, 0131.

摘要

規範結構

問題：有什麼好方法可以提升你在（工作上）成功的可能？別人有什麼好方法可以提升他們在（工作上）成功的可能？

我的／我的型：

我給自己的規範，我給你的規範。能夠告訴別人他們的期許是什麼。

我的／句點型：

我給自己的規範，我不在乎別人。

沒有／我的型：

不知道我給自己的規範是什麼，我給你的規範。典型的中階主管型態。

我的／你的型：

我給自己的規範，你給自己的規範。不知道該怎麼告訴別人做什麼。

在工作職場上的比例分布：

75%　我的／我的型

3%　　我的／句點型

7%　　沒有／我的型

15%　我的／你的型

（數據由羅傑・貝利提供，僅限於工作背景下）

影響性語言：

我的／我的型：

「如果你是他，你會那麼做嗎？你知道你想要什麼，也知道什麼對其他人有利，那就照你想的跟小組一起解決這個問題。」（這些話反映了這個人會為自己和他人做決定）

我的／句點型：

對於這個群體，我建議你使用會對內在型使用的語言。「你很確定這件事，別人怎樣，那並不重要；這可能對你最有利，他們怎麼想，不重要。」

沒有／我的型：

「既然你已經知道別人對你的期許是什麼，就可以交代下去了；等老闆給你指示，再讓大家知道；你會把我們指導手冊裡的規則告訴大家嗎？喬治會怎麼做？」

我的／你的型：

「你知道你應該怎麼做，至於其他人，你希望他們自己做決定；你有自己的獨特方法，並承認每個人都不一樣；每個人都是與眾不同的。」

第 17 章

說服者管道：
人們如何蒐集資訊

　　從語言行為量表裡最後兩個類別所得到的資訊，對業務人員來說尤其重要。說服者管道（Convincer Channel）和下一個說服者模式（Convincer Mode），將談到哪些方法可以說服人。因為除非你被說服，否則你不可能採取任何行動。在被說服的那個當下，才有很大可能買下產品或服務，或者著手展開眼前的任務。

　　在各種背景下，每個人都有各自的被說服型態。在被說服的過程中會出現兩個階段，首先他們會從具體的感官管道裡蒐集資訊（說服者管道），再使用某種方法處理這些資訊（說服者模式）。

管道型態

看　他們需要在視覺上「看見」產品、服務或點子。

聽　他們需要有人口語介紹或聽見一些話。

讀　他們需要讀到一些東西。

做　他們必須做點事情。

看　55%
聽　30%
讀　 3%
做　12%

型態的辨識

> ### <u>問題</u>
>
> 你怎麼知道別人在工作上表現良好？
> 或者
> 你怎麼知道……（有部車）值得……（買）？

- **看**：必須看見某些證據
- **聽**：聽別人怎麼說
- **讀**：讀報告等等
- **做**：必須和別人合作，才能確定

看：

「只要看到就知道了。」

聽：

「等他們說清楚自己的決定時，就可以從中判斷他們的理由和想法。」

讀：

「我讀了他們的報告。」

做：

「我必須和他們共事，才能親自體驗他們的做事方式。」

有時候，人們會給的答案不只一個。譬如，他們可能需要看見和聽見事證。

運用範圍

當你想說服別人相信某件事，譬如推銷好了，又或者當你指派任務給別人時，你必須先配合對方的說服者管道。如果能知道在那樣的背景下，他們需要何種（管道）資訊，只要給他們那種形式的資訊便行了。如果不知道哪種說服管道比較適合，請嘗試使用看。我們的文化與圖像和影像密不可分。每當我在課堂講授語言行為量表時，我都會教授我的影響和說服原理：

「要讓人家跟你去某個地方，就得先去對方的所在之處與他們會合……而不是假裝他們已經在你想要他們去的地方。」

大多數人可能會忘了這個原理，但即便過了幾十年，他們還是會記得公車站，因為這是一幅你會記在腦海中的畫面——去某個人所在之處的公車站的整個想法。

例子．

看：

「我想給你看一個樣本。」

聽：

「聽起來不錯，對吧？還有什麼你想討論的？」

讀：

「報告上的數據挺不錯的。」

做：

「你會想親自試用一下再決定。」

＊ 影響性語言

你可以讓人家知道你的弦外之意，方法與對方的方式如出一轍。以下是專為以上型態準備的感官性詞彙。

- **看：**

  看、展現、觀點、影像、清楚、澄清、光、黑暗、彩色的、視覺化、點亮、模糊、朦朧、地平線、閃光、看一下、描繪、看見它的運作、觀察它等等。

- **聽：**

  聽、談話、傾聽、好奇、說、問題、問、對話、鈴響、噪音、節奏、配合調子、和諧、音樂的、聲調、不協調、交響樂、喊叫、討論、聽說、告訴自己等等。

- **讀：**

  閱讀報告、查閱文章、瀏覽頁面、通讀、詳讀。

- **做：**

  感覺、觸摸、抓住、蒐集、聯絡、接通、具體、壓力、敏感、扎實、封閉、開放、柔軟、連結、熱、冷、溫暖、試用、合理、一起共事、努力解決、試穿、試驗等等。

摘要

說服者管道

問題：你怎麼知道別人在工作上表現良好？

看：
需要看見證據
聽：
需要有人口語介紹或者聽聞某些事
讀：
需要讀到某些東西
做：
需要做點事情來證明

在工作職場上的比例分布：

55%　看
30%　聽
3%　讀
12%　做

（僅限於工作背景下，數據由羅傑・貝利提供）

影響性語言：
配合感官管道（看、聽、讀、做）使用語言。

第 18 章

說服者模式：達成交易

在具體的感官管道裡蒐集到資料之後，得再用某種方法加以處理，才能變得有說服力。這種處理過程稱之為說服者模式（Convincer Mode）。

總共有四種型態：

例證次數型

例證次數型（Number of Examples）的人需要拿到多次資料才能被說服或學到某件事。

不假思索型

不假思索型（Automatic）的人接收少量資訊後，便會用依此類推的態度對剩下的資訊做出決定。他們會驟下結論，一旦決定了，便不輕易改變想法。他們很容易相信別人。

持續型

你相信嗎？持續型（Consistent）的人從來不會被完全說服。對他們來說每天都是新的一天，所以每次都需要重新評估。我稱這種型態為郝思嘉型（Scarlett O' Hara，名著《飄》或稱《亂世佳人》裡的女主人翁），因為「明天又是新的一天」。

時程型

時程型（Period of Time）的人需要一段時間蒐集資訊，才能被說服。

✿ **比例分布 %**（僅限於工作背景下，數據由羅傑‧貝利提供）

例證次數型	52%
不假思索型	8%
持續型	15%
時程型	25%

型態的辨識

> ### 問題
>
> **在你被說服之前，你需要他們證明幾次（看、聽、讀、做）？**

* **例證次數型**
  • 會明說具體的次數。

* **不假思索型**
  • 一個例子就夠了，或者認定每個人都不錯。
  • 容易相信別人。

* **持續型**
  • 從來沒被真正說服過。
  • 每次都會重新做判斷。

✳ 時程型

• 會提到他們需要一段時間。

　　這裡的問題被設計成可以向對方探詢出明確的次數。受訪者不是能夠直接回答問題，就是一開始就感到困惑，於是你可以透過消去法看出對方不是例證次數型。

例子·

例證次數型：
「兩或三次吧。」

不假思索型：
「我可以立刻分辨出來。」

持續性：
「每件成果都得好好評估。」

時程型：
「過一兩個月吧。」

　　以下幾個對話範本會教你如何試探出對方的型態。

作　者：吉莉安，你怎麼知道你的同事在工作上表現良好。
吉莉安：我只需要看過和聽過一次，就知道了。
作　者：一次？
吉莉安：是啊。我可以立刻分辨得出來。

　　這裡有個線索。有時候你在問第一個問題時，可以同時得到管道和模式這兩部分的答案。吉莉安必須眼見為憑和親耳聽見，而且是不假思索型的說服者模式。

作　　者：吉姆，你怎麼知道別人在工作上的表現好不好。

吉　　姆：我會看他們完成了什麼，也會聽聽看有什麼佳評。

作　　者：你需要眼見為憑和親耳聽見幾次，才能被說服對方的工作表現不錯？

吉　　姆：兩或三次吧。

作　　者：（為了確定，再進一步探詢）所以如果你親眼看見或親耳聽到兩次，你就完全相信他們表現不俗？

吉　　姆：也許吧。

作　　者：那如果親眼看見或親耳聽到三次，就能完全相信嗎？

吉　　姆：是的（點頭）。

吉姆需要親眼看見和親耳聽到；例證次數型：三次。

作　　者：納塔莎，你怎麼知道別人在工作上的表現好不好？

納塔莎：我需要和他們共事一陣子。

作　　者：你需要和他們共事幾次？

納塔莎：呃⋯⋯我不知道。你是說多久嗎？

納塔莎需要靠做的管道。此外，在回答第一個問題時，她也透露出她是時程型，並且在第二個答案裡確認了這一點。現在我們只需要知道她需要多久時間被說服。

作　　者：你需要和別人共事多久，才能相信他們的工作表現不俗？

納塔莎：哦，一兩個禮拜吧。

作　　者：所以如果你和別人共事了一兩個禮拜，你就會被說服嗎？

納塔莎：是的。

作　　者：亞當，你怎麼知道你的同事有很好的工作表現？

亞　　當：我讀月報的時候就知道了。

作　　者：要讀到幾次這種月報，你才會確定對方的工作表現良好？

亞　　當：每次月報都不一樣，這次月報不錯，下一次不見得好。所以每次的月報都要看。

亞當需要靠讀的管道，而且在說服者模式裡屬於持續型。他從來沒有被真正說服過，他每次都得重新判斷。

應用範圍

大部分的人（52%）都屬於例證次數型（在工作背景下），這代表他們需要多次拿到資料，才能被說服。以前的廣告信條說，如果在一定時間內重複訊息六次，甚或十次，次數視作者而定，大部分的人就會收到訊息，展開行動。網路廣告商似乎相信如果你用廣告來淹沒潛在顧客，無論他們上網瀏覽到哪裡，都不斷給他們看同一個產品或服務的廣告，最後就會徹底投降，購買產品。每個網路廣告大師都相信自己擁有神奇的魔法公式可以誘使人們購買你的產品：「只要你搞對這件事……」

在個人成長領域裡，有一個現在已經被戳破的信念，這信念說改變習慣，只需要二十一天。但這顯然得看你要改變的是哪一種習慣。有趣的是從語言行為量表的角度來說，這個研究以及改變習慣的相關討論，都跟時程型有關，而不是例證次數型。

學習

讓我們拿教育來當背景吧。一個孩子在學校學習加減法，必須重複練習十二次，才相信自己已經學會。但問題是，在學校裡不可能有時間練習十二次來說服自己已經學會加減法，所以必須靠作業反覆練習這個技巧。如果老師察覺到某位學生很難被說服

自己已經學會加減法，便可以視情況修正作業練習的次數。

這也有助於父母幫忙指導孩子的作業。「你怎麼知道某人的閱讀能力不錯？」「如果可以一口氣讀出所有的字，就表示還不錯。」（管道：做）「需要幾次這樣一口氣讀出所有的字，才能確定他們的閱讀能力不錯？」「嗯，很多次。」「很多次？要是有人能夠三次都一口氣讀出所有的字，你可以確定嗎？」「嗯，我還不能確定。」「那如果五次都能一口氣讀出所有的字，你就能確定了嗎？」「是啊，當然可以。」所以身為父母的你，在每個階段的閱讀學習裡，都要確保孩子計算自己至少有五次能一口氣讀出所有的字。一旦孩子得到所需的能力證明，便會相信自己辦得到，而且變得更有自信。

有時候也需要和孩子們討論一下他們對能力證明的看法。如果覺得一口氣讀出所有的字或總是能答對問題，這種要求不切實際，可以協助他們換成比較容易達成的目標。

如果孩子在學習上屬於持續型（永遠無法徹底相信），你會注意到每次她從事這個活動時，都得說服她又學會了一些東西。你可能會想告訴她，這一次跟以前一樣又辦到了。

難搞的顧客

不假思索型的人會蒐集一點資訊，再根據自己的推論，立刻做出決定。他們是那種驟下結論或當機立斷的人。如果有個不假思索型的人一開始便對某件事說不，你千萬別再回頭試圖說服對方，因為他們很少改變主意。

持續型的人絕不心存僥倖，如果再加上遠離型，那麼有這種組合型態的人非常適合糾正工作上的錯誤或從事品管工作。你不會希望喬依認定既然他自己「知道」夏琳表現得不錯，就不用再檢查了。

持續型的顧客是最棘手的。每次提供服務，都得重新建立

可信度。他們可能今天喜歡你的服務，第二天討厭你的服務，第三天又喜歡你的服務。他們生性多疑，沒辦法被完全說服。你只能盡量利用和內在型一樣的影響性語言，並配合他們的說服者管道。「我建議你在做決定之前先試用看看」（做、持續型），或者「你先看一下，再告訴我你的想法」（看、持續型）。這類型的人最有可能買了東西又拿來退還，或者全盤推翻他們先前同意的協商結果。

我曾跟某製藥公司的行銷部門每個月合作一次，負責教他們語言行為量表，並幫他們的業務代表以及他們必須打交道的醫師設計行銷方案。第一天，譚米（Tammy）走進來，一臉難受的樣子，她先是把檔案摔在桌上，然後癱坐椅子裡，嘴裡咕噥抱怨她在這裡根本是浪費時間，她還有好多其他事情得做，但等到那天終了時，她對這個課程以及各種應用竟變得很熱中。（一個月後）她走了進來，又是一臉難受，一樣把檔案摔在桌上，開始咕噥抱怨。我心想：「奇怪了。」因為我記得她已經被說服這個課程很值得啊。等到那天終了時，她的熱忱又回來了。到了同樣情況出現在第三場課程時，我才明白原來她有持續型的說服者模式，我們只需要重新建立起融洽的關係和我的可信度就行了。直到今天，她一直都有跟我聯絡，不管到哪裡工作，總是一有機會就找我回去幫他們的團隊諮商。

時程型的人被說服之前，需要一段時間蒐集資訊。你的顧客可能會告訴你，他需要花一兩個月的時間討論（聽）你的產品。你可以耐心等候一兩個月，或者才過幾個禮拜就打電話給他，說你忙到沒注意時間，以為已經是一兩個月過後了。在我的語言行為量表顧問／專業講師證照課程裡，有幾個學員也屬於這個型。他們會有好幾天的時間都沉默不語，也不說要不要參加這個活動，看起來一臉懷疑，不然就是在他們四周罩上某種隱形力場，然後又突如其來地出現，興致勃勃地參與其中。當我們談到說服者模式裡的時程型時，他們竟大笑承認自己就是這樣。

我曾和一家小型企業的業主合作，他的問題在於他很難找到合適的團隊成員來接手幾個需要高超技術的職務。他的聘用流程其實沒問題，就是會有一段試用期，給一些作業任務試試看。後來才知道原來問題出在這個業主是屬於時程型的說服者模式。他會給他們三到六個月的時間來表現，即便他其實已經不滿意對方的第一份或第二份專案的工作成果。在詳細討論過這種說服者型態後，他開始要求自己在求職者試做過一或兩個專案之後，就告訴對方有沒有通過試用，不要拖太久才說。他同意同時試用一個以上的求職者（他們都是遠端工作）。這一招能讓他剔除不適任的求職者，也幫他更快找到適當的人選。

＊ 影響性語言

每次和別人打交道時，都可以姑且認定他們做決定前有各自需要的考慮時間。

（記得也要配合說服者管道）

例證次數型

- （使用數字）

不假思索型

- 你可以假設；姑且相信；很快決定；馬上

持續型

- 試試看；你每次使用它；每一次；一貫的表現；不要相信我的話

時程型

- （配合那段時間）幾個星期、一個小時左右、十天

摘要

說服者模式

**問題：你需要他們證明幾次（看、聽、讀、做），
　　　才能說服你（他們在工作上表現不錯）？**

例證次數型：
他們必須拿到幾次資料，才會被說服。

不假思索型：
他們蒐集了一點資訊，就立刻被說服。打定主意之後便很難改變。

持續型：
他們從來沒被完全說服過。每天都是新的一天，需要重新被說服。

時程型：
在他們被說服之前，需要先蒐集一段時間的資訊。

在工作職場上的比例分布：
52%　例證次數型
8%　　不假思索型
15%　持續型
25%　時程型
（僅限於工作背景下，數據由羅傑・貝利提供）

影響性語言：

例證次數型：

使用他們的數字。

不假思索型：

假設；姑且相信。

持續性：

試試看；你每次使用它；日常；每次；使用內在型的影響性語言。

時程型：

配合那段時間。

第 19 章

語言行為量表工作單：
生產力型態

接下來這一頁是量表的後半部，可以協助你分析對方的作業特質。我一樣會在每個型態裡放進幾個指標，協助你練習認出眼前的型態。

你會在本書後面的摘要單元，找到完整的動力特質和作業特質分析表。

語言行為量表工作單：生產力型態

姓　　名：＿＿＿＿＿＿＿＿＿＿　　公　　司：＿＿＿＿＿＿＿＿＿＿
分析者：＿＿＿＿＿＿＿＿＿＿　　職　　位：＿＿＿＿＿＿＿＿＿＿
日　　期：＿＿＿＿＿＿＿＿＿＿　　背　　景：＿＿＿＿＿＿＿＿＿＿

問題	類別	型態：指標
（範圍和注意力方向這部分沒有問題可以提問）	**範圍** ＿＿＿＿＿ ＿＿＿＿＿	**具體型**：細節、後果、確實 **全面型**：綜觀、全貌、隨機順序
	注意力方向 ＿＿＿＿＿ ＿＿＿＿＿	**自我型**：簡短又單調的回應 **他人型**：生動、富有表情、不假思索的回應

請告訴我一個曾令你煩心的（工作經驗）。	**壓力反應** _____ 感覺型：進入和待在情緒裡 _____ 選擇型：進入和走出情緒 思考型：不會進入情緒
請告訴我一個吻合你（要求標準）的（工作經驗）。 （等待回答） 你喜歡它什麼？	**風格** _____ 獨立型：單獨、我、單一責任 _____ 親近型：掌控中、身邊有人參與 _____ 合作型：我們、團隊、分攤責任 **組織** _____ 做人型：人們、感覺、反應 _____ 做事型：工具、任務、點子
有什麼好方法可以提升你在（工作上）成功的可能？ 別人有什麼好方法可以提升他們在（工作上）成功的可能？	**規範結構** _____ 我的／我的型： 我給自己的規範／我給你的規範 我的／句點型： 我給自己的規範／誰在乎？ 沒有／我的型： 我沒有規範／我給你的規範 我的／你的型： 我給自己的規範／你給自己的規範
你怎麼知道別人（你的同儕）在（工作上）表現良好？ 你必須（看見、聽見、讀到、做）幾次，才能被說服他們的確不錯？	**說服者** _____ 看____例證次數型： 給一個數字 _____ 聽____不假思索型： 很容易相信別人 _____ 讀____持續型： 沒有被完全說服 _____ 做____時程型： 會給一段時間

第四部

各種應用

第 20 章

如何完成一份語言行為量表

語言行為量表的完成有兩個階段：

A. 請教問題。

B. 推估和檢測（為了驗證 A 階段）

A. 請教問題

在這個階段，你會請教語言行為量表上的問題，然後把每個型態所看到／聽到的指標數量標示出來。你不必寫下受訪者給的答案（除了**要求標準**這個問題之外）。其餘的只要每看到／聽到某型態的指標出現，就標記下來。你感興趣的不是人們的說話內容，而是說話方式。

以下是幾個步驟：

1. 寫下名字、公司名稱等。挑一個背景，把它寫下來。在請教每個問題之前都先提一下這個背景，以確保受訪者不會脫離這個背景。（舉例來說：「說到這份專案經理人的工作，為什麼它對你來說這麼重要？」）

2. 請教問題，每次看到／聽到某型態的指標出現時，就標記下來。最後結果可能是有三個標記落在選項型，一個標記落在程序型，諸如此類等。

3. 你不能靠問題來問出對方是主動出擊型／被動反應型、全面型／具體型、和自我型／他人型，而是得注意非口語的信號，才能查出這些型態。

B. 推估和檢測

　　推估和檢測階段能確保你的理解無誤，並幫忙糾正可能的偏見，讓整個過程更精準和客觀。等你問完問題，也做好了第一回合的標記之後，就要開始檢測你得到的答案了，方法是把你的心得告訴對方，注意他們的反應。

　　1. 第一步是先確保你能從容地描述語言行為量表裡每一種型態的行為。要做到這一點，建議你最好先練習一下各種型態的描述方式，你需要練多少次或多久都行，一定要練到可以說得順口自然。

例子·

朝向型：當你是朝向型的時候，你會專注在目標的完成上。如果沒有目標，你就很難有動力或者很難付諸行動。而且你不喜歡處理問題。

---

　　2. 接下來，為了要把你的心得告訴對方，就得先從背景開始，利用陳述的方式來描述你標記下的型態會涉及到的行為。觀察對方在你陳述的當下所表現出來的反應。他們會本能地附和你？還是會糾正你的說法？他們的反應是點頭同意，還是表情疑惑，或者斷然否認。這些反應都能讓你更加確認或回頭更改你所認定的型態。如果在向對方陳述之後，自己還是不確定，可以請他們提供你一個例子，再從他們給的例子裡聽出型態裡的語言。

當你在工作的時候（背景），你是屬於所謂的朝向型動力型態。意思是你通常會把重心放在目標的完成上。如果沒有目標，你會很難有動力或很難付諸行動。而且你不喜歡處理問題。

記得要不斷地具體指出背景，不然他們可能會跳到別的背景裡，型態就會跟著變化。**一定要用陳述方式來進行推估和檢測，不要提問。**但是你可以使用質疑的語氣，只要句子結構是在陳述就行了。

你在當專案經理的時候（背景提醒），你喜歡預防問題的發生。（遠離型）

以下有幾個還不錯的起頭方式，能避免你在推估和檢測階段不小心改成提問方式：

在 X 背景下，
• 在我看來，你似乎……
• 我的印象是……
• 我猜你是喜歡……
• 能帶給你動力的是……

你可以根據你在這個階段所收集到的意見反饋來更正你的計分。

你可能想看示範影帶，觀察我是怎麼做的。[1] 你可以下載我的語言行為量表備忘小抄（Lab Profile® Cheat Sheet）[2]，這樣一來，你手邊就有所有的提問方式和需要留意的語言，不必再強記一切。

註 1：示範影帶會教你如何請教語言行為量表問題，讓你的推估和檢測做得更精準：bit.ly/LabProfileDemoVideo1；bit.ly/LabProfileDemoVideo2；bit.ly/LabProfileDemoVideo3；bit.ly/LabProfileDemoVideo4。

註 2：萬一你記不住所有內容，我設計的語言行為量表備忘小抄有提供很多提問方法和答案：bit.ly/LabProfileCheatSheet。

第 21 章

各種應用

在這個單元裡，我會提供語言行為量表在不同應用下的各種範例。你可以從問題的提問和影響性語言的運用裡，找到許多線索和細微的差異。

以下是會被涵蓋到的幾個主題。

- 了解與運用組合型態
- 影響性策略和技巧
- 利用語言行為量表化解衝突
- 利用語言行為量表進行對話輔導
- 職涯諮詢和個人檔案分析。
- 企業文化的診斷和變革評量。
- 招聘適任的員工。
- 建立高績效團隊。
- 協商和談判。
- 了解你的市場，與它對話。
- 教育與學習。
- 預設性檔案分析。
- 語言行為量表裡的各種發明與工具

第 22 章

下一步：型態組合的了解與運用

　　本書的前幾個版本出版之後，就被翻譯成多國語言，全世界開始有成千上萬的人都在利用語言行為量表來了解自己和他人的動力所在。很多公司聘我去找出客戶潛意識裡的動力型態和觸媒，並幫忙訓練輔導人員、培訓師及組織領袖，教會他們使用語言行為量表，才知道如何改善自己的溝通，得到更好的說服效果，招聘到更「適任」的人才。

　　但是──

　　語言行為量表基本上是在教你如何一次留意一種型態。但不幸也是萬幸的是，人類比這個要複雜多了。若要真正了解行為的源頭以及行為的動力所在，就必須考量到複雜的背景序列，而每一個背景都有好幾個語言行為量表型態的組合。

　　知道某某人在工作上是內在型，這資訊雖然很有用，但仍不足以了解、預測和影響他們的行為。他們在誰面前是內在型？是什麼要求標準給了他們動力？他們需要照著程序走？還是會去探索各種選項？在工作上他們注重的是作業任務還是人際關係（做事型和做人型）？在工作上是內在型、選項型和做事型這種組合的人，會比較喜歡自己的作業任務可以多一點彈性。

　　如果他們在工作上是主動出擊型和朝向型，也是內在型、選項型和做事型，那麼就很有可能同時進行多項活動，不會去考慮後果是什麼，就算有人告訴他們一次著手這麼多事情，恐會效率不彰，也不會聽進去。

我還寫了另一本書《改變顧客的語言力量》（*Words That Change Customers' Minds*），其中一個理由是我想示範一下在推銷和服務的背景下應如何運用語言行為量表的組合型態。

我有一些客戶是專門在為其他企業提供產品和服務（企業對企業〔B2B〕），我曾幫忙他們解碼潛在顧客在購買循環（Buying Cycle）裡每個步驟的組合型態。再從這樣的分析裡頭去幫每個步驟打造出適當的行銷語言，找出購買流程來配合各具特色的潛在客戶。

而這項作業有一個重大的發現，那就是的確有某些型態組合對各種不同群體都很管用，即便這些群體很龐大。一旦你能找到他們的共通點，就可以根據這些共通的組合來決定自己的溝通方式。

只要你知道潛在客戶群的組合型態，就能提升業績，縮短交易達成的時間。我有一個共同基金客戶專門在向「高淨值的個人」推銷投資策略，結果我們發現有一群客戶喜歡一開始的時候自己先評估各種選項，以避免金錢上的損失（內在型、選項型和遠離型），等到自行查驗過各種選項之後，才會希望能有人可以告知他們如何著手達成他們的財務目標（外在型、程序型、朝向型）。這些客戶在過程裡會先後身處在兩種不同的背景裡，而每個背景都有它各自的型態組合。

如何找出型態組合

一旦你有了某人在某既定背景下的語言行為量表，就可以採取以下幾個步驟來確認是哪些型態在跟其他型態互動，於是產生了某種行為或態度。

1. 先簡單複習一下各種不同型態下的行為。
2. 反問自己每種型態是否會強化或抵消其他型態的行為。
3. 再看所有型態加總起來的樣子。

朝向型和內在型

朝向型：需要有目標才會展開行動，很重視目標。
內在型：會根據自己認定重要的事情來自行做出判斷。

　　這種人知道自己想要什麼，而且很難說服他改變主意。

遠離型、外在型、他人型、感覺型、做人型

遠離型：會注意哪裡出岔或什麼地方可能快出岔。
外在型：需要外界給他意見，會被別人的想法和做法左右。
他人型：會留意別人的非口語線索，並加以回應。
感覺型：遇到困難時會感到沮喪，並滯留在負面情緒裡。
做人型：很重視人、感覺和經驗。

　　這種人會留意到別人正在沮喪或遭遇問題，因為他們一直很注意，並很容易跟著沮喪，走不出來。

　　為了讓你們明白單一個型態會如何降低以上的行為程度，我們就拿做事型來取代做人型：
　　做事型：強調作業任務和待做的事項。

　　這個型態多少會抵消被別人的負面狀態影響的程度。他們比較重視問題本身，不太會為別人感到難過，比較可能會去找方法來解決，專注在問題的解決上。

從某個人的量表上找出型態組合

尤其如果你在招聘人才，最好先看一下求職者的型態組合，這有助於你更精準地預測對方在既定的職務上可能會有的表現。如果你想影響對方，若能先知道他們的組合，也會很有幫助。

以下是某業務總監在工作上的語言行為量表。

動力型態

```
程度
✓✓_____          主動出擊型
✓_____           被動反應型

要求標準
成功、成果、改善方法、找到更好的策略

方向
✓✓_____          朝向型
✓_____           遠離型

來源
✓✓_____          內在型
_____            外在型

理由
✓_____           選項型
✓✓_____          程序型

決策因素
_____            千篇一律型
✓_____           千篇一律中有例外型
_____            差別型
_____            千篇一律中有例外和差別型
```

生產力型態

範圍
| ✓_____ | 具體型 |
| ✓✓_____ | 全面型 |

注意力方向
| _____ | 自我型 |
| ✓_____ | 他人型 |

壓力反應
_____	感覺型
✓_____	選擇型
_____	思考型

風格
✓_____	獨立型
✓✓_____	親近型
_____	合作型

組織
| _____ | 做人型 |
| ✓✓_____ | 做事型 |

規範結構
✓_____	我的／我的型
_____	我的／句點型
_____	沒有／我的型
_____	我的／你的型

說服者
✓_____	看	3_____	例證次數型
_____	聽	_____	不假思索型
_____	讀	_____	持續型
_____	做	_____	時程型

乍看之下，這位業務總監的行為是由好幾個型態集結起來的：

以主動出擊型為主、朝向型、內在型、程序型、千篇一律中有例外和差別型，以及做事型

這種人可能都是立刻展開行動來達成目標，自覺是在做對的事情，不會把別人的想法聽進去。事情若有被耽擱到或受到阻礙，可能不太有耐心，因為他們對自己的目標很積極很專注，想要立刻完成。若想說服或激勵這位總監，最好的方法是建議（針對內在型所用的建議性語言）一套能更快達成目標（朝向型、做事型＋主動出擊型）的方法（程序型＋做事型）。

「我能否建議你考慮一下（內在型）讓旗下的業務團隊在最初的幾場會議裡就開始利用語言行為量表問卷（程序型＋做事型），這能加速需求分析作業，同時也能打造和睦的關係（朝向型、做事型＋主動出擊型）？」

以下是某人力資源總監的語言行為量表：

動力型態

程度

✓_____ 主動出擊型

✓_____ 被動反應型

要求標準

打造出績效文化、為團隊找到很棒的工具、對員工和企業發揮影響力

方向

✓_____ 朝向型

✓✓_____ 遠離型

來源

✓✓_____ 內在型

✓_____ 外在型

理由

✓✓_____ 選項型

✓_____ 程序型

決策因素

_____ 千篇一律型

✓_____ 千篇一律中有例外型

✓✓_____ 差別型

_____ 千篇一律中有例外和差別型

生產力型態

範圍

✓＿＿＿＿＿＿ 具體型
✓✓＿＿＿＿＿ 全面型

注意力方向

＿＿＿＿＿＿ 自我型
✓＿＿＿＿＿＿ 他人型

壓力反應

＿＿＿＿＿＿ 感覺型
✓＿＿＿＿＿＿ 選擇型
＿＿＿＿＿＿ 思考型

風格

＿＿＿＿＿＿ 獨立型
✓✓＿＿＿＿＿ 親近型
＿＿＿＿＿＿ 合作型

組織

✓＿＿＿＿＿＿ 做人型
✓＿＿＿＿＿＿ 做事型

規範結構

✓＿＿＿＿＿＿ 我的／我的型
＿＿＿＿＿＿ 我的／句點型
＿＿＿＿＿＿ 沒有／我的型
＿＿＿＿＿＿ 我的／你的型

說服者

✓＿＿＿＿＿ 看　2＿＿＿＿＿ 例證次數型
✓＿＿＿＿＿ 聽　＿＿＿＿＿ 不假思索型
＿＿＿＿＿ 讀　＿＿＿＿＿ 持續型
＿＿＿＿＿ 做　＿＿＿＿＿ 時程型

這個組合可以幫忙我們了解、預測、和說服這位人力資源總監。

以遠離型為主、以內在型為主、選項型和差別型

當他們注意到某個議題或問題的時候，才會有那個動力去探索各種改革的可能。此外，他們也是另一種有趣的組合：

主動出擊型／被動反應型、以內在型為主、親近型和做人型／做事型

有這種組合的人在為自己做決定之前會先徵詢別人的意見。如果他們是獨立型而不是親近型，就不太會去徵詢意見。要說服有這兩種組合的人，可以提議（針對內在型的建議性語言）幾個選擇（選項型）來幫忙他們避開、預防或解決某個問題（遠離型），或者去改變某件事（差別型）。

「如果你想改變（差別型）那幾個結果（做事型）和被影響到的那些人（做人型），你可能會想要（針對內在型的建議性語言）避開（遠離型）這些選擇（選項型）。」

語言行為量表組合型態下的各種行為

能夠妥善運用語言行為量表的組合，你才能理解複雜的行為，甚至影響它們。以下是幾個例子。

騙子的量表：福斯汽車排廢醜聞

二〇一五年，新聞踢爆福斯汽車（Volkswagen）在他們的柴油汽車裡安裝了廢氣排放控制軟體，讓檢測的時候能有優異的表現，但在一般駕駛的情況下，卻無法符合美國的汙染標準。

調查顯示這個排廢造假的決策早在二〇〇五年就已作成。在《紐約時報》的一篇報導裡[1]，福斯高層描述了這個決策作成的思維與行為：

- 該公司對美國的**企圖心**與美國的空氣品質標準出現牴觸（對「企圖心」的要求標準、朝向型、內在型）。
- 「二〇〇七年，福斯高層宣布他們**下定決心要超越豐田，成為全球最大的汽車製造商，迫切需要任何競爭優勢。**」（要求標準；內在型、朝向型）。
- 內部激烈爭論該採取何種排廢技術（內在型和選項型）。
- 對破壞規範的容忍。（選項型）。
- 「一連串被容許的錯誤」（內在型和程序型，一旦決策作成，就決定進行到底〔容許到底〕……真的是從頭錯到尾！）

如果這些描述夠精準，那麼這些騙子的量表應該是這樣：
要求標準：企圖心、取代豐田成為全球最大的汽車製造商
朝向型（朝那個目標前進）
內在型（根據他們自認為重要的事情做出決定）
選項型（打破規範）和**程序型**（貫徹那個要打破規範的決策）

很多騙子可能都有這樣的量表：他們的**要求標準**是不計一切代價地求勝或達到成功的目的，再加上**朝向型**（專注在目標上，不會去留意你這麼做可能會出問題）、**內在型**（根據自己的要求標準來說服自己和做出決定）、**選項型**（打破規範的動力），以及最後的**程序型**（一步一步落實）。這些型態的組合不是在告訴你

某人一定會騙人，而是說跟那些擁有不同要求標準但同樣是內在型加程序型的人比起來，較有可能使出騙術。

激進化過程的量表

　　大部分的人並不會變得「激進化」。但是當某種條件出現在環境裡和出現在人的身上時，就會發生。這些條件是可以描述出來的，所以能被解碼成語言行為量表型態。大衛・布魯克斯（David Brooks）曾在《紐約時報》的一篇評論裡[2] 討論艾利克・賀佛爾（Eric Hoffer）在其經典著作《狂熱分子：對群眾運動本質的看法》（*The True Believer: Thoughts on the Nature of Mass Movements*）裡的論點。根據賀佛爾的說法，群眾運動的首要目標是叫個人犧牲自我。這種情況最有可能發生在強大的傳統社會結構瓦解之際，受到牽連的個人感到非常沮喪，再也無法完成自己的夢想或甚至只是「很一般」的志向抱負。他們對於能否實現目標這件事已經失去信心。

　　而成功的群眾運動會說服他們，那個沮喪的成因是來自於一個外源。過去是美好的，現在是墮落的。接下來再鼓吹大家相信徹底改變是必要的，未來會是一個被描述得栩栩如生的烏托邦世界，比現有的真實世界還要真實，這是因為會有一個「絕對不會犯錯」的領導人。這位領導人會在個人與他們的現實世界體驗變得愈來愈渺小之際代為決定所有事情。賀佛爾說：「要人們義無反顧地一頭栽進一個巨大的變革裡，必須是因為他們強烈不滿，但尚不至於到一無所有的地步。他們必須覺得只要他們擁有某種強而有力的信條、某位永遠不會犯錯的領導人，或者某種新的技術，就可以進入某種無可抗拒的權力源頭。此外，他們也必須對未來的前景和潛在可能有不切實際的想法。最後，他們必須對這種義無反顧的投入，可能遭遇到的困難完全無知才行。經驗是一種阻礙。」

如果這樣的說法正確，那麼套用語言行為量表的術語來說，它的背景就是一個正在瓦解的社會秩序（**破碎的程序型和千篇一律型**），而這都是別人的錯（**外在型和被動反應型**），再加上一個會改變一切的領導人（**在領導人面前是外在型、差別型**），還有焦點都放在美好的**過去**和**未來**上。

個人對現有狀況極度沮喪（**被動反應型、遠離型和感覺型**），需要以前曾有的那套社會結構，只是它現在不再管用（**程序型、千篇一律型、做人型和做事型**），但他們自己沒有解決方法（**外在型**）。這種需要**程序型和千篇一律型**的被動反應型、遠離型、**感覺型、外在型**組合，渴望外面有個對策或有個人給他們正確的解答。當這樣的領導人或意識形態出現時，這些人就奮不顧身地投入其中。

以上描述並無法完全解釋他們為什麼願意為這個理念出生入死，即便他們**在那位領導人面前是外在型**，但他們仍然處於**被動反應型**模式。我在想利用一套客觀的技術，譬如我的 Libretta® 軟體，所做的語言行為量表型態分析，或許可以確認是否是這種「激進」的領導人所使用的語言，轉化成了可以讓他們準備展開行動的指示信號。

有助於改變習慣的語言行為量表型態

很多人都認為習慣的改變很難。也許很難，也許不難。所謂的習慣……習慣性行為……就是程序型、千篇一律型和內在型。我決定用同樣的方法不斷做同樣的事情。一個人需要怎麼做，才能改變習慣呢？由於在一個習慣裡頭一定會有型態組合，因此再創造出另一個新的習慣，會比打破舊習慣可能來得容易一點。

根據《科學人》所援引的研究[3]，十九到二十五歲的酗酒人士如果每個週末之前和之後都收到簡訊提醒他們降低酒精攝取，會比沒收到簡訊的酗酒人士更能大幅降低攝取量。包括這個研究在

內的其他研究也都指出，**外在的**方法可以協助人們適應新的習慣，至少在一開始的時候。我猜人們之所以沒有辦法適應新的習慣，可能就是因為他們**缺少外在的支持**，還有他們沒有照著一套系統性的程序在走（程序型和千篇一律型）。少了程序，通常代表對新的習慣不具任何承諾。

有個有趣的研究[4]是運用兩個策略來驅使人們開始勤上健身房。前四週，員工每去一次健身房就能拿到十塊美元，最多可以去三次。四週結束後，不再拿錢當誘因，但是會提供某種「承諾合約」給一些員工，意思是他們可以把自己的錢省下來，因為只要接下來那兩個月他們定期去健身房，會幫他們付會費，沒去的話，這錢就捐給慈善團體。**三個月實驗結束後的三年後，這群拿到承諾合約的人比沒拿到合約的人多出百分之二十的可能性定期去健身房報到。**

用語言行為量表的術語來說，這種快速啟動的動力來自於外在型和朝向型，用一個外在的來源來獎勵這個目標行為。至於維繫新習慣的這部分實驗，則是內在型和外在型的組合，再加上朝向型。我決定幫自己把錢存起來，然後外在的權威當局會根據我有沒有完成目標活動來決定我能否拿到錢。

想像一下如果你把程序型和千篇一律型加進來，新習慣的養成就會更容易，尤其如果這是一件你很想做的事，或者這件事會帶來你渴望的成果。誠如我們在朝向型和遠離型的那個章節所看到的，遠離型的動力可以使你朝新的方向展開行動，因為你再也無法忍受眼前的現況（「我的牛仔褲縮水了」），但這動力又撐不夠久。

自助「大師」是如何誘你購買

我寫過一篇文章，也做過一次專題演講，題目是《性、節食、和成功》，曾經得到廣泛的正面迴響。它解碼了「成功的商人」

是利用什麼樣的語言行為量表型態組合序列來誘使人們做出購買的行為。此外，我也說明了為何同樣這些型態最後還是會讓多數人失敗以終，自哀自怨，然後又被鼓勵去購買下一個自助性產品，希望這次「會奏效」。當你獲邀去夢想巨大的財富、豪宅、名車等等時，你等於是被邀去轉換成被動反應型、選項型和視覺型，這些都很適合拿來做夢，但不適合用來實踐。這篇文章也在教你如何區別那些成功的商人，和真正能夠幫助你的私人和專業夥伴。[5]

在應用的章節裡，我將談到還有哪些其他方法可以透過語言行為量表的背景和型態組合，去了解和影響最後的結果、解決問題，以及幫助人們改善成果。我會示範做法給大家看。

你能在以上的句子裡找到多少型態呢？

註 1：VW Says Emissions Cheating Was Not a One-Time Error, by Jack Ewing: bit.ly/EmissionsCheating
註 2：How ISIS Makes Radicals, by David Brooks: bit.ly/HowISISMakes Radicals; Eric Hoffer; The True Believer: Thoughts on the Nature of Mass Movements
註 3：bit.ly/TextRemindersCutBingeDrinking
註 4：主要作者 Heather Royer 所做的一份研究，被引用在 Josh Barron 所著的 How to Make Yourself Go to the Gym: bit.ly/HowToMakeYourself GoToTheGym, January 10, 2015。
註 5：以下是我的文章以及專題演講《性、節食、成功》引言的連結網址：bit.ly/SexDietandSuccess。

第 23 章

影響性策略和技巧

現在你已經知道了語言行為量表的各種型態，也了解了它們是如何組合運作，這時若能再加上具體的影響性策略和技巧，將有助於你在日常生活裡提升自己的影響力。這一章會提供你幾個發揮影響力的方法，並教會你如何使用，其中包括回顧前幾章的一些技巧。任何時候需要使出自己的影響力，你都可以參考這裡的點子和技巧。

公車停靠站

影響和說服的原理是這樣的：

要讓人家跟你去某個地方，就得先去對方的所在之處與他們會合……而不是假裝他們已經在你想要他們去的地方。相反地，你要先去他們的公車站，在那裡邀請他們上車。

去對方的公車停靠站，這句話的意思是請想像如果你是他們——如果你是在他們的處境裡，如果你正在經歷他們所經歷的——那會是什麼樣子，然後在這樣的情境下從他們的語言行為量表型態著手。但如果是形勢緊張或者出現衝突，就可能得花點時間和私下費點功夫，才能抵達目的地。

我最近給自己訂了一個全面性的個人目標，想讓自己成為更好的人，方法是從今以後做出任何反應之前，都要先為對方設身處地地著想（去他們的公車停靠站）。我注意到如果是在形勢緊張的情況下，我會經歷被惹惱、被拒絕、認定對方完全無理取鬧

等階段，再克服這些情緒，冷靜下來，得到領悟。這時候要去對方的公車停靠站就容易多了。

而實際上去對方的公車停靠站，這句話究竟是什麼意思呢？這當中有什麼流程嗎（程序型）？為了讓對方願意上你的公車，被你載到別地方去，你一定得先到他們的公車停靠站接他們。而公式在這裡：

配合、配合、配合、引導

意思是在引導他們去你想去的地方之前，至少先配合他們的型態三次。比如說，如果你想要某人在週二前完成報告，但他們有遠離型和內在型的組合，你可以這樣說：

你提過避免犯錯這件事（**遠離型**）對你來說很重要（**內在型**），因為你不喜歡（**內在型和遠離型**）又得重新再做一次，況且錯過期限也不是你的作風（**內在型和遠離型**）。而我只是想讓你知道（**針對外在型所用的語言**）這份報告預定週二就得交出去（**朝向型**）。

建議性語言對比指揮性語言

我喜歡假設每個人在我面前都是內在型，除非有證據顯示他們跟我在一起的時候是處於外在型模式，這就表示我在他們的眼裡還不具有可信度，不管我說什麼或做什麼，他們都會自己再評估一遍，不希望由我來告訴他們該怎麼做。等到我成功建立起自己的可信度時，對方也會跟著表現出來，在我面前變得比較外在型，相信我說的話，也願意接受我的建議等等。但是，如果我太常使用「應該」或「指揮性語言」，他們很容易又會變回內在型。先用建議性語言來起頭，再配上自信的語氣和肢體語言，這能讓你走到對方的公車停靠站，說出內在型想聽的適切語言。避免使

用指揮性語言，譬如「現在你應該做的是⋯⋯」，除非你本來就是指揮官或者你的可信度無懈可擊。由於有很多人想進一步了解這方面的資訊，因此我設計了一套線上訓練課程，叫做**「提升你的可信度」**（Boost Your Credibility）[1]。

建議模式

回顧第五章，建議模式是一個很有效的方法，可以讓人們認真看待你的想法。這個技巧使用的是針對**內在型、遠離型和朝向型**所用的語言，然後結尾時再加一點外在型的鼓勵。我建議你可以在你想推薦某件事情的時候把它拿出來用，因為它能降低對方的抗拒心理，讓他們看見你建言裡的正面益處，而且很容易做到。

它有四個步驟：
1. 提出建議（利用內在型專用的建議性語言）
2. 說明這可以躲避或解決什麼問題（遠離型）
3. 說明好處（朝向型）
4. 整體來說為什麼這很容易做到（外在型）

例子‧

「**我相信**這個版本的軟體最可行，**因為**它不像其他軟體有那個問題，再加上它把你正在用的其他軟體也都整合得很好，而且它相當**容易執行。**」

通用的開場白：四塊墊子原理

老式的標準演講開場白都是這樣：「首先，我要告訴你我將要告訴你的事情，然後我開始告訴你這件事情，最後我會告訴你我告訴過你的事情。」這方法會害我緊貼著椅子，巴不得找到逃生出口，離開現場！

在演講過程中，每五到十五秒。演說者便得跟聽眾的電話、電腦，或其他裝置展開注意力競賽。每五到十五秒，聽眾就得決定哪一邊比較有趣，比較吸引自己的注意。如果你希望演講能夠成功，就得贏得這場比賽。

而我採用的是柏尼斯·麥卡錫（Bernice McCarthy）著作裡的四塊墊子原理（4Mat System）[2]。它跟麥爾斯·布里格斯性格分類法（Myers-Briggs Type Indicator）一樣是以榮格的（Jungian）心理類型學為依據。如果你想吸引人們的注意，讓他們不會分神，這套四步驟方法將可以辦到。請留意這裡所謂的四塊墊子就是在每個步驟裡都囊括了不同的語言行為量表型態，而且如果在某些步驟裡使用建議性語言，對內在型的人來說尤其有效。

1. **為什麼**你的主題對你的聽眾來說很重要。（選項型、遠離型和／或朝向型）
2. 主題／內容是**什麼**？（做事型）
3. **方法**⋯⋯步驟（程序型）
4. 你的主題還有**哪些其他地方**對聽眾來說很有用？（選項型）

現在的人都比較多疑，很難吸引他們的注意。（為什麼）

四塊墊子原理是一種演說或對話的開場技巧。（內容是什麼）

它有四個步驟。（方法步驟）

無論任何時候，若想要別人對你接下來要說的話感到有興趣，都可以拿出來使用。（其他地方）

四步驟動力法

當初我是為了**老公動力**（HusbandMotivator™）這套應用程式才開發出這個方法，它是依據對方先前被確定的語言行為量表型態來提供方法誘出動力，不過它對很多情況都很適用。你可以看得出來它的基礎是建立在四塊墊子原理上，但是有兩個地方不太一樣：它會根據你對話的對象來量身訂做（這也是為什麼這個應用程式適用在任何背景下），還有最後一個步驟可以錦上添花地改善你們的關係。

1. **為什麼**──不是朝向型就是遠離型
2. **內容是什麼**──用針對內在型或外在型的語言
3. **方法**──選擇（選項型）或步驟（程序型）
4. **欣賞之意**──這就是為什麼我喜歡和欣賞你的原因。

跟你的伴侶說話

你不想花整天時間修繕家裡的東西，（為什麼——遠離型）

那我建議我們先弄清楚那些需要修理的東西的緊急程度，（內容是什麼——用針對內在型的語言）

第一步可能是先拿掉一些不需要立刻修的東西，然後……（方法——程序型）

能把這件事講清楚，找到解決的方法，真是太好了。（欣賞之意）

經理人對團隊成員說話

你希望能讓客戶對你的發表會留下好印象，（為什麼——朝向型）

這樣一來，他們才會欣賞你提供給他們的對策，（內容是什麼——客戶在你面前是外在型）

我們來看看有哪些方法。（方法——選項型）

我很高興你有了一些收穫來確保這次發表會的成功。（欣賞之意）

如何向內在型推銷

布蘭達是一位正在接受我輔導的客戶，她是一家網頁設計和網路廣告管理公司的老闆，曾經幫一位潛在客戶分析過現有的網頁策略。當時她挖掘到重要的資訊，卻不知道該用什麼方法向對方提出來。她的潛在客戶是一位企業業主，很難溝通。他不喜歡被人告知該做什麼，而且有一點男子氣概型，套句語言行為量表的術語來說，就是內在型。

很多人在準備呈現某些東西的時候，都會被「接下來我該說什麼？」這個想法給卡住。但如果你沒有配合客戶的購買流程來呈現你要提供的重點資訊，生意可能就做不成。

這裡有一個可以簡單照做的流程，尤其很適合拿來跟高度內在型的潛在客戶交涉，這套方法會令他們感到自在，產生動力，因此很有可能購買。誠如你所知，除非你呈現產品的方式能引起購買者的共鳴，否則他們不會購買的（也不會認同你的想法）。

以下是我給她的那套公式：

事實→問題→解決方法→好處→誠如你所知……

讓我們一起來解碼這套對高度內在型潛在客戶（甚至你自己的客戶）很有效的公式：

事實：先搬出你已經研究過的資訊或者是眾所皆知的資訊，抑或大家都已認同的資訊。拿布蘭達的例子來說：

「我調查過你網站的流量，平均每個月有十筆搜尋是使用你的關鍵字。」

！注意

避免評斷這個資訊，純就事實陳述。

問題：這件事實會給對方造成什麼問題？

「這表示需要你服務的人可能使用了其他的搜尋關鍵詞，所以才會找不到你的公司，害你少掉一些本來應該是你的生意。」

解決對策：建議用什麼方法來解決？

「我建議（針對內在型所用的建議性語言，而不是用「你

應該怎樣怎樣」這種指揮性語言）我們先確認有哪些頻次最高、最有可能的搜尋關鍵詞，是在搜尋跟你的服務內容一樣的公司行號。」

好處：你的潛在客戶指望這個對策帶給他什麼好處？
「這會讓更多人進到你的網站，而這些人確實都需要你的服務，你的生意才會增加。」

誠如你所知：請對方內省一下跟這個問題息息相關的一些事情。這對內在型的客戶來說會很難以抗拒，因為這是在提醒他們問題必須解決（遠離型）。這一招可以直達最後的結局……成交：
「誠如你所知，大部分的人只會點擊最上面的幾筆搜尋結果，所以如果你的網站沒有出現在他們最常用的幾個搜尋關鍵詞裡面，就不太可能找到你的公司。」

男子氣概檢測

稍早前我們已經談過這個主題，所以只是再複習一下，以便確保最男子氣概型的人都能把你的想法聽進去，所以這裡又要把來源：內在型和外在型那一章裡的男子氣概檢測搬出來：
當你在寫一些東西或者準備發表談話時，若想確定你的內容能讓人聽進去，而且會當一回事，不會使對方感覺受到威脅，就請先準備好自己的草稿。

然後反問自己，你有沒有做出以下的暗示或陳述：
1. 有些事情他們根本不懂，
2. 我正在告訴他們該做什麼，
3. 他們遇到了問題，而我有解決方法。
4. 他們在某方面不夠完美，又或者

5. 我在那方面比他們優秀。

如果以上任何一點有被陳述到或做出類似的暗示，就表示沒通過男子氣概檢測！你可能希望按照下面的方法重新修飾措詞：

1. 也許你們已經知道……（然後把你懷疑他們可能不知道的事陳述出來）
2. 使用建議性語言：你們不妨考慮一下……
3. 我很明白其他組織已經遇到這個問題，其中一些組織的做法是……你們是怎麼解決這個問題的？（等於暗示他們把所有問題都解決了）
4. 藉由你們在這個領域裡的經驗和知識……
5. 你們的角色是……我的角色是……（建立起不同但平等的角色）

壞消息公式

有首歌的歌詞是這樣寫的：「你不可能……總是得你所願。」而有時候你也不可能去做別人想要你做的事。但是你可以用一種不太會惹惱對方的方法讓他們知道你不想做，這方法相當容易，還能幫你維持良好的關係。但首先得確定你和對方本來的關係就不錯，然後再使用壞消息公式（Bad News Formula©）：

如果你覺得你沒有好消息，那就找一個出來吧！我意思是對別人來說是好消息的那種好消息。建議你在使用它之前先寫下來，至少剛開始那幾次先寫下來。

我曾受聘於一家剛成立車隊管理軟體公司，這家公司一直在成長，我負責協助他們的高層研擬顧客觀念（Customer Philosophy4），並負責訓練加州（California）、亞特蘭大（Atlanta）、多倫多（Toronto）、甚至紐西蘭（New Zealand）各地的團隊成員熟悉顧客服務策略。他們之所以找上我，是因為我出現在一部叫做「不利顧客服務」（Customer Dis-Service）的紀錄片裡，這部片子曾透過加拿大廣播電視網（CBC）在加拿大各地播放，也曾透過微軟全國廣播網（MSNBC）在全球各地播放。他們找我幫忙的理由是，他們收購公司的速度快到對現有顧客的服務能力恐怕會受到整合作業的影響而打折。

在我傳授給他們的策略裡，也包括了壞消息公式，目的是為了協助他們順利達成顧客的各種期望值。但是，完成這個任務的三個月後，我還是沒收到該付給我的款項，於是我寫了電郵給應付帳款部的菲利浦（Philip，我是在培訓課程裡認識他的），結果收到這封信：

> 親愛的雪兒
> 　　我知道你還沒收到你的支票，不過我這個禮拜會見到財務副總，到時我會把你的費用清單攤在他面前，也盡快讓你知道費用何時付清。

我讀了他的電子郵件，心想「那就好。」但過了幾秒鐘之後，我突然恍然大悟！

等等！我馬上回信給他：「我教會你了！」他在信上回給我一個笑臉。就算你很懂壞消息公式是怎麼回事，你還是逃不出它的手掌心。

針對高度遠離型的人所設計的 3-2-1 遠離型－朝向型夾心法

有些人會陷進不快樂的常軌裡，一心只想著可能出錯的每一件事情（遠離型和被動反應型），令他很難受，但又找不到精力或動力擺脫這個問題。但也有人雖然不快樂，卻願意去找出問題（遠離型）。在德國，每當有人告訴我 Das geht nicht——意思通常是「這在德國絕對不管用」——就代表這種人又出現了。我在德國的一些朋友甚至是以糾正我的專案計畫為樂。

3-2-1 遠離型－朝向型夾心法（3-2-1 Away From-Toward Sandwich）是「配合、配合、配合、引導」公式的一種變體，它一開始會先去對方的公車停靠站，給他們動力往前推進。

以下是它的公式：
三個遠離型說法，流暢轉換
兩個朝向型說法，連結
一個遠離型說法，（讓對方放心）

例子·

（一位正在接受輔導的客戶陷入某種艱難的處境裡）

你說你對現在的生活很不滿意，想離開這份工作，再也受不了整天單打獨鬥的感覺。（三個遠離型說法）

這就是為什麼（流暢轉換，再連結到下一個說法）

我建議我們花點時間找出你想做的事，這樣一來就可以訂定一個計畫來達到你的目標，（兩個朝向型）

這樣一來（連結）你就不會繼續陷在那樣的處境裡。（一個遠離型）

例子·

（某人看到團隊專案計畫出了問題）

你已經指出問題所在，還有它們會帶來的負面後果，以及我們為什麼想避開這些問題。（三個遠離型）

這也是為什麼（流暢轉換）

我希望這個團隊可以先檢討一下我們的目標該擺在哪裡，以及我們想從這些目標裡頭得到什麼成果，（兩個朝向型）

要不然（連結）我們最後可能坐困愁城。（一個遠離型）

以上的策略和技巧可針對不同的人和情境來運用，它有清楚的步驟，所以使用起來不會很難，就算你沒有太多時間準備也沒什麼關係。欲知更多帶有即時示範的策略，請查看《向多疑人士表達看法》（*Presenting Ideas to Skeptical People*）[5] 和《改變顧客的語言力量》[6]。

註 1：請查看我的免費線上訓練課程：提升你的可信度：bit/ly/BoostYour Credibility。

註 2：McCarthy, Bernice; *The 4Mat System: Teaching to Learning Style with Right/Left Mode Techniques.* Excel, Inc. Illionis, 1981

註 3：HusbandMotivator ™這款應用程式可適用於 Android 和 iOS：bit/ly/HusbandMotivatorAPP

註 4：欲知更多有關如何研擬顧客觀念的資訊，請參考我的書《改變顧客的語言力量》。

註 5：向多疑人士表達看法 MP3 版，內含即時範例，教你如何回應多疑人士：bit.ly/SkepticalPeople。

註 6：對付沮喪顧客的各種策略方法，《改變顧客的語言力量》：bit.ly/WTC CM。

第 24 章

利用語言行為量表化解衝突

在諮詢工作裡，我會幫忙客戶解碼複雜的溝通問題，研擬解決策略。企業、大型組織和家族（更別提國會了）通常都有錯縱複雜的互動問題，「過往的恩怨情仇」、互不相讓的各式需求，以及各不相同的語言行為量表型態。

但語言行為量表可以幫忙你了解和挑選適當的溝通方式，化解衝突。一般來說，衝突本身都會有一個普遍性的語言行為量表架構：

在衝突裡的各方當事人在面對另一方時，都會進入**內在型**和**遠離型**模式。這與個性無關，而是衝突本身的特性。每位當事人心裡都有自己一把尺，在聽對方說話時，只會聽到那些不被自己認同的事情。想想看當你和別人起衝突時，你是不是認定自己才是對的，別人是錯的？

除了這種組合之外，也還有別種類型的衝突。通常在組織裡，選項型的人會槓上程序型的人，全面型的人會槓上具體型的人，主動出擊型和朝向型的人會槓上被動反應型和遠離型的人，做事型的人會槓上做人型的人。

那該怎麼辦？[1]

首先，挑一個你們兩個都冷靜的時候坐下來好好談一談……不要在吵得正激烈時談。等到氣氛輕鬆了，利用針對內在型和遠離型的語言架構起對話之後，再請教對方在這個爭議裡頭重視的是什麼。這可以讓他們解釋清楚他們對這件事的要求標準何在。

　　「我們好像對下一步的看法有分歧，我在想如果我們有機會可以聊一聊，或許就能避免我們之間出現更多爭議。（用遠離型語言來架構對話）你覺得呢？（內在型語言）」

　　「關於我們的下一步，你覺得你重視的是什麼？」（詢問要求標準是什麼）

　　重述一遍裡頭的關鍵字和詞語，或者舉個例子，藉此證明你懂對方的意思。

　　「你重視的是，時間或資源不應該被浪費，應該盡快把事情做完，譬如在這一週結束之前，就先決定好預算？」

　　然後，你可以談一下你重視的是什麼，再合力找出能同時包容兩邊需求的策略。而關鍵就在於到對方的公車停靠站跟他們碰面，利用內在型和遠離型所偏好的建議性語言。

註 1：欲知整個衝突的解決方法和協商過程，請看我的一小時有聲課程：Only Pick a Fight When You Can Win：bit.ly/OnlyPickaFight。

第 25 章

利用語言行為量表
進行對話輔導

　　所謂的輔導和指導，都是在幫忙當事者找到方法成為他們真正想要勝任的角色，而這角色是什麼，得由他們自己決定。輔導的方法有很多。我用心地協助客戶找出他們的成功策略，幫忙他們了解自己的語言行為量表型態，再透過這個方法去幫忙解決問題。這就是為什麼我會開發出對話輔導，以及那套具有示範說明的 MP3[1]。

　　對話輔導過程的關鍵所在，可以從一句被改編的名言體現出來，而這句名言一般咸信是來自於愛因斯坦：人們想不出辦法時所呈現的型態，絕對不同於他們想出辦法時所呈現的型態。我發現人們被問題困住的時候，都是因為陷在自己那套慣性的語言行為量表型態裡，可是等他們有了解決方法，就會呈現出完全不同的型態。

　　輔導人員若能了解是什麼東西在下意識裡驅動他們的客戶，便可協助客戶更快達成目標。我們從語言行為量表裡得知，只有百分之四十的人在工作上是受到目標這個動力的驅動，不過我懷疑在有輔導人員介入協助的背景下，這樣的比例可能會降低一點。因為很多人會去找輔導人員幫忙，通常是因為想要解決或避開某問題，而不是為了追求某個目標。

　　會尋求輔導的人，通常還沒準備好去思索自己的目標，因為這時候的他們的心思都被那堆問題和那些他們很不滿意的事情給占據。所以在輔導的時候，必須先去了解和尊重他們的動力所在。

語言行為量表能提供你適當的語言去配合對方的動力所在。

由於大部分的輔導作業都是發生在正式「輔導課」以外的地方，譬如走廊上、電話裡，或者會議結束時的「順道問一下」，所以最好能有一套私下的方法來協助人們解決問題，這會很管用。我也都是趁這些時機搬出這套對話來幫忙人解決問題。

基本上，語言行為量表（神經語言程式學）能為輔導和教學做額外補充的地方，就在於型態的偵測和運用。

對話輔導流程的步驟是這樣：
1. 進入狀態
2. 建立架構：打造和睦的關係與可信度
3. 得到許可和心錨資源（anchor resources）
4. 對「問題所在」和最後結果有一致的看法
5. 語言行為量表型態裡的現狀——所欲狀態
6. 介入
7. 生態檢查和完整性檢查
8. 未來步調

你會注意到這些步驟很類似標準的神經語言程式學類型介入法：
1. 和睦的關係和可信度
2. 心錨資源
3. 對「問題所在」和最後結果有一致的看法
4. 介入（任何促進成長的流程）
5. 生態檢查
6. 未來步調——對承諾和完成的難易度做檢測

不過，這兩個方法之間也是有一些重要差異。

1. 進入狀態

由於這方法是屬於私下輔導的方式，所以一定要先讓自己進入那種有能力協助對方的適當狀態，同時保持閒話家常的氛圍，這一點尤其重要。（提醒：我發現很多人在閒聊狀態下，都會比較輕鬆自在，比被正式輔導時更容易吸收相關資訊。）

我自己有一個心錨（Anchor）[2] 被我暱稱為雪兒教練（Coaching Shelle），因為我的目標是在我進行任何實際輔導之前，先讓自己進入以下狀態：

- 冷靜的情緒
- 對對方的適度關懷（亦即不會過頭投入他們的問題和解決方法）
- 保持警覺
- 務實以對

我把這種狀態稱之為我的優雅狀態，它能幫助我傾聽和對話，在必須提供協助的時候做該做的事。

2. 建立架構：打造和睦關係與可信度

第二步是建立架構（這也是我們在這裡的原因），打造和睦關係與可信度。你要在對話初期就先確定對方真的相信會有解決方法，他們解決得了問題，而你也的確是那個能協助他們的適當人選。

我稱這個步驟為信心的建立，因為截至目前為止，還看不到解決方法。以下是我當下可能會說的話：「我真的很高興你因為這件事情來找我……沒必要讓它再這樣繼續下去。」（這是假設會有對策。）

3. 得到許可和心錨資源

這也是一個可用來檢查對方是否真的需要你幫忙解決問題的好時機（不是只是想無病呻吟而已）。請他們允許你跟他們一塊合作，幫忙提出建言。「你真的想找到辦法來解決這件事嗎？」然後幫對方進入一種資源豐富的狀態（resourceful state）。因為心態開放，才能創造出更好的結果！

有些客戶比較難合作，也有些客戶卡住的情況比別人嚴重。惰性是很有威力的，人們會因惰性而習慣眼前的問題，或者讓自己一直處在不快樂的狀態下，看起來就像是缺乏欲望或動力去奮力一搏地擺脫負面現狀。

如果你的客戶生性悲觀或者多疑，你的輔導和指導時間就會拉長，反之如果對方很有意願，知道自己需要探索和擬訂策略，時間就不用那麼長。以下是我會做的事，全取材自我的有聲教材「向多疑人士提出看法」（Presenting Ideas to Skeptical People）[3]：

先想好客戶可能提出什麼樣的反對理由，方法是從經驗去判斷客戶會對解決方法的可能性提出什麼樣的反對理由，並在他們提出之前，先點出來：

「這看起來很像是問題拖了很久，所以也許很難解決。」

接下來，暗示輔導可能會有不錯的成效，或者某特定問題或許會有不錯的解決方法。

「我想這問題還是有可能解決的。」

提幾個例子讓你的客戶自己驗證你的話。這能幫忙建立你的可信度，讓他們開始相信要解決這些問題是有可能的。以下是個例子：

「你有沒有注意到當有些人相信了某些事情，就很難再去考慮別的事情？（停頓一下，等你的客戶思索和認同這個說法。）而且你有沒有注意到，一旦你開始相信一定有某種可能或某種希望時，就會比較容易找到解決方法？可是，當你不知道自己要什麼的時候，就不太容易找到辦法？」

請注意這些例子是怎麼邀請你去確認或否認那些談話內容，由你自己決定你同不同意這些說法。

這會讓聽者覺得自己被理解，因為你證明了你懂為什麼這對他們來說很難，並表達這一切還是有希望的。他們才能放下執著，往前走，進入一種資源比較豐富的狀態。要記住：繼續與對方維持和睦的關係，但要跟他們的問題保持距離。你不會想跟著客戶一起跳進那個坑。你的工作只是提供梯子讓他們自己從洞裡爬出來。

有些人不想被告知該做什麼（內在型）。如果輔導人員在協助他們進入資源比較豐富的狀態時（或者對話輔導過程裡的其他時候），表現得太熱情或太權威，對方可能會排斥。如果你的客戶對你的說法仍然有所懷疑或抗拒，那麼對你來說比較好的方法是把對方當成那種必須自己作決定的人，而不是可以被外人指揮或者會聽別人意見的那種人。在面對一個內在型模式的客戶時，先建立你的可信度會比和睦關係的維繫來得重要。

你可以使用建議性語言來確保你的影響力：
• 只有你能決定，
• 我有個建議，也許你可以考慮一下，
• 我可以給個建議嗎，也許你會想考慮一下，
• 你覺得……怎麼樣？

很多輔導人員早就常在他們的客戶身上使用這種語言。但如

果這類措詞是用在外在型的客戶身上，對方恐怕會一頭霧水。因為這種語言對外在型模式的人來說一點意義也沒有。他們需要的是外來的引導或反饋，才知道自己做得對不對。這時後請利用以下的類似措詞：

- （人名）……會很感激這一點，
- 你去做的時候，別人就會注意到，
- 你會看到成果的。

如果有人很外在型，而你在他們眼裡很有可信度，那麼你只要告訴他們怎麼做就行了。但是這不就牴觸了輔導和指導的目標，不是嗎？

為什麼輔導的時候，一定要注意你的客戶是內在型或外在呢？因為如果對方是內在型，他們會需要你先建立可信度，才能有效地共事。要是沒有先建立，他們可能會抗拒你的流程或提議。想想看那些你曾共事過的難搞客戶，甚至你的親密家人？

如果他們在你面前是外在型，那麼當你告訴他們事情的時候，他們可能就會相信你，把你的話聽進去，照你的指示做。對他們來說，和睦的關係比可信度更重要。

4. 對「問題所在」和最後結果有一致的看法

利用 NLP 成果策略（NLP Outcome Strategy）裡的提問方式來聽出所欲結果和現狀、問題出在哪裡，以及有了解決方法後又會變成怎樣。

如果你仔細聽，就會聽出對方在遇到問題或挑戰時，會呈現出哪些語言行為量表型態，而在談到他們的「所欲狀態」時，又會呈現出哪些型態。

NLP 成果策略

問題	結構良好的成果該有的條件
你想要什麼？	**正面陳述** 「你想要什麼」，而不是「你不想什麼」
是誰？何時？何地？	**具體的脈絡背景** 檢測：一個清楚的影像
你怎麼知道你已經達到目的？	**可以驗證** 你會看到、聽到、感覺到什麼
你的目標取決於誰？什麼樣的資源可以幫你達成目標？你怎麼從眼前發生的事知道你現在該做什麼？	**可以實現** 你能夠訂定目標，並靠自己堅守下去
你的目標為什麼這麼重要？它會如何反映出你想成為的樣子？	**就算麻煩也很值得** 你的目標能提供足夠的動力讓你確實付諸行動
這真的是你想要的嗎？	它尊重你的價值
如果你得其所願，會發生什麼事？	**生態** 你的目標會尊重你運作所在的整個系統
你很想要保留的那個現狀，可以讓你得到什麼？你是冒著失去什麼的風險？若是得其所願，會對你的周遭環境（同事、部門、家庭、工作、未來等）造成什麼後果？	你的目標保留了現狀裡你渴望獲得的那一塊

5. 語言行為量表型態裡的現狀──所欲狀態

以下是我使用的對話輔導表單：

	現狀 （問題）	所欲狀態 （成果）
問題─成果		
要求標準		
語言行為量表型態		
其他		

　　這個流程靠的是技巧和練習。在我那一小時的**語言行為量表對話輔導** MP3 裡，會有示範和說明。基本上，當對方在談論自己的困擾和想要的改變時，就可以聽出他們的型態了。

　　等你確定了客戶在經歷那個問題時所呈現的狀態（現狀）和找到對策時會有的狀態（所欲狀態），這兩者在語言行為量表裡的差異時，便可以著手協助他們進入所欲狀態的模式。這能幫他們摸索出解決方法，找到正確視角，更輕鬆地解決手邊問題。

「卡住」的狀態

　　人們無法解決問題的時候，通常是因為被卡住，難以擺脫，一再陷進同樣的困境裡。多年來我都在教授和運用語言行為量表，因此發現到每當有人處在這種被卡住的模式時，都會出現一種典型的型態組合：

被動反應型：總是用想的，不會付諸行動。
遠離型：老在擔心問題和負面結果。
選項型（有時候是）：選項可能多到不知道該走哪一條程序（方法）。

感覺型：陷在負面情緒狀態裡，很難走出來。

要是你客戶在談話的時候，讓你聽出了以上所有或部分型態，就表示他們可能被卡住了。不過，如果你能確定對方想像自己找到對策時會呈現出來的型態，就能協助他們爬出那個洞。

6. 介入

在對話輔導模式裡，所謂的介入就是把現狀裡的型態所使用的語言交疊進所欲結果的型態裡。這可能需要重複幾次。這是一種技巧，需要你多少精通語言行為量表型態的語言。

「所以你一直在想所有（選項型）事情都不在你的掌控中（外在型），而且好像老是發生在你身上（被動反應型），你很不喜歡，很想擺脫這種情況（遠離型），現在滿腦子都在想這件事（還是被動反應型）的你很清楚（有點內在型）：第一（程序型開始），無論如何你都得自己做出決定（更多的內在型再加一點選項型）；第二，一旦你知道自己重視的是什麼，就會大概曉得該怎麼著手（內在型和程序型）；最後一點是，就算直接跳進去想清楚自己想要的是什麼，其實一點也不難。（主動出擊型、程序型和一點遠離型）」

這段型態交疊式的簡單口頭陳述就是在示範給你看，如何從既定問題的現狀裡所呈現出來的型態（以這個例子來說是被動反應型、遠離型、外在型和選項型）開始著手，再交疊進先前從所欲狀態裡找到的型態（以這例子來說，是主動出擊型、內在型和程序型）。這裡**僅止於型態就行，不要提出具體的解決方法**，因為如果對方願意從他們所欲結果的型態裡去著手，也許就能自己想出對策。

一旦你交疊了這些型態，對方通常會出現困惑的表情，你可

以看得出來他們正在消化、質疑，和重新架構。這時候的你只需要等待，最後他們一定會因為有了新的領悟、解決的對策、或者修補的辦法而回來找你。一定要小心，不要提供解決的辦法，只要讓對方進入他們在對策模式時會呈現的型態就行了。

另一個例子是，如果我的客戶在目前面臨問題的狀態下，呈現出被動反應型、遠離型和內在型，但是在有對策的情況下，會呈現出比較外在型，我就可能會這麼說：

「你知道（內在型）你老是碰到（被動反應型）你不喜歡的事情（內在型和遠離型），但是當你仔細思考這件事，自己決定不再這樣繼續下去（遠離型），你可能就會開始注意到（還是有點被動反應型）別人在做的事情（一點外在型）或許是可行的（還是有一點被動反應型和內在型），你甚至可以得到對你有幫助的意見反饋和建言（外在型），也能看到別人的回應（外在型），幫助你去調適（外在型）你所必須做的事（被動反應型和主動出擊型）。」

先讓你的客戶思考一下你剛說的話，再去了解他們當下的想法。聽聽看他們是不是轉換型態了，有沒有想出對策。我的外在型客戶在被介入之後，當他談起他的所欲狀態時，他是這樣說的：

「我未必能想出所有點子，我也曾試過不太可行的方法，不過我敢說我弟弟麥可應該幫得上忙。他真的很擅長這種事。我其實很看重他的意見，我會去請教一下他的看法。」

更多的選擇是好事嗎？對誰來說是好事？

很多輔導人員和指導顧問都在努力幫忙他們的客戶，讓他們在生活裡能有更多的選擇。但這對客戶來說，不是有利於他們

就是令他們招架不住，因為你得看這樣的做法是否能吻合另一個重要的動力型態。我經常在談**「選項上的左右為難」**（Options Dilemma），因為選擇太多了，卻缺少決定的方法，這常會令人招架不住。

心理學家貝瑞・施瓦茨（Barry Schwartz）曾在他的著作《選擇的弔詭之處》（*Paradox of Choice*）談過這個問題。他說：「它的弔詭就在於選擇這種東西是自由和機會的核心，它是值得珍惜的，但是我們每天面臨的選項數量實在多到令人難以招架。」

程序和選項

如果你的客戶覺得招架不住這麼多選擇，這可能表示他們需要的是一套按部就班的程序來擺脫這個問題，而不是繼續去思索更多的可能選項和更多選擇。如果他們正處於選項型模式，但又顯然需要一套程序來往前走，你可以伸出援手，方法是跟他們說選擇如果太多（先配合客戶的型態），但又沒有一套按部就班、可以照著做的程序，那會有多棘手。然後再慢慢轉換成比較程序型的語言，譬如步驟一、步驟二、步驟三，協助他們找出自己所需的步驟方法。這裡的關鍵是，先協助他們完成某件事，而不是還沒看到事情被處理完，就又三心二意地想換別的方法。一旦客戶處在程序型模式裡，才比較可能有動力完成他們起頭的事情。

一直停留在選項型模式裡的客戶往往會動手去做別的事，而不是去完成他們已經起頭的事情。這對他們的生活可能造成嚴重的問題，也許這也是為什麼他們會來找你輔導或指導的原因之一。很多富有創造力的人都面臨這問題。他們有能力天馬行空地想出點子或者想出一堆解決問題的方法，卻缺乏耐心或沒有毅力把起頭的事情完成（進而從中獲益）。

7. 生態檢查和完整性檢查

接著幫他們想出來的對策檢查一下「生態」（這個解決方法會有任何可能的負面後果嗎？）。而完整性檢查要問的是：這個解決方法就算這沒有任何負面後果，但它是個好點子嗎？它真的有意義嗎？

8. 未來步調

在典型的 NLP 介入過程裡，我們會檢測這個解決方法是不是真的可行，可不可以被實際應用，而方法就是請對方想像一下未來，再留意反應。

「大功告成」的架構

當你來到未來步調這個階段時，若能知道你的客戶會不會實際付諸行動，做他們聲稱會做的事，將會很有幫助。語言行為量表型態裡有一個很特別的組合，可以看出客戶是不是已經解決了問題。你要怎麼知道他們有沒有**努力去解決問題，付諸行動**，方法在這裡：

以下是你要聽出來的語言行為量表型態：
- **主動出擊型**
- **朝向型**
- **內在型**
- **程序型**

換言之，這個人會展開行動朝目標前進（主動出擊型、朝向型），而且打從心底知道（內在型）自己想做什麼，他們有一套按部就班的流程（程序型）來做好自己決心要完成的事情。我注意到每當我從客戶那裡聽到這類語言時，就表示他們非常可能堅持到底，得到他們真正想要的結果。

各種輔導作業和方法都在不斷演化。為因應不同的人和情境，最好能精通一種以上的輔導結構。而這套對話輔導流程很適合用在遠端對話，也適合當面對話。而且你可以把對話過程錄下來，這不只是為了你的客戶著想，也能讓你回頭檢視自己的作業，從中找出客戶的語言行為量表型態組合，加以充分運用。

註 1：想要聽對話輔導方法的示範和說明，請參考 bit.ly/Conversational Coaching。

註 2：心錨是一種 NLP 技巧，它可以把某種特定的內在反應跟某種外在或內在的觸媒聯想起來，這樣或許就能更快地獲取那個反應。我都是用左手的食指碰觸拇指來召喚出我的「雪兒教練」狀態。

註 3：請多多利用我的 MP3「向多疑人士提出看法」（Presenting Ideas to Skeptical People），學會利用裡頭的四個步驟與多疑人士打交道，還可以聽到真人的現場示範：bit.ly/SkepticalPeople。

第 26 章

職涯諮詢和個人檔案分析

若有人找我做職涯諮詢，通常我會從語言行為量表開始。除此之外，經理人也曾要求我分析他們的員工，找出優缺點，原因不是為了目前的工作，就是為了可能的升遷或調職。

如果你希望在工作背景中使用自己的語言行為量表，請至 bit.ly/TheLabProfile 免費創建語言行為量表。

切記，要先弄清楚當事者接受分析的背景是什麼。由於受訪者大多不知道什麼是語言行為量表，因此我通常會在他們的報告裡放進語言行為量表摘要，就像你在書中結尾看到摘要一樣。

以下是職涯諮詢的兩份語言行為量表實例。

> ◈ **語言行為量表報告：比爾 X**
> **背景：工作**

動力特質

以下型態所描述的事物，都足以引發和保持比爾的動力。

＊ 偏被動反應型加一點主動出擊型

比爾可能不會立刻採取行動，而是先做考量。多數時候他會先釐清、分析和思考眼前狀況，才會產生動力。他可能會等其他人先主動，才放心地回應。

* 要求標準

以下是和他工作有關的敏感字眼和措詞。當他想到或聽到這些話時，便會受到刺激：

個人滿意度和專業滿意度、使命感、滿腔熱情、莫名的興奮、成就感、小螺絲釘理論、為我的人生找到目標、感覺到我正在授權他人和組織。

* 以遠離型為主

他的動力來自於他不想陷入困境。只要有問題需要解決、必須避開，或者不能眼睜睜看著它發生，他就變得很有活力。他天生是解決問題的高手。為了避免走偏，他會定期重新集中自己的目標。

* 以外在型為主

必要時，他可以做決定也願意做決定，但並不堅持一定得自己做決定。唯有得到回饋，他才會有工作動力，而這個回饋不是來自別人就是來自於成果。如果少了回饋，他會失去動力。他可能把資訊當成指令接受。

* 以選項型為主

若要比爾開發新的選項、選擇和可能，他會很有動力。但若要他照程序來，往往難以照辦。不過他擅長開發程序，所以若是有人要求他照程序來，他可能會試圖修正程序。比爾就是忍不住想打破規範。

* 千篇一律中有例外和差別

他喜歡他的工作常有變化。如果他確定自己很清楚分內工作是什麼，便會開心做上一兩年。就他工作生涯的某些層面來說，

他希望一份工作能做個五到七年，但其他層面，他只希望一到兩年就夠了。他的工作時鐘似乎平均三年就會響起。

作業特質

接下來的型態說明比爾需要什麼樣的工作環境，哪一種任務適合他，他對壓力的反應，以及靠什麼方法才能說服他。

✳ 以全面型為主

比爾通常會先去了解工作的全貌，而且喜歡從大局著手。但必要時，也可以長時間處理細節順序。

✳ 他人型

和別人溝通時，他可以感受到情緒。對於別人的行為，他會不假思索地回應，這些都有助於人際溝通。他能根據溝通過程中非口語的部分，去理解對方的言外之意。

✳ 親近型帶點獨立型

比爾工作時喜歡旁邊有人參與。若要他發揮最大的生產力，必須給他清楚的責任領域。就工作的某些層面來，他希望能在不受干擾的情況下，自己全權處理。

✳ 做事型帶點做人型

在工作上，比爾會專注於手邊的任務。雖然他知道感受很重要，但如果能有選擇，他會把注意力放在有待完成的工作上。

✳ 壓力反應：選擇型帶點感覺型

比爾遇到工作壓力時，一開始的反應會很情緒化，而且情緒化的時間可能會久一點。在壓力環境下，他通常很能調適自己，

也會根據自己認知的得體方式回應壓力。他最適合從事對他人必須有同理心的工作。

＊ 規範結構：我的／我的型

比爾希望別人照他的作業方式行事。告訴工作同仁他的期許是什麼，這對他來說不是難事。也因為這個特質，他很適合從事人才管理的工作。

＊ 說服者管道：看、聽和感覺

要說服他相信一些專案或點子，必須給他證據看，或者讓他從旁觀察產品或過程。此外，親耳聽見或參與討論，也能說服他。要完全說服他，得讓他有所感受才行，而那是一種感覺。

＊ 說服者模式：例證次數

三到四個例子便可說服比爾。這是他必須親眼看見、親耳聽到和感受到的例證次數，才能被徹底說服。少於這個數量，便無法說服他。

理想的工作環境

以下幾點說明了比爾的理想工作環境：
- 有時間可供他反應、分析和理解，還有些時間可供他主動發起。
- 需要解決問題和爭端。
- 回饋必須來自於成果或重要人士的意見反應。
- 有機會創造新的選項和設計新的程序，自己本身不太喜歡照程序走。
- 可以不斷演變和改革；任務多樣化，每三年出現一次重大變革。

- 喜歡從全貌的角度展開工作，而非著眼細節。
- 有自己的工作責任領域，但有旁人參與；有時候得完全靠自己。
- 專注於點子、任務、系統和一些感受上。
- 避免壓力過大的工作。

建議

比爾需要定期重新聚焦自己的目標。這方法可以幫忙評估眼前的活動是否朝目標前進，有否反映出他根深柢固的價值。

由於比爾習於自行創造另類方法，而且喜歡縱觀全局，因此需要一個比較主動出擊型和偏程序型，以及強調細節的人，來幫忙完成他所發想的點子。希望努力要有成果，便得把該做的事分成幾個步驟，再照步驟而行。

舉例來說，有期限逼近的高壓工作，長期來說恐無益於他的健康。

報告最後會有清單和各種建議，供客戶評估各式選擇。

你可以視客戶的分析結果為他們提供各種選擇，或者提供程序方法，讓他們循序漸進地找到工作，展開新事業。

以下是另一名客戶的報告範例，這名客戶正在考慮將兼職工作轉為全職工作。

語言行為量表報告：克勞蒂亞 ㄚ
背景：現在與未來的工作

動力特質

以下型態所描述的事物都足以引發和保持克勞蒂亞的動力。

✱ 介於主動出擊型和被動反應型中間

克勞蒂亞不是主動發起，就是等別人發起，兩種方法她都遊刃有餘。她可以很有幹勁，也可以只是觀望，不採取行動。對她而言，理解和掌握狀況跟行動一樣重要。她會多方考慮，也會付諸行動。她要求的工作必須能兼具這兩者。

要成功建立和經營自己的事業，克勞蒂亞必須積極發揮她的主動出擊特性，尤其是在創業的時候。

✱ 要求標準

以下要求標準對克勞蒂亞的工作來說很重要，它們就是她**最在意的地方**。

總是有東西可學；靠文字和語言工作；可以接觸到外面的世界；團隊工作；理想的報酬。

這些字眼所代表的意義，正是克勞蒂亞在工作上尋求的。

✱ 朝向型

克勞蒂亞會因「朝」目標前進而產生動力。她的動力來自於目標，她想達到、實現、取得目標，她的目標導向性格強烈到

可能使她無法察覺到真正或潛在的問題。如果在她進行規畫的時候，身邊可以有個人幫忙察覺問題，將很有幫助。

＊ 偏內在型再加點外在型

通常克勞蒂亞會自己做決定。當她必須做決定時，就會產生動力。但她也多少需要別人的意見回饋，來幫忙檢查她的工作成果，不過一般說來，克勞蒂亞自己很清楚成果如何。通常她會先聽取別人的意見，再用自己的標準加以評估。對她來說理想的工作環境是，在聽取別人意見回饋的同時，也有機會自行判斷自己的成果。

＊ 偏選項型和帶點程序型

克勞蒂亞會想主動開發新的選項，找出其他辦法。她很有創意。不過，可能難以有始有終，開發新辦法是她工作動力的來源。克勞蒂亞若想經營自己的事業，一定要確保走完所有程序，而且在展開新案子之前，其點子都已做過合理的推論。

＊ 雷同中帶有例外

她希望她的工作環境可以不斷進步和演變。克勞蒂亞同樣一份工作可以做五到七年，她能夠接受一年一次的變革，前提是不要太劇烈。這種型態非常適合創業，因為如果克勞蒂亞從事的是自己喜歡的工作，就一定能熬過草創期和開發期。

作業特質

接下來的型態說明的是克勞蒂亞所以需要的工作環境，適合擔任哪一種任務，她對壓力的反應，以及靠什麼方法才能說服她。

✱ 偏全面型和帶一點具體型

克勞蒂亞喜歡從全面的角度去審視自己的工作，但也可以長時間從事比較具體和細節的工作。如果她是擔任經理或者負責協調別人的工作，那麼在進行全面性的管理時，千萬記得讓其他人把重心放在執行方法上。在工作上，她可以著眼大局，必要時才處理細節。

✱ 他人型

克勞蒂亞對別人的非口語行為很敏感，譬如聲調、臉部表情、肢體動作等。她對別人的行為會不假思索地做出反射性回應。和他人溝通時，她會根據溝通過程中非口語的部分去理解內容。

✱ 壓力反應：感覺型和一點選擇型

克勞蒂亞遇到工作壓力時，一開始會情緒化，而且停留在情緒裡的時間久了一點。她平常很能適應壓力環境，會根據自己所認知的得體方式回應壓力。她最適合從事對他人要有同理心的工作。

✱ 親近型

克勞蒂亞喜歡工作過程中有人參與。她喜歡當老闆，也可以有頂頭上司，前提是她的責任領域和權限要劃分清楚。如果要求她獨自工作或者與他人一起分擔責任，生產力就會受損。

✱ 偏做人型加一點做事型

工作上，克勞蒂亞相當重視別人的需求上，意思是她會顧及客戶和老闆的感受。但她也可以很任務導向。有時候她會丟下任務，先去照顧別人的情緒。在這種情況下，她可能必須牢記自己的目標是什麼，確定優先順序，而這些都是她能力所及。

✽ 規範結構：我給自己的規範／我給你的規範

她希望別人照她的方法作業。她了解職場的規範和不成文的規定，要她將這些規範告知他人，對她來說並非難事，而這也是管理階層的基本特質。

✽ 說服者管道：看和聽

要說服克勞蒂亞相信某件事，必須讓她親眼看見和親耳聽見一些證據。在被說服之前，必須先讓她從蒐集的資料裡肯定這個產品或這個人。

✽ 說服者模式：時程型

克勞蒂亞在被說服之前，需要有六個月的時間不斷聽見、看見和處理那些證據。少於這個時程，便無法被說服。

理想的工作環境

總而言之，克勞蒂亞在工作上需要這些元素：

- 有機會主動發起和回應。
- 不斷朝目標前進（她需要有明確具體的目標，不然會失去動力）。
- 別人會提供意見，再交由她自己做決定。
- 有機會開發系統、程序和點子。
- 每五到七年便有個人發展和成長的機會。
- 可以專注在整體的工作目標上再加上一點細節工作。
- 必須承擔責任，享有權威，但有別人的參與。
- 可以和別人建立良好關係，對他們有同理心。

克勞蒂亞決定創業時，必須考慮到的事

- 得主動開發客戶。
- 規畫期間，需要有人幫忙找出潛在問題和實際問題，但必須向他們解釋清楚其角色。
- 務必建立起必要的內部程序，以利於事業的成功運作。
- 評估事業點子，確保每個計畫都能有始有終。
- 擬妥計畫，讓她的工作能夠結合個人的成長與發展。

✦ 個人檔案分析的幾個關鍵點

1. 先確定背景和檔案分析的目的。
2. 配合背景提問問題。
3. 回饋意見給對方時，請利用非專業的用語說明那些型態。
4. 務必說清楚不同型態組合下所產生的結果。舉例來說，如果是遠離型加做人型，便可預測你的客戶會為了照顧其他人的需求，而暫時放下手邊工作。
5. 如果不確定評斷結果，可以改問替代性問題。

獨立工作

很多人會從受雇者直接跳進自雇者的角色，或者成為數位遊牧工作者、或者自行創業、或買下一家已經在市場上的企業。無以數計的人夢想能夠轉換角色。二〇一七年，美國有百分之六‧三的勞動力是自雇者，同年在加拿大則有百分之八‧三是自雇者，德國百分之十‧二，英國百分之十五‧四，墨西哥則是百分之三十一‧五。[1]

根據加拿大統計局（Statistics Canada）的統計，只有不到百分之三十的人成為自雇者之後，可以在五年後仍維持自雇狀態。至於剛創業的業主只有不到一半能夠經營自己的事業五年以上。[2]

自雇者跟當別人的員工很不一樣，所以會有不同的語言行為量表型態組合。就算人們選擇成為自雇者的理由千百種，但具備技能還是不脫以下幾點：

- 某種價值觀、信念和態度（亦即強調行動、對獨立的渴望、積極主動、富有創造力等）。
- 包括人際溝通和社交手段在內的「軟」實力（我稱這些為「更堅固的技能」）。
- 對於自雇的風險和好處有務實的自知之明。
- 功能性的經商技術（財務、人力管理、市場調查）。
- 對主題內容有足夠的專業。
- 相關的商業知識（法律上的、稅制、財務來源，諸如此類等）。[3]

如果我們要為以上的必備技能找出它們的語言行為量表型態，那麼這些型態會是：

- 以主動出擊型為主
- 要求標準：成功、達成我的目標（再加上許多個別的要求標準）
- 以朝向型為主
- 以內在型為主
- 以程序型為主，但在解決問題和擬定新對策的時候，會很選項型
- 千篇一律中有例外和差別型
- 以全面型為主，必要時也會很具體型。
- 他人型
- 選擇型
- 以獨立型為主，但帶有一些親近型
- 以做事型為主，再加上相當程度的做人型
- 我的／我的型

自雇者必須走出去，加以實踐，而不是光用想的（主動出擊型、做事型、朝向型）。他們必須決定要把自己的時間和精力花在什麼地方，並做出正確的策略決策（內在型和全面型）。在自雇方面做得不理想的人都是因為一手包辦所有事情，就算是價值很低的工作也不放過，看不到整個大方向，也看不到策略（具體型、程序型）。他們其實必須把心力投入在對的活動作業上，並完成它，而不是照著清單逐條去做（程序型、以全面型為主）。他們必須針對問題找出對策，必要的時候懂得轉向（選項型和一些遠離型）。他們需要協調和經營人際關係（全面型、他人型、做人型、做事型、選擇型），而且必須能夠自己長期獨立作業（獨立型、做事型）。

不是每個人都有這樣的彈性，也不是每個人都有能力弄清楚優先順序和做出決策，都有辦法經營人際關係和獨自工作，不會因為事情多到排山倒海而感到招架不住。

當然，**想要成功地升格為自雇者，其中一個最大的訣竅**，就是你在做的事情**必須**是重要到你願意不惜一切代價地（就算你做的事超級無聊）把它做好。這關係到你所堅信的要求標準和價值觀。

此外，自雇者接受工作相關訓練和教育進修的機率似乎比一般人少了一半，不過他們可能是用私下學習的方式。我相信學會如何把事情做得更好或者如何讓自己更有想法，這才是關鍵所在。如果你是自雇者或正在經營一家公司，你會用什麼方法來讓自己繼續學習和成長？

有考慮要冒險一試，靠自己的力量走出去嗎？

如果你正在考慮辭職，成為自雇者，請先用一到五的等級來回答以下問題。

1. 我可以長時間地獨自工作嗎？

2. 我一定得走出去，放手一搏嗎？

3. 我有足夠的謀略能在時間、精力和金錢的安排上做出好的決策嗎？

4. 我擅長激勵別人，與人協商嗎？

5. 我做事能有始有終嗎？

6. 我能找到解決問題的方法嗎？

7. 我的學習力很強嗎？懂得尋找資源，加以運用嗎？

8. 我的專案計畫重要到甚至願意為了它去做我生平最討厭的事情來確保它的成功嗎？

如果你不確定自己的語言行為量表型態，可以接受我的線上語言行為量表檢測（Lab Profile® Test）[4]。

註 1：可點此連結查看其他經濟合作暨發展組織（OECD）會員國：bit.ly/SelfEmploymentRate。

註 2：bit.ly/StatCanGc

註 3：bit.ly/SkillsForSelfEmployment

註 4：bit.ly/TheLabProfile

第 27 章

企業文化診斷和變革評量

　　其實有一個簡單但不太科學的方法，可以找出語言行為量表裡的組織文化：直接請教在那裡工作的員工。就我自己的經驗而言，我常常很驚訝竟然有這麼多員工和經理人對公司的看法都有志一同。雖然一開始很多團體在上我的團隊建立經營課時，除了同意團隊本身有問題之外，其他一概沒有共識，但都會很本能地知道自己的組織，是偏選項型還是程序型？內在型還是或外在型？朝向型還是遠離型？差別型還是千篇一律中有例外？諸如此類等。

　　來自各國的管理開發經理齊聚於比利時拉許爾普（La Hulpe）IBM 國際教育中心裡，進行企業語言行為量表現狀──所欲狀態行為分析（Desired State analysis of the LAB Profile of the corporation）。他們證實這家公司試圖從內在型轉變成外在型；從程序型往選項型推進；從千篇一律中有例外往差別型前進。這個分析使他們明白應該在課程安排上為員工鼓吹出什麼樣的態度。於是，我們從他們現有的策略裡開始著手，希望達到這個目標（不過那是題外話了）。

　　為了完成分析，我只簡單描述各種型態的屬性，再請教學員他們認為 IBM 屬於哪一種。整個過程大約花了三個小時便達成共識。

概覽文化診斷的流程

1. 從團隊／組織裡找來一群具有代表性的人，將他們集合起來。
2. 描述每種型態的行為，再請教這群人哪一種型態最吻合：「這裡的情形。」（提示：用陳述的方式，而不是提問。）
3. 請他們就每種行為舉出例子。
4. 檢查是否看法一致，有無例外。

要他們用一個句子或措詞來描述每種行為（型態）和心錨。

我曾在密蘇里州的聖路易斯（St-Louis, Missouri）將這套方法運用在一大群城市領袖、企業領導人、政治人物，和服務性組織的志工領袖身上。他們在會議桌上分組合作，設法找出共識。以下是我當時示範給他們看的陳述方式，好讓他們能在會議桌上討論。你猜得出來在這些陳述裡頭有哪些語言行為量表型態嗎？

這裡的人不在乎外界怎麼看他們或這座城市⋯⋯
或者
這裡的人很敏感這座城市在別處所建立起來的名聲。

這裡的人喜歡探索各種可能、各種替代選擇，而且喜歡打破成規⋯⋯
或者
他們寧願循正常程序把事情做完。

這裡的人真的喜歡求新求變⋯⋯
或者
這裡的人喜歡穩定發展⋯⋯

或者

人們喜歡在這裡是因為它有很多可以讓你期待的地方。

你也可以利用語言行為量表來衡量組織變革作業的效益。先從組織裡隨機挑出一群人，進行組織變革前的企業文化診斷。再借助適當的策略進行所欲變革，但在語言的使用上一定要配合組織裡決策因素的型態（千篇一律型、差別型等）。等到六個月到一年後，該有的變革都到位了，再隨機挑選另一群員工，要求他們利用語言行為量表的描述方式形容現在的文化。有效的變革可以透過語言行為量表裡的型態變化，讓人看見其中的改變。

概覽組織變革的流程

1. 確定所欲狀態。這家組織希望能有什麼樣的行為、價值觀和信念、識別性和願景？用語言行為量表的術語來側寫所欲狀態。
2. 檢測現狀。用語言行為量表的術語來說明這家組織和其員工的行為、價值觀和信念、識別性和願景？
3. 利用溝通／變革策略裡適當的影響性語言來設計和傳達變革訊息，一開始的訊息一定要先配合組織的現狀。
4. （完成變革流程的幾個月後）從團隊／組織裡找來一群有代表性的人，將他們集合起來，進行語言行為量表分析，衡量成效。變革若是「被卡住」，就會在量表裡顯現出來。

第 28 章

招聘適任的員工

　　有家工程製造公司曾刊登廣告徵求生產經理。結果來了三百名應徵者，當中只有一位適合人選。他們要求我分析這份職務，以及在他之上的管理團隊。我利用影響性語言幫他們寫了另一則徵人廣告吸引適任的應徵者，也讓不適任者知難而退。結果一百個人應徵，其中有八名適合人選。

　　語言行為量表可以幫你吸引到好的求職者，也能幫忙評估你的最後決選名單，找到最適任的人選（它衡量的不是專業知識和技能）。大家都知道，如果靠直覺和一些傳統的面試問題來面試求職者⋯⋯譬如「介紹一下你自己」或者「你為什麼想來這裡工作」⋯⋯常會因面試官的個人偏見而做出糟糕的用人決定。專門研究招聘和面試的產業心理學家史考特・海豪斯（Scott Highhouse）說在傳統的面試裡：「人力資源部的專業面試官或有經驗的面試官表現得根本比一個利用簡答題來面試求職者的外行人還差，這些簡答題的內容在本質上至少都跟工作和行為有關。」[1]

用語言行為量表找出特質

　　當你在徵才時，先確認你想在求職者身上看見的特質，這會很有幫助。你可以利用以下流程來確認某個特質或態度會具有的語言行為量表型態組合。當然，有些語言行為量表型態是展現那個特質的基本必要條件，但也有些型態的出現是緣於個體差異。以下是區別的方法：

✻ 流程：推估和檢測

1. 清楚定義那個特質的行為。
2. 確認會展現或具有那個特質的必要型態是什麼。
3. 舉個例子來檢測這個型態是否吻合。
4. 有相反型態的人還能展現出那種特質嗎？如果能，那是緣於個體差異，如果不能，一定是有一部分的特質展現不出來。

假設你希望招募到一個「手腕靈活」的人，因為這種人會留意到別人開心或不開心，這樣才有辦法預防和解決人際問題，打造更好的關係。若要找到這種人才，需要以下哪些語言行為量表型態呢？

主動出擊型？被動反應型？
朝向型？遠離型？
外在型？內在型？
程序型？選項型？
千篇一律型？千篇一律中有例外型？差別型？
具體型？全面型？
做人型？做事型？
我的／我的型？你的／你的型？

我的評估是比較偏被動反應型而不是主動出擊型，以遠離型為主，內在型和外在型的混合，以全面型為主，以做人型為主，以及我的／你的型和我的／我的型的綜合。

工作檔案分析

要分析一份職務前，需要先有一些和這份工作有關的資料，以及任職者未來會面臨到的環境與文化。

就職務本身來說，你必須先了解任職者將來會接下什麼樣的任務，以及承擔什麼責任。以下元素有助於你確定工作的性質。這份工作會要求任職者：

- 直接付諸行動／先花點時間思考／兼顧思考和行動（主動出擊型—被動反應型）？
- 管理事情的優先順序、達成目標／找出問題和解決問題（朝向型—遠離型）？
- 自己做決定和自己訂定標準／視外來的意見回饋加以修正（內在型—外在型）？
- 照程序而行／設計程序（程序型—選項型）？
- 改革、經常變動／演變／維持原有標準（差別型／千篇一律中有例外／千篇一律型）？
- 全貌／細節（全面型—具體型）？
- 和別人建立良好關係（他人型，選擇型）？
- 高度／中度／低度壓力（壓力反應：感覺型—選擇型—思考型）？
- 獨自工作／有自己的責任領域，但有別人參與其中／像團隊一樣合作（獨立型—親近型—合作型）？
- 強調感覺／專注在有待完成的任務上（做人型—做事型）？
- 傳達規範和自己的期許／轉達上級的要求／只把自己分內工作做好／能了解兩邊的立場（我的／我的型—沒有／我的型—我的／句點型—我的／你的型）？
- 找出錯誤，進行品管（持續型和遠離型）？

以下是為上述的生產經理所做的職務說明，這家公司專門為各種塑膠公司的製造部設計和製造設備。

生產經理──職務說明

＊ 製造生產管理：

- 在產量和銷售量之間找到平衡點。
- 在生產組長的協助下管理工廠勞工。
- 決定人力和物料量。
- 針對單位（行業種類）載量、產能分析和績效表現，進行研究分析。
- 監看生產報告，調查生產、運送和資料輸入過程中的疏失原因。
- 配合主生產表發送工作訂單至各部門。
- 監控生產報告，調查生產、運輸和數據輸入錯誤的原因。根據主計畫向各部門發放工單。設計詳細的生產計畫，安排測試和運送的機器設備。設計標準成本核算系統。
- 確保運送過程的完善：
  - 完成訂單。
  - 運送前正確的裝箱／包裝／防護，以免運送過程中受損。
  - 附上必要的圖解，說明如何裝配／架設電路。
  - 運送成本。
  - 品質管理。
- 擔任窗口與工程部溝通，為配發的工作建立優先順序。

＊ 物料和存貨管理：

- 負責所有的在製品（WIP）和庫存品。
- 配合生產需求量向供應商訂貨和排定交付時間。
- 維持理想的庫存量。

- 協調和指揮與實地盤存審核相關的所有作業。
- 監督材料清單，確定生產標準和零件數量。
- 在可行的情況下落實自動化物料／庫存品控管系統。協調／監督採購部門。
- 和主要供應商協商價格和條件。
- 遴選和建立新的供應商。
- 引進有利於採購功能的全新方法，確保採購功能的變革能呼應現有需求。

＊ 遵守政府規範：

負責監督工廠徹底執行政府訂定的工廠管理規範。其中包括：

- 職業安全衛生管理委員會（OHSA）——工安的維護和處理。
- 工傷賠償。
- 有害廢棄物的移除。
- 嚴格遵守工作場所危險物品資料系統（WHMIS）。
- 評鑑。
- 差別待遇。

＊ 設施的維護：

為補給品、備用零件、配件編列年度採購預算。為設備的挑選、操作、保養和更換建立程序辦法。做完以上的職務說明，並分析過生產經理之上的資深管理團隊後，就能為這份職務提出完美的語言行為量表報告了。以下是我為它所寫的工作資料分析。

生產經理——職務分析

根據職務說明以及任職者未來與主管之間的關係結構來看，任職者最好具有以下特質。

＊ 偏主動出擊型加一點被動反應型

這份工作要求的是高度的活力和主動發起的能力，此外也必須多少具備分析和反省能力。

＊ 偏遠離型加一點朝向型

好的生產經理需要不斷解決紛爭，察覺錯誤，做出糾正。至於上頭的總監則必須專注於目標，同時注意優先順序的管理。

＊ 內在型

生產經理必須訂定標準，並根據標準進行評鑑。為了全面掌握工作量，生產經理必須自己很清楚現況，不需要依賴總監的意見回饋。若想與總監們合作愉快，得先就一套標準和未來的評鑑方式達成共識，再由生產經理徹底執行。

＊ 偏程序型加一點選項型

生產經理大多時候必須照程序行事才會有工作動力。他／她是那種做事有始有終的人，但也多少需要開發新的程序。

＊ 差別型和千篇一律中有例外

生產經理必須負責長期的改良和發展作業，還要能夠引進新的程序和系統，並同時處理多項任務。

＊ 偏全面型加一點具體型

生產經理在工作上要講究成效，就必須隨時全盤掌握工作的脈動，才能適時委派代表處理。不過，也有一些任務的細節需要他花時間處理。通常屬於中間型的經理不太會指派任務，於是可能造成屬下的挫敗感，長期下來也把自己弄得筋疲力竭。

基於這個理由，偏全面型的人會比較適任。

✱ 他人型

生產經理必須能夠回應語調和肢體語言，才能監督員工，進行溝通，並與供應商協商談判。

✱ 壓力反應：選擇型

生產經理必須對別人有同理心，在事情出岔時，能夠控制自己的情緒，不會被突增的工作量搞得心力交瘁。

✱ 偏親近型加點獨立型

對生產經理來說，大部分的工作都需要劃分清楚責任領域，並了解它的必要性，同時也讓別人參與其中。不過，有些任務必須靠他自己獨力思考／完成。

✱ 偏做事型加一點做人型

生產經理必須專注在手邊任務上，但也能回應別人的感受。但如果生產期限很緊湊，就得任務優先，感受其次。

✱ 規範結構：我的／我的型

生產經理必須能夠提供清楚的方向。

✱ 說服者：持續型

理論上，一個「從來沒被徹底說服過」的人會是生產經理的最佳人選，因為生產經理必須對品管和檢驗嚴格要求。他會經常檢查品質，不會因為上禮拜沒出問題，就認定這禮拜也不會有問題。

✱ 最重要的型態

在分析過職務說明，並考量了三位總監的簡介分析之後，發現以下型態對新任生產經理來說非常重要：

偏遠離型

內在型

偏程序型

我利用以下的比較表比較第一則徵人廣告（公司擬的徵人廣告）所找到的人選，和這份工作的真正理想人選。

比較表

型態	生產經理	包柏	約翰	米克黑爾
主動出擊型—被動反應型	偏主動出擊型	中間型	偏主動出擊型	偏主動出擊型
朝向型—遠離型	偏遠離型	偏朝向型	遠離型	偏朝向型
內在型—外在型	內在型	偏外在型	內在型	偏內在型
選項型—程序型	偏程序型	偏程序型	中間型	偏選項型
千篇一律型—差別型	千篇一律中有例外和一點差別型	千篇一律型和差別型	千篇一律中有例外	差別型和一點千篇一律中有例外
具體型—全面型	偏全面型和一點具體型	偏全面型	偏全面型	偏全面型
他人型	他人型	他人型	他人型	自我型和他人型
獨立型—親近型—合作型	偏親近型，加一點獨立型	合作型和一點親近型	親近型	偏親近型和一點合作型
做人型—做事型	偏做事型和一點做人型	中間型	偏做人型和一點做事型	偏做事型
壓力反應	選擇型	選擇型	選擇型	選擇型

型態	生產經理	包柏	約翰	米克黑爾
規範結構	我的／我的型	我的／你的型	我的／你的型加一點我的／我的型	我的／我的型
說服者	持續型是最理想的	持續型	時程型	需要很多次數的例證次數型，所以可能是持續型

建議

依我來看，就每位人選的屬性而言（無關乎技術和專業知識），約翰是最適合的人選，包柏其次。我之所以相信約翰是最佳人選，是因為他擅長做決策。最有可能為總監分擔責任。

包柏是個目標導向的人，所以可能忽略問題。他比較外在型，可能需要很多意見回饋，才能做出決策。

只吸引對的人才：徵人廣告

為了示範撰寫廣告的方法，以下是兩則徵求生產經理的廣告。這一則是要求我分析職務之前，公司先刊登的廣告：

·生產經理·

成長快速、以一流的高科技機具製造見長、專供全球出口的民營工程公司，急徵可管理生產部門的決策者乙名。

生產部門為因應明年加倍的產量，正快速擴張，需要有效協調。

適任者至少需有十年相關經驗，擅長組織、規畫和採購，具有卓越的人才管理和領導技術。

以下是我在做完職務解析後所撰寫的廣告：

·生產經理·

　　以一流的高科技機具製造見長、專供全球出口的工程公司，急徵一名主動出擊型、能與公司共同成長的工廠經理。

　　適任者需負責管理生產部門；循既定程序解決技術、人才和政府相關規定等問題；必要時，研擬全新對策；負責制定品管標準，確保在緊迫的交貨壓力下仍能落實品管要求。此外，必須具備豐富的專案計畫、人才管理及採購經驗與技能，並加以佐證。

　　欲知所有資訊，請立即來電查詢。

　　我建議應徵者直接致電，因為只有主動出擊型的人才會真正拿起電話。你看得出來第二則廣告有哪些具體的影響性語言嗎？

註1：Scott Highhouse, discussing interviewer bias on Stephen J. Dubner's Freakonomics Podcast; bit.ly/YourPerceptionOfTime

儘管可以明顯看出團隊行為分析的型態，完全符合工作任務所需時所呈現的優勢，以及型態不符時可能出現的劣勢。但除此之外，仍得考量其他表現因素。這個團隊經常舉辦部門會議討論如何與病人合作、如何引進和管理新開發的技術，以及如何帶動部門朝品質改良的目標前進。

　　由於這個團隊是偏遠離型，大約有一半的人屬於高度內在型和偏選項型，因此我可以預測他們開會的情況。會議中會先提出問題，再推薦對策，接著開始爭執分析結果裡的瑕疵與建議的辦法，遲遲不肯附議。許多成員對會議的冗長、頻繁和缺乏生產力感到無力。我們討論了各種方法，試圖利用團隊裡的現有優勢提升會議品質，使它更有成效。譬如，他們必須先討論這個團隊的要求標準和衡量標準（內在型），取得共識，同時反問自己「想以什麼取代現況」？此外，也要反問自己「我們怎麼知道已經達成我們的要求」？再明確提出具體事證證明自己已經達到標準。然後，探索其他可以達到此目標的方法選項。遠離型的人會隨時檢驗這些方法，找出問題，加以修正。最後再由程序型的人確保完成後續各種任務。

　　這個團隊值得注意的地方是，雖然他們的工作性質偏程序型，但大多數人都偏選項型。而這例子可能可以說明，為何組織的文化也需列入考量。由於這家醫院是教學研究醫院，在醫療創新上向來享有盛名，所以或許是這個名聲吸引了選項型的人前來任職。我問過其中幾名藥劑師對自己工作的看法，會不會覺得日常的例行工作都得照程序走？結果多數的說法是，每個病人都不一樣，都有各自棘手的病症，因此藥劑師必須和訓練有素的醫師、護理師組成團隊，合力找出新的解方。我希望能有機會分析其他機構的藥劑師，以便確認上述團隊是不是特別獨樹一格。

　　最近他們為了平衡這個團隊，聘來一位比較程序型的經理，後者花了很多時間建立更多規範，確保團隊遵守。我還在繼續幫忙他們招聘新成員。

雖然你很難籠統歸納出有什麼方法可以建立一個績效良好的團隊，我還是相信必須從徹底了解你的團隊成員，以及有待完成的工作任務開始。你需要將每位成員的個別屬性拿來和團隊的使命、任務，以及目標做比較（我是我的／我的型，還是什麼型？）。

　　為員工和團隊進行語言行為量表，再拿分析結果與目標任務做比較，找出有待改善之處和團隊有待精進的地方。對於這部分，你需要靠一點選項型的思考，因為這世上沒有一套按部就班的程序可以四海通用。

註 1：《管理人才的語言力量》免費線上訓練課程：bit.ly/WTCM4Managing People。

第 30 章

協商和談判

我在汽車零件產業的一位企業客戶曾面臨可能罷工的問題。當時他們和工會⋯⋯也就是全美汽車工人聯合會（United Auto Workers，簡稱 UAW）的關係當時惡化，所以他們很擔心，想找到方法來避免罷工。

談判小組認為或許可以跟工會代表達成協議。但問題是工會的談判代表和工會成員之間因為文化、種族，以及社會階級的差異而互不信任。他們得找到一個也能跟工會會員直接對話的策略。而這就是我教他們怎麼做的地方。

我利用語言行為量表協商策略（Lab Profile® Strategies for Negotiations）來訓練他們。這種訓練很難，每天上完課，他們都筋疲力竭，滿身大汗。但他們學會的語言不僅能直接跟工會的協商者對話，也能間接地把訊息穿透到會員那裡。

接下來發生的事情非常有趣。我的客戶果然能跟工會代表達成協議，但是遇上工會會員，一切又被否決。

奇怪的是，兩天後，幾名工會會員決定退讓，他們考慮過後，做下決定，認定這個交易不錯，於是鼓吹重新投票。結果會員們不僅一致通過這場交易，甚至破天荒地簽了效期長達五年的協定。而在那之前，只有簽過一或兩年的協定而已。這是他們首度拿到一份五年協定，因為大家都明白這真的是一筆不錯的交易。

該公司的談判團隊事後告訴我，他們本來以為無法避免罷工。但這套策略發揮了效果，每個人都明白這是一筆絕佳的交易。他們很高興他們和工會成員的關係獲得了大幅的改善。

雖然語言行為量表本身不是協商談判的依循標準，但可以利

用它了解各方的需求和溝通風格，讓對方更容易接受你的提案方法。

儘管這可能有點以偏概全，但有些團體或單位的文化的確可用語言行為量表的術語加以說明。譬如，工會的談判單位通常是以下型態的組合：被動反應型、遠離型、內在型、程序型、千篇一律型和持續型。有這些型態組合的人碰到資方主動出招時，其反應都是先（從他們的觀點）找出裡頭的錯誤，再根據他們的要求標準做決定，堅持一絲不苟地照程序來，如果有任何條件和要求被資方更動，就會大聲抗議。

他們要求所有員工都有一樣待遇，因此只要出現績效獎金（差別型）這類制度，便會抗爭。公平是在這個背景下最常聽聞到的字眼。它是千篇一律型的字眼。公平通常代表每個人的待遇都一樣。

因此，要和有以上型態組合的代表進行談判時，我建議你可以從幫忙勞工預防問題或解決問題的角度提出說明。由於他們可能是內在型，所以你可以請他們先想清楚那些方法徹底失敗的例子，別提出任何選項，千萬別說「要避免任何不公的待遇，正確的方法應該是……」

記住，如果你是和一群持續型的人談判，不管是親自拜訪、打電話，還是寫信，每次都得重新建立關係和可信度。我曾幫忙一名新任總經理客觀審視持續型。當時他正帶領他的公司扭轉劣勢，而這一切都得從積陋已久的不良勞資關係開始。我告訴他：「若想說服勞工你的目的是要讓公司和員工一起茁壯成長，就得多次證明你對這件事很有信心。但只要在他們面前搞砸一次，以前建立的形象便會毀於一旦」（持續型）。

我對工會談判代表的建議是，你的提案一定要從朝向型和內在型的角度出發，列出對資方有利的具體好處。資方通常能夠明白那些朝目標快速前進的提案，而且較願意採納。此外，資方的文化可能比較傾向於選項型，不願意被綁手綁腳地按既定程序走，譬如集體共識之類。

關鍵在於充分準備

要為協商談判做好準備，最好花點時間從語言行為量表的角度分析對手。如果你們還沒見面，無法透過電話聯絡先行接觸，可以查看對方來函的書面內容，從中找出類似某些型態的影響性語言。

或者也可以在第一次碰面時，試著提出語言行為量表裡的一些問題。譬如，「為什麼這麼重視這一點？」或者「你怎麼判定這場協商成不成功？」

協商談判時，我通常會先假設對手在這個背景下屬於內在型，除非有證據顯示完全相反。這種假設可以讓我在對手面前不會太失禮，創造出一種雙方觀點都受到尊重的氛圍。

有時候你會發現對手在協商談判背景下屬於內在型，但一遇到她或他的支持者又變成外在型。在這種情況下，你必須同時使用兩種影響性語言，但要用對背景。「如果你的支持者同意這一點，剩下的就靠你自己判斷了。」又或者「你費了這麼多心思研究，等你做出正確決定，你的支持者一定會很感激你為他們所做的一切。」又或者「你認為它的影響會是什麼？」

也要注意選項型和程序型的變化。例如銷售，有些人在進入程序模式並談論「下一步」時，會表示他們已經準備好對某個項目下結論。你可以透過詢問是否準備好進行下一步，來測試他是否準備繼續前進。但不要太頻繁地強迫對方，否則你可能會讓對方感到被排擠，然後對你的建議更加抗拒。

要在協商談判的情境下使用語言行為量表，關鍵在於你得在準備期間，先研究清楚對手（或者客戶）的主要型態。你的研判結果將告訴你如何提案，或如何與對方討論重要議題。

第 31 章

了解你的市場，與它對話

市場調查

有一家共同基金公司遭遇了以下問題：他們正在從他們在電視的投資諮詢節目來開拓具有高價值的新客源，但是他們不滿意他們的成交率。

他們的高價值性潛在客戶，也就是擁有兩百萬美元以上投資資本的客戶，會看這個由執行長親自接聽聽眾來電的直播節目，解答聽眾們對投資事宜的問題。潛在客戶看了這個節目好幾個月之後，就會打電話進來詢問怎麼投資這家公司。但因為公司裡頭沒有正式的銷售流程，所以客戶可能會因為過程中找不到方法就放棄了，白白錯失了銷售的機會。

因此他們聘用我，希望我能助上一臂之力。於是我展開語言行為量表市場調查，訪談潛在客戶，其中包括曾致電公司，最後「同意」投資的潛在客戶，以及最後「沒有同意」的潛在客戶。從這些訪談中，我幫每一組受訪者找到了關鍵的語言行為量表動力觸媒™（Motivation Trigger™）。再利用這些資訊設計出一套銷售流程，並提供一系列的關鍵字，供他們在網站和電視節目裡使用。於是他們沿用至今，時間長達十五年。

結果他們的成交率提升百分之五十。也因為這樣，執行長決定親自過來找我上課，因為他想知道究竟是什麼樣的改變實際……造成了改變。他登記了為期十天的語言行為量表顧問／專業講師證照課程，但是他不保證自己一定能上完所有課程（即便已經付清學費）。每天結束時，我們都很好奇他明天會不會回來。沒想到他最後上滿十天的課，因為他真的很想學會它。

你可以利用語言行為量表進行市場調查,方法簡單又不昂貴。只要打電話給你的樣本團體,便可辦到。但你需要先視背景調整問題:是牙膏?鐵路運輸?買車?還是什麼?做完量表之後,可能會發現只有幾個類別和你的產品或服務有關聯。然後你就可以利用準顧客會聽進去的影響性語言,去設計你的廣告或推銷手法。

如果你的產品能夠滿足的對象並非你現在瞄準的族群,你可以改變其中一些語言和影像。

此外,你也可以利用語言行為量表去重新詮釋以前做過的研究調查。拿某軟體產品為例,該市場裡的創新者和早期採用者這個族群很符合語言行為量表裡的差別型。中期和晚期採用者(mid and late adopters)則和千篇一律中有例外型的人一樣,擁有相同的比例分布和行為。

將你的研究調查轉換成語言行為量表裡的術語,它的好處是你可以知道有哪些影響性語言能有效運用在你的行銷活動和推銷文宣上。

一家曾幫中風病人生產新藥的製藥公司,請我幫忙檢討他們以前做過、但並不滿意的市場調查。他們要我拿當年那家研究調查公司針對急診室醫生和神經科醫師所做的訪談原始稿來進行語言行為量表分析。當時醫師們被問到他們診斷病人的方法,因為製藥公司想要知道該如何促銷和標示它的藥物,以及提供用藥說明。不幸的是,我必須捨棄一部分的原稿,因為當時的訪問者並不知道自己的語言行為量表偏好度會如何造成某些問題和答案的偏差。

我從僅餘的原稿裡找到了急診室醫師和神經科醫師這兩者在診斷方法上的差異。急診室醫師的診斷方法很程序型,至於神經科醫師則往往偏向選項型。於是我建議這家製藥公司在產品上可以採用兩種不同的標示方式,因為這兩種醫師的診斷方法並不同。但這個藥最終沒有被核准使用。

找到你的「理想顧客」

　　行銷人員必須了解自己的目標市場（做事型）和理想的顧客（做人型）。此外，若能了解他們典型的語言行為量表型態，便可以進行檢測，很快改善你對潛在客戶的開發成效。我曾研擬出一套線上訓練課程，可以具體協助業務和行銷專業人士鎖住目標。[1]

　　第一，先界定理想顧客的人口特徵、價值觀和行為。（對我來說，理想的顧客要有錢買你的產品／服務，喜歡你為他們提供的服務／可以得到很高的個人價值，而且很清楚這一點，並且會對親朋好友好康道相報，尤其是透過社交媒體。）然後，查看他們行為和價值觀（要求標準），推估出他們的語言行為量表型態。你可以靠線上廣告來進行推估和檢測作業，看看哪一種語言能以最低成本達到最佳效果。

　　我曾利用這些要求標準協助過英屬哥倫比亞省（British Columbia）的一家激流泛舟公司找到他們的理想客戶：

　　年紀四十歲以上，中高收入，家裡有十歲以上的孩子，喜歡大自然、冒險和戶外活動，正在英屬哥倫比亞省展開公路旅行。他們主要的語言行為量表驅動因子可能是：以主動出擊型為主、以朝向型為主、以內在型為主、差別型，和以做人型為主。（他們也可能是從遠離型變成朝向型：想遠離每天一成不變的生活，也許想避開危險，朝某種冒險勇往直前）這樣的認知，可以協助你寫出好的廣告文案和品牌理念等。「逃離每天的一成不變，到大自然冒險」這句話怎麼樣？（沒錯，是需要再修一下！）

　　我和語言行為量表開發者羅傑・貝利曾為某大軟體公司提供諮詢，後者想分析他們的平面廣告（包括媒體和傳單），找出哪些人會看到這些廣告，同時測試廣告的訊息有否一致。我們特別專注在兩個元素上：整體的視覺觀感（這是最先吸引目光的地方）以及廣告內容（以文字為主）。

　　我們檢驗了諸多廣告，結果發現在十四種類別裡出現了九

種。下列是我們的摘要：

- **程度**（主動出擊型—被動反應型）：這些廣告能符合工作職場裡一般大眾的標準型態。
- **方向**（朝向型—遠離型）：這些廣告偏向朝向型。
- **來源**（內在型—外在型）：這些廣告主要吸引內在型的觀眾，不過這個型態不像其他類別的型態那麼明顯。
- **理由**（選項型—程序型）：這些廣告既有選項型，也有程序型。
- **決策因素**（千篇一律型；雷同中帶有例外；中間型；差別型）：雖然這些廣告顯示出正常的比例分布（偏雷同中帶有例外），但廣告的視覺部分比內文更偏向差別型。意思是屬於高度差別型的人，第一眼會被廣告吸引，但在內文裡卻找不到他們尋找的東西。
- **範圍**（全面型—具體型）：雖然正常的比例分布是傾向全面型，但這些廣告涵括較多的具體型資料。我們和客戶都覺得具體型之所以偏高，其實與軟體的企業買主型態相當吻合。
- **風格**（獨立型—親近型—合作型）：廣告反映出親近型和獨立型這兩個區塊。我們認為這可以用來確定客戶的市場，是不是照著這個方向打造。
- **組織**（做人型—做事型）：廣告有強烈的做事型導向，這個型態對這個背景來說可能很適合。
- **說服者管道**（聽、看、讀、做）：傳單的部分，視覺部分以做為主，至於內文則以看和讀為主。但問題還是一樣：讀者在內文裡找不到一開始吸引他的東西。

　　有了這個分析以及目標觀眾的分析之後，我們的客戶才能確定他們的廣告和傳單有否被目標觀眾群看到。然後，再利用八百通資訊熱線所蒐集到的資料，測試某些型態的人是否會對這些廣

告有所回應。

此外，我們也為客戶證明了一件驚人的事實。我將廣告分成兩疊，並說明其中一疊是其中一個人寫的，另一疊是另一個人寫的。廣告公司廣告總監也證實確認我們的判別。我們證明了文案寫手的型態屬性，比有無能力抓住某類觀眾，更能影響文案的內容。

本來我們想與他們進一步合作，根據語言行為量表重新詮釋過的市場調查，為每個產品找出更有效的影響性語言。

但可惜我們的客戶是一個在工作職場上屬於高度選項型和差別型的人，他決定離開行銷總監的職務，轉任公司裡另一個要職。而現在的他，也已經到別座城市的競爭對手那裡工作了。

網路線上

在線上銷售和行銷裡，整個地景一直在改變，因為平臺會為了展示內容和廣告給人們看而不斷調整它們的演算法，或者多年來行之有效的流程突然造成某特定目標市場很不舒服或者突然不再感興趣。所以你需要這方面的專家，他們必須不斷實驗，才能改善轉化率和銷售量。而在這樣一個不停膨脹和震盪的環境裡，語言行為量表可以幫上什麼忙呢？

你必須認識你的目標觀眾，不只知道他們的故事、處境、需求和欲望，也要跟他們打造出一種信任的關係，才能滿足他們的需求。無論目前的線上銷售方法是什麼，針對這些人及他們的處境和決策流程進行語言行為量表分析，都會有很大的幫助。

當年我們在研究和開發進階級商業影響力課程[2]的時候，才知道我們的目標市場之一——新來的經理人——在決定是否上這個課程時，呈現出來的可能都是以主動出擊型為主和以內在型為主。他們是決定上課與否的關鍵人士，不需要別人准許。但如果是新來的經理，在這樣的工作背景下，就可能綜合了做人型和外

在型，因為他們沒還培養出資深經理的自信和技術，對別人的說法和做法都很在意。而這個課程的另一個目標市場，是比較資深的經理人或總監，我們都知道這類經理人在工作上可能會比較內在型和有一點偏做事型。我們的第三個目標市場鎖定的是組織，所以我們也先用語言行為量表的術語來分析組織的典型文化。這些分析能幫助我們打造出素材、郵件、廣告、著陸頁和銷售流程，並測試效果。

　　成功的線上活動需要潛在顧客有意願進入一種會帶給他們動力完成的程序裡。就算你吸引到選項型客戶，他們也還是需要「走到下個階段」去完成購買。這裡正是時程型和例證次數型發揮作用的地方。你的潛在客戶需要多少次的例證（或多久時間）才能從你或你的點子那裡獲取價值，知道自己需要你的產品或服務？很多人會發布影片或活動消息，希望在網路上快速傳播開來，得到很多關注。我曾針對網路上走紅的影片做過分析，注意到裡頭通常都有一個跟人有關的故事。所以要在網路上成功傳播，用語言行為量表的術語來說，就是故事必須是程序型也是做人型。故事當然必須是程序型（因為故事都有開頭、中間的經過和結尾），但是人也必須被關懷到，所以做人型這個要素很重要！

註 1：銷售和行銷專用的語言力量（Words That Change Minds for Sales and Marketing），免費線上訓練：bit.ly/WTCH4SalesMarketing。
註 2：進階級商業影響力課程：bit.ly/AdvancedBusinessInfluence。

第 32 章

教育與學習

　　我無意在這個單元裡批評公立學校的教育方式，而是想提出一些反思。

　　為什麼教育課程會設計成現在這個樣子？通常是因為設計者認為自己已經找到該課程的最佳學習方法。而他們的設計方式，對於他們想教導的那些多數學生來說往往是對的，但對少數學生而言並不然。

　　我要探討的是這些少數學生，因為既定的學習模式不適合他們，所以很可能被退學。我曾經就如何降低初中生的退學率這個問題，與幾名教育專家一起做過研究，商討有什麼對策可以保持孩子們在學期間的學習興趣。

　　我對小學或初中老師的建議是，先找出對課業活動不感興趣的學生，再為他們進行分析，找出能引發和維持他們學習動力的東西。一旦查出當事者的動力型態，便可配合他們的需求調整教學活動，充分利用現有的資源和方法，必要時，另行自創。你會發現那些原本很難教的學生，參與度和成績都有了長足的進步。

　　譬如，選項型學生可能難以遵循既有的學習程序和方法，於是在課堂內感到挫折或者很愛搞亂。如果給這些學生更多選擇和可能去開發自己的學習方法，就有可能保有學習動力，願意專心在課業上。至於程序型學生可能不太懂得怎麼做一份開放性作業，他們寧願有程序可循。不管哪一種，你都得利用符合學生型態的影響性語言。「想出各種可能方法！」（選項型）；「這是一開始的第一步。」（程序型）。

　　此外，你也可以設計或利用各種教學活動，鼓勵語言行為量

表裡各種類別的靈活運用——既能遵循和完成程序，也能開發選項。

　　要內在型學生保持學習動力，必須要他們自己下定決心，你可以要求他們評鑑自己的成果。當你向他們提出建議時，可能得利用以下說法：「你可能想考慮一下……」或「我可以給你一個建議供你參考嗎？」外在型學生則需要很多意見回饋，來告訴他們表現如何。若要同時鼓勵內在型和外在型學生的學習發展，可以在教學活動上提供一個平衡點：有自我評鑑（內在型），也有外來的評量（外在型）。只要觀察學生對作業的反應，便能觀察出哪些型態對誰最有效果。

　　一個人有沒有能力充分發揮所學，必須看他們對所學知識精通與否的自信程度。不過，當事者的說服者型態必須先被滿足，才有可能信心滿滿地充分利用所學到的素材或從事活動。

　　假如有個孩子對於某技能的學習必須重複六到七次，才能說服自己已經完全精通，課堂裡自然不可能提供他充分的練習機會。因此我對老師的建議是，如果你注意到某個孩子不確定自己是不是已經學會，你可以試著採用說服者管道和模式的提問方式。「你怎麼知道某人的加法很厲害？」「你要看他們算對幾次（或者聽見他們答對幾次，或者跟他們一起計算過幾次）才能被說服他們的加法很厲害？」再根據他們所需的次數和時間來指定作業。如果學生的說服者模式是持續型的（永遠無法被完全說服），你會發現她這次知道自己會，下一次又不確定了。於是，你得提醒她上次表現得很好，而她還是同樣的她。

　　如果是在學校的背景下，語言行為量表在兩方面會很管用。第一，如果有學生在一些很受歡迎的課程裡表現並不好，你可以利用它來找出問題，再因材施教地做出一套計畫。第二，它可以協助教師了解自己下意識裡正在自以為是地鼓勵或阻攔哪些型態。

成年學習者

　　學習本身是一種背景。要學習某件事，得靠自己吸收和學會新的資訊。但是要充分發揮所學，需要的是完全不同的行為方式。或許你可以這樣歸納，整個過程就是一系列的背景串連：在外在型背景裡學習新事物，在內在型背景裡評鑑學習成果，在內在型和外在型的背景裡充分發揮所學和確定學習成果。

　　想要學習新事物，當事者必須處在外在型的模式裡。因為，如果仍留在內在型模式裡，新的資訊一定會和當事者原有的要求標準相牴觸，於是有礙新資訊的吸收。許多成人進修教育課程，都會要求學員先把以前所學暫擱一旁，才有辦法吸收和包容新的思考方式。他們被要求等學會和精通新知識之後，再搬出以前的思考模式來批判。不過，依我的個人經驗，我進修的時候，並不喜歡被告知必須先把以前所學和經驗擱在一旁，尤其如果那門課得花很久時間上完和學會其中知識。

　　你可能想利用溫和一點的方法，協助學生在學習層面上轉變成外在型。先建立自己的可信度，讓學生在面對你的時候，變成外在型。這種可信度對成人學習者來說尤其重要，而這是任何一名企業講師會給你的建議。

解決注意力不集中的問題

　　有太多東西會害我們分神，可以集中注意力的時間似乎愈來愈短。如今對效率的要求前有未見的高，很多人必須在短短幾秒間回應簡訊和應用程式，因此經常性地處在壓力下，感覺無力招架。再加上大家已經愈來愈習慣少量資訊、短推文、在奈秒之間左右或上下滑動圖片，以至於冗長的文章（譬如這一篇）對很多人來說都難以接受，這也使得新技能和新資訊的學習、整合、運用，以及牢記變得更有挑戰性。

　　而解決的辦法必須得配合人們從事活動的方式，否則他們會

對學習推三阻四,因為覺得太耗力氣。線上學習之所以中途退出率很高,就是因為大家對那個主題或形式無感到缺乏動力,再不然就是自覺沒有時間或者沒把學習時間排進自己的行事曆裡,抑或就算中途退出也不用自負後果,又或者他們覺得這種學習很無聊,諸如此類等。

這也是為什麼要開發微型學習的格式和高度互動性的遊戲化學習。設計得宜,這些格式就能發揮作用,而部分原因是它們能夠滿足數種語言行為量表型態的需求。為了吸引人們的興趣,並持續保持興趣,學習的劑量必須短小,但仍然得把人們帶進程序型裡,這樣一來,學習者才有動力將它完成。用故事把學習者引進程序型裡,是個絕佳的方法。(故事有開頭、中間的經過和結尾……猶如一種程序。)故事是程序型和做人型的綜合體。但其實不管什麼方法,只要能讓學習者投入任何有趣的程序裡,都是好方法。

此外,也需要有新穎這個元素(差異型)來保持人們的專注。移動是創造差異型的一種方法,因為移動不是靜止的(千篇一律型)。當人們都開始在手機上學習新事物時,這一點這就變得尤其重要,因為手機螢幕跟手機四周正在移動的物件比起來小很多。也因為我們談的是學習,所以對學習者的表現提供意見反饋是很重要的(外在型),這就跟很多人點閱和很多人按讚一樣會帶給我們很多的多巴胺[1]一樣。

正是基於這些理由,我才利用微型訓練的格式打造出幾個課程。時間都很短,有很有趣的遊戲(也有嚴肅的內容),會提供意見反饋且內容新穎。這套進階級商業影響力課程[2]是專為想要提升影響力的女性領導人和經理人所設計,不用再特地請假上課學習。銷售專用語言行為量表(Lab Profile® for Sales)數位版訓練課程[3]則能讓專業營銷人員學習到可直接運用在工作上的語言行為量表技術。這些課程會把人際互動和私下交往的技巧,跟極為有趣但實用的短資訊數位流加以融合,強調讓學習者不管是處在

什麼狀態下，都能在生活中活用。

　　但是，因為我們跟科技打交道的方式一直在不斷演化，學習的形式和方法也必須跟著演化。

註 1：Molly Soat 所著的 Social Media Triggers a Dopamine High: bit.ly/
　　　MarketingsEthicalLine，以及 Trevor Haynes 所著的 Dopamine,
　　　Smartphones & You: A battle for your time: bit.ly/ABattleForYour
　　　Time, May 1, 2018。
註 2：欲知更多有關進階級商業影響力課程，請參考影響力學院：bit.ly/
　　　AdvancedBusinessInfluence。
註 3：欲知更多有關銷售專用語言行為量表的微型訓練格式或者想試聽課
　　　程，請參考：bit.ly/SalesTrainerPlatform。

第 33 章

預設性檔案分析

預設值是指你電腦裡的標準設定，是電腦預先設定好的內容，除非你給它相反的指令。最近我突然想到，你也可以利用語言行為量表所提供的型態，去假設一些無法預先研究的人與事。有哪些型態可以先假設？除非你有反證。

譬如，當我向一群陌生人簡報時，先假設這群人可能屬於以下型態或許會很管用：

- 在我面前是**內在型**：他們每個人都在納悶「這女的到底是誰？她憑什麼認為她可以傳授我們寶貴的知識？」
- 聽我的簡報內容時，變成**遠離型**：他們會注意我哪裡出了糗；哪些言論不當；哪些例證與他們無關。
- **持續型**：如果我說了或做了他們認同的事，他們會喜歡我，但要是我的表現不如預期，他們會不喜歡我。

乍看之下，這些假設雖然看似負面，卻能協助我做好充分準備。因為，如果我假設這群人是內在型（至少一開始的時候），便會在簡報之初先做兩件事：設法建立我的可信度，還有使出內在型的影響性語言。「我要介紹一些資訊，你們可以考慮套用在工作上，拿它和自己的經驗做比較，再決定看法。」

然後，我會使用遠離型的建言：「你們比我更清楚自己的工作環境，現在有個機會可以將這些觀念套用在你們的環境裡。我相信你們會察覺到哪些地方很適合，哪些不然。」至於如何處理持續型，我的方式是不時觀察聽眾，看看有誰表現出不認同、困

惑和疑慮的神情或姿態。我會使用內部型的影響性語言，避免做明確的陳述，並請神情疑慮的聽眾告訴我他們的想法是什麼，再加以回應。欲了解面對疑慮的聽眾完整的四部公式，請查看我的MP3《向疑慮的聽眾陳述想法》。[1]

　　一旦清楚每種型態的相關行為，便能為許多情境做預設性行為分析。除非你有反證，否則一定可以找出哪些型態可以做安全的假設。我之所以特意使用「安全」這個字眼，是因為要是你無意中假設了相反的型態，可能反倒讓自己陷入麻煩中。

　　舉例來說，你可能假設（在沒有察覺的情況下）你的簡報對象在你面前是外在型，畢竟是他們聘用了你。於是你做簡報時，可能忘了先建立可信度，因為你認為他們相信你說的每一句話，結果你卻可能被這群人的其中一位窮追猛打某個基本議題。

　　阿魯娜是我的學生，也是我的客戶，有一次她必須幫她的公司做一場發表會，地點是在一個擠滿人的大型露天劇場裡，她得站在聚光燈底下，抬頭仰望大多隱身在黑暗裡的成排觀眾。就在她準備發表談話時，一名坐在最上排、她根本看不太清楚對方是誰的男子突然放聲大喊：「嘿，阿魯娜，你跟二十年前一樣漂亮欸。」全場想當然耳地哄堂大笑。而且不只這樣，由於現場觀眾都在同一家公司工作，所以他們可能會想：「哇！這兩人二十年前是不是有過一段？」「他為什麼這樣說？」「他上過她嗎？」「他們以前是什麼關係？」觀眾腦袋裡想的絕對不是阿魯娜準備開講的主題。

　　在嬉笑間被人虧過的女性很多都是既震驚又尷尬，最後也只能乾笑帶過，畢竟其他人也都在笑。但這是不對的！現在大家都分心了，她很可能因為沒把這個局面處理好而喪失自己的可信度。這就好像是有個小丑從她腳下猛地抽走地毯，害她四腳朝天地跌在地上。有些人甚至可能為她感到不值。但是，阿魯娜不是省油的燈。她當我的學生已經很多年，怎麼可能掉進這種陷阱裡。她很清楚當別人丟出「香蕉皮」，想害你跌得很慘時，你該

怎麼做。

她照著我教她的「香蕉皮」處置方式毫不客氣地以眼還眼。她實在太聰明了！阿魯娜當場就回嗆：「是哦，彼得，只可惜你不再像二十年前那麼帥。」全場再度哄堂大笑，她也重新建立起自己的可信度，隨即做了一場很棒的發表會。事後她告訴我：「要不是我知道怎麼回應那個被丟來的香蕉皮，搞不好我就掉進那種只會乾笑和失去可信度的陷阱裡。」

表明你的主張意思是，建立你的可信度並拿出可支持你論點的資訊，才能跟你的內在型和遠離型受眾對話。

如果是業務推銷，你也可以先為你的顧客和潛在顧客做預設性的行為分析。比如你是一名電腦顧問，先假設多數顧客在你面前是外在型，這樣比較保險。他們是因為你的專業才找上門，如果你請教他們對最佳對策有什麼看法，他們恐怕會跑掉。

某大型製藥公司的行銷團隊要向業務代表簡報每季的行銷策略，我們特地為業務代表及終端顧客（醫師們）做了預設性分析。行銷團隊覺得業務代表在做現場推銷時，會出現以下型態：

偏主動出擊型；**朝向型**（專注於推銷）；**外在型**（在醫師面前）；**程序型**；**以及千篇一律中有例外的型態**。

他們也認為業務代表在面對總部和行銷團隊時，會顯現出不同型態：**偏主動出擊型**；**遠離型**（挑剔行銷策略）；**程序型**；**和千篇一律中有例外的型態**（別老是全盤更改我們的計畫）。

基於這樣的分析結果，行銷團隊列出了簡報時可用的影響性語言，以及該避免的語言。此外，為了顧及業務代表的兩種不同型態（在兩種不同背景下）以及顧客（醫師）的型態，他們也重新設計了策略。

如果你是治療師或顧問，你可以假設客戶上門尋求協助時，都有遠離型的動機。因此，在你的宣傳素材裡或者和他們合作時，可以考慮使用遠離型的影響性語言。「你確定你已經受夠了這個問題，想要一次徹底解決。」

預設性行為分析是**一般化**的標準例子。但如果你自己會小心這裡頭的可能特例，視情況調整，這一招便會很管用。

第 34 章

語言行為量表裡的各種發明和工具

自從開發了語言行為量表後，就又陸續開發出幾個更有趣的工具、應用程式和軟體。

✱ 以語言行為量表為基礎的線上自動化問卷（LAB Profile®-Based, Automated Questionnaires Online）

這是我最新開發出來的工具！請上 bit.ly/TheLabProfile 免費查出你在工作上的語言行為量表。如果你想自動做出很多量表，不用逐一訪談每個人，我這裡有三種語言行為量表線上問卷，可用在大群團體身上。

iWAM

bit.ly/iWaAMQuestionnaire

全名是**工作態度和動力清單**（Inventory for Work Attitude & Motivation）的 iWAM 是一套問卷，可用在與工作相關的活動上，譬如人才招募、輔導和培訓，它是以後設程式作為基礎，就像是一種認知思維風格的模式（會衡量和說明四十八種參數）。**iWAM 管理報告**（iWAM Management Report）可以找出一個人在工作背景下的動機和態度偏好，並預測這個人在不同的工作類型下……譬如行政、客服或管理工作……會有什麼樣的行為表現。**iWAM 態度分類**（iWAM Attitude Sorter）可以預測主要的動機偏好和有待開發的區域。問卷可以在網路上填寫，也可以進行紙

筆測驗。iWAM 目前有十五種以上語言可以選用。測驗時間得花二十五到四十五分鐘。請上我們的**市場調查**頁面了解這個測驗的背景以及這些產品背後一絲不苟的研究基礎。

✱ 身分羅盤

bit.ly/IdentityCompassTool

身分羅盤（Identity-Compass®）是很創新的一種人才遴選工具，利用的是「思考架構」清單。它會記錄人們在平常的工作情境下所呈現的思考和決策方式。它會告訴你員工的動力何在，價值觀是什麼，以及他們的事業目標。身分羅盤會清楚指出在哪種情境下，哪種員工的表現可能會最好，以及用什麼方法才會有最大的改善成效。目前這種工具可適用十九種語言。

✱ 心智聲納

bit.ly/MindSonar

心智聲納（MindSonar）是一套以網路作為基礎的心理學系統，可用來衡量 NLP 後設程式（思維方式）和要求標準（你重視的事情）。後設程式是人們思考方式的構建元素，會直接影響你在既定情境下的行為表現和情緒反應。

✱ 雪兒・羅斯・夏爾凡的 Libretta® 軟體

bit.ly/weongozi

Libretta® 是一種會自動偵測語言行為量表型態的工具，還能幫忙評估你在的溝通時有無配合對方的型態。此外，它也會收集跟群體的動力來源有關的語言行為量表大數據，譬如大批的顧客、軟體用戶。

靠一流的計算機語言學科學家所開發出來的 Libretta® 擁有兩個美國專利，它可以科學化地從文字裡測出型態。它是一種軟體，能夠被嵌進任何地方，讀取無以數計的數據流。目前它可以外掛進電子郵件信箱 Outlook365，MAC 和 Windows 皆可。

Libretta®應用程式

1. 補充全新的大數據分析工具,查出顧客群的動力來源

如果你想提供別人都抓不到的全新資訊,這將是個理想的分析平臺。Libretta®會針對每個顧客或每群顧客來明確指出關鍵性的動力型態,並確保你的出站訊息使用的是正確的語言類型,以利吸引人們的注意,建立關係。

2. 增加你的出站行銷回應率

找出會驅動受眾的主要動力型態。Libretta®可以檢測你的文字,以確保文字語言吻合顧客的購買流程。

3. 利用線上廣告來觸及形形色色的受眾

從此不再流失感興趣的客戶的點閱量,在線上和手機廣告上同時利用數種動力型態來提高點閱率,確保不漏失任何一個人。

4. 優化點閱率和轉化率

量身訂做手機廣告和線上廣告,讓你的廣告完全吻合每位顧客的主要動力型態。

5. 找出你員工的問題

不必再靠問卷。我們的 Libretta®企業文化和氛圍分析(Libretta®Corporate Culture and Mood Analytics)能夠讓你利用電郵專用的 Libretta® 來找出整個組織的動力型態。你可以每個月使用一次,藉此評量企業文化和氛圍是如何受到各種活動或事件的影響。

6. 教員工策略性地運用電子郵件,從此不再犯錯

我們的**電郵專用 Libretta®**(Libretta®for Email)能讓每位員工查出寄件者的動力來源,因此能更有技巧回信對方,並在寄出之前幫忙評估回函內容的適當性,避免不慎使用到與對方不合的語言!欲知更多有關 Libretta® 的資訊,請上 bit.ly/weongozi,親自試用。

* 雪兒・羅斯・夏爾凡的手機應用程式老公動力

Bit.ly/HusbandMotivatorAPP

可用於蘋果系統（iOS）和安卓系統（Android）。

● 警世玩笑！

「你有試著用性和食物來說服你老公，
但他還是不肯就範的經驗嗎？」

我當然試過。開玩笑的啦。不過，如果你有我的老公動力應用程式，就不需要靠那幾招了。

誠如你所知，一個人的語言行為量表型態是可以隨著背景而改變。所以這個應用程式會要求你先從七種背景……作業活動、家務事、親密關係、家人、工作／事業、健康和財務……裡頭挑出一種。每個背景都有幾個子背景可供選擇，所以你一定找得到你想激發對方動力的背景主題。老公動力可以重複運用在不同背景下。

我知道你在想什麼。「那有老婆動力應用程式嗎？或者老闆動力、顧客動力、青少年動力，諸如此類。」我們正在努力研究中。

－ 第五部 －

附錄

第 35 章

摘要和一些實用資料

在這個單元裡，你會找到：

- 語言行為量表的型態摘要和比例分布數字，供你納入報告，呈交他人。
- 有助於你構思言語或撰寫文字的影響性語言摘要。
- 研究摘要及其他參考文獻。
- 資源、工具、精熟學習法等。
- 為人們進行行為分析時所需用的語言行為量表工作表單。

希望使用本書的你跟我一樣玩得開心

第 36 章

語言行為量表的型態摘要

動力特質

如何激起別人的興趣，或者反過來說，什麼會讓他失去興趣。以下每種型態都是以極端方式進行描述。

* **程度**：這個人會主動行事，還是被動等待別人先行動？
  主動出擊型：在行動上不多做考慮，想做就做。
  被動反應應型：行動前會先等候、分析、考慮，然後再反應。

* **要求標準**：這些字眼是指在某特定背景下，一個人對所謂優質、正當性和得體性的認知。它們會引起正面的生理和情緒反應。

* **方向**：這個人的動力能量是放在目標上，還是有待處理或避開的問題上。
  朝向型：這類型的人會積極地實現或取得目標。他們不太會找出問題，他們擅長管理事物的優先順序。
  遠離型：他們會把焦點放在可能出錯或即將出錯的地方，會積極解決問題，但不太懂得將重心擺在目標上。

* **來源**：這個人會被外面的評價影響嗎？還是自有定見？

  內在型：他們是根據自己的標準和看法做出決定。

  外在型：他們需要外面的意見回饋告訴他們表現如何。

* **理由**：這個人會不斷尋找其他方法嗎？還是寧願照著既定的程序走？

  選項型：他們會忍不住去研發和創造程序或系統，但不太會照既定的程序走。

  程序型：他們寧願照既定的方法做，如果沒有程序可循，便會卡住。

* **決策因素**：這個人對變革的反應如何？他們需要什麼樣的變革頻率？

  千篇一律型：他們希望世界永遠不變，每十五年到二十五年，才願意接受改變。

  千篇一律中有例外：他們希望事情可以在時間的推移下慢慢演變。他們每五到七年才願意接受一次重大的改變。

  差別型：他們希望經常改變，而且是大幅改變，每一到兩年就經歷一次重大的改變。

  千篇一律中有例外和差別：他們喜歡慢慢演變也喜歡全面改革。平均每三年就可以經歷一次重大改變。

作業特質

一般人對資訊的處理方式；什麼類型的任務或什麼樣的環境會最有生產力？他們如何做出決策？

＊ **範圍：**這個人可以處理的範圍有多大？

具體型：細節和順序。他們不太能看到全貌。

全面型：縱觀、全貌。只能短期處理細節。

＊ **注意力方向：**這個人會注意別人的非口語行為嗎？還是只在乎自己的經驗感受？

自我型：只注意自己的經驗感受，不會注意到別人的行為或聲音語調。

他人型：對非口語行為會不假思索地做出回應。

＊ **壓力反應：**這個人如何回應工作環境裡的正常壓力。

感覺型：遇到正常壓力就會出現情緒反應，陷於情緒裡。不適合從事壓力大的工作。

選擇型：可以自主進出情緒。有同理心。

思考型：遇到正常壓力時，不會有情緒波動。不容易建立關係，也不會有同理心。

＊ **風格：**這個人在什麼樣的工作環境下會有最好的表現？

獨立型：獨自承擔責任時。

親近型：要有自己的責任領域，身旁有人參與。

合作型：在團隊裡與大家一起合作，分攤責任。

＊ **組織：**這個人比較著重思緒和感受？還是任務、點子、系統或工具？

做人型：專注在感受和思緒上，將它們視為自己的任務。

做事型：專注在任務、系統、點子和工具上，完成工作是最重要的事。

* **規範結構：** 這個人會為自己還是為別人訂下規範？

  我的／我的型： 我給自己的規範，我給你的規範，能夠告訴別人他們的期許是什麼。

  我的／句點型： 我給自己的規範，我不在乎你。

  沒有／我的型： 不知道我的規範是什麼，我給你的規範。中階管理階層的標準型態。

  我的／你的型： 我給我的規範，你給你的規範。會猶豫不定，不知道如何告訴別人該怎麼做。

* **說服者管道：** 這個人需要什麼樣的資訊才會被說服？

  看： 看見證據。

  聽： 聽到口頭簡報或者親耳聽見某件事。

  讀： 讀到報告。

  做： 親自去做某件事。

* **說服者模式：** 必須如何處理所蒐集到的資訊或證據，才能說服這個人？

  例證次數型： 他們必須得到一定數量的資料，才會被說服。

  不假思索型： 他們只要有一點資訊，便會根據自己的推論立刻相信。他們的想法很難被改變。

  持續型： 他們從來不會被徹底說服。每一天都是新的一天，所以需要新的證據。

  時程型： 他們需要蒐集一段時間的資訊，才會慢慢被說服。

型態的比例分布

根據羅傑・貝利所提供的數據，在工作背景下，語言行為分析的型態分布比例如下：

程度

主動出擊型	中間型	被動反應型	
15%-20%	60%-65%	15%-20%	

方向

朝向型	中間型	遠離型	
40%	20%	40%	

來源

內在型	中間型	外在型	
40%	20%	40%	

理由

選項型	中間型	程序型	
40%	20%	40%	

決策因素

千篇一律型	千篇一律中有例外	差別型	千篇一律中有例外和差別
5%	65%	20%	10%

範圍

具體型	中間型	全面型	
15%	25%	60%	

注意力

自我型	他人型		
7%	93%		

根據羅傑・貝利所提供的數據，在工作背景下，語言行為分析的型態分布比例如下：			
壓力反應			
感覺型	選擇型	思考型	
15％	70％	15％	
風格			
獨立型	親近型	合作型	
20％	60％	20％	
組織			
做人型	中間型	做事型	
15％	30％	55％	
規範結構			
我的／我的型	我的／句點型	沒有／我的型	我的／你的型
75％	3％	7％	15％
說服者管道			
看	聽	讀	做
55％	30％	3％	12％
說服者模式			
例證次數型	不假思索型	持續型	時程型
52％	8％	15％	25％

第 37 章

影響性語言摘要

動力特質

* 程度

主動出擊型：就去做；放手去做；投入；現在；搞定它；不要再等下去。

被動反應型：理解；想想看；等候；分析；考慮；可能；或許；大概；重要的是……

* 方向

朝向型：好處是；取得；獲得；擁有；得到；包含；實現。

遠離型：避免；避開；不會有；擺脫；排除；遠離。

* 來源

外在型：誰誰誰認為；影響層面會是；你會得到的意見回饋；你會得到的認可；別人會注意到；提供參考；成果。

內在型：只有你能決定；你知道這是由你來決定的；你認為……怎麼樣；你可以考慮一下，我想跟你談談，聽聽你的意見。

* 理由

選項型：只為他們打破成規；機會；選擇；擴張；選項；替代方案；各種可能。

程序性：按程序來說：首先……然後……接下來……；對的方法；屢試不爽；告訴他們以後會用的程序，第一步……

✳ 決策因素

千篇一律型：和……一樣；共同點；跟你常做的事情一樣；像以前一樣；沒有改變；如你所知，我們一直都是這麼做。

千篇一律中有例外：多了……；更好；少了……；都一樣，只除了……；慢慢改變；進步；逐漸改善。

差別型：新的；全然不同；徹底改變；轉變；轉換；獨特、革命性、全新、獨一無二。

千篇一律中有例外和差別：更好，而且很新；煥然一新；獨特發展；新的升級。

生產力型態

✳ 範圍

具體型：確切；精準；具體（依序提供許多細節）。

全面型：全貌；本質上；重要的是；一般而言；概念。

✳ 注意力方向

自我型：溝通時要一直專注在內容上，使用內在型語言：只有你可以決定……；你想不想看一下報告，這樣你才可以決定……；對你來說很重要的一點是……；既然 X 很重要，所以我建議……

他人型：會受關係好壞的影響，因此必須反映和配合對方的非口語行為：既然 X 很重要……（查看對方同意與否），那麼………；這你可以放心；過來看這個（指著某樣東西）

✳ 壓力反應

感覺型：這是一個重大事件；有很強烈的體驗，你會難以忘懷；興奮；難以想像；美妙。

選擇型：同理心；適度；明智；覺得是對的。

思考型：清楚的思路；有邏輯；理性的；客觀現實；鐵的事實；統計學。

* 風格

獨立型：獨自完工；自己來；靠自己；沒有人打斷；由你負完全責任，由你掌控。

親近型：由你負責，別人會參與；你來指揮；領導；你的責任是 X；他們的是 Y；這是你的項目，並與 X 協調。

合作型：我們；一起；我們所有人；團隊；團體；責任分攤；共同處理；我們一起來。

* 組織

做人型：（使用對方的姓名）；我們的關係會是……；你的想法是什麼；這會感覺不錯；大家都喜歡這個；我們這邊的人需要這個；大家都會受到影響。

做事型：（使用非人稱代名詞）事物；系統；過程；任務；目標；組織；公司；成就。

* 規範結構

我的／我的型：你知道你想要什麼；等到一切在你面前都明朗化時；我們要一視同仁；虎父無犬子。

我的／句點型：（使用內在型的語言）只有你能決定；這裡有個建議；這可能最符合你的利益。

沒有／我的型：（可以使用外在型語言）就算你不確定；這是我們要做的事；這是處理那件事的方法；在那樣的情況下，別人會怎麼做？

我的／你的型：人各有所好；不是每個人都一樣；人各有志；你必須去弄清楚怎麼樣對大家都好。

＊ 說服者管道

看：看見了嗎？看一下；這相當清楚；在困境中看到希望；事情已經明擺著。

聽：這是他們說的；線上聊天；有傳言說；這是件值得開心的事，

讀：我讀到這個；我可以寄這方面的文檔給你；你可以讀一下；這份報告說；回顧文獻。

做：我們來解決這問題；試試大小；探探他們的底；要了解這一點；我們來處理。

＊ 說服者模式

例證次數型：（利用他們提供的次數）：無三不成禮；兩次應該就夠了；把這看過兩、三遍；你想要再看另一個例子嗎？

不假思索型：假設；姑且相信；等你看到，你就知道了。

持續型：試試看；每次你使用它；日常；每回；持續不斷；每一次。

時程型：（配合時程）；它會隨著時間改變；在幾週內；你終究會知道的；過了這麼久的時間之後，就會沒事了；語言行為量表工作單。

第 38 章

語言行為量表工作單

語言行為量表：動力特質

姓　名：＿＿＿＿＿＿＿＿＿　　公　司：＿＿＿＿＿＿＿＿＿
分析者：＿＿＿＿＿＿＿＿＿　　職　位：＿＿＿＿＿＿＿＿＿
日　期：＿＿＿＿＿＿＿＿＿　　背　景：＿＿＿＿＿＿＿＿＿

問題	類別	型態：指標
（程度部分沒有問題可以提問）	程度	＿＿＿＿＿ 主動出擊型：行動、做就對了、句子簡短俐落。 ＿＿＿＿＿ 被動反應型：嘗試、考慮、可能、觀望
你想從自己的（工作）裡得到什麼？	要求標準	
為什麼重視那個（要求標準）？ （最多問三次）	方向	＿＿＿＿＿ 朝向型：實踐、贏得、實現、得到、包括 ＿＿＿＿＿ 遠離型：躲開、排除、找出問題
你怎麼知道你在……方面的表現很好？	來源	＿＿＿＿＿ 內在型：自有定見 ＿＿＿＿＿ 外在型：別人告知，事證和數據
你為什麼選擇（你現在這份工作）？	理由	＿＿＿＿＿ 選項型：標準、選擇、可能性、變化性 ＿＿＿＿＿ 程序型：故事、方法、必需品、沒得選
（你今年和去年的工作）有什麼關聯性？	決策因素	＿＿＿＿＿ 千篇一律型：同樣、沒有改變 ＿＿＿＿＿ 千篇一律中有例外：更多、更好、比較 ＿＿＿＿＿ 差別型：改變、全新、獨特 ＿＿＿＿＿ 千篇一律中有例外和差別：全新和比較

語言行為量表：作業特質

姓　　名：_____　公　　司：_____
分析者：_____　職　　位：_____
日　　期：_____　背　　景：_____

問題	類別　　型態：指標
（範圍和注意力方向這部分沒有問題可以提問）	**範圍** _____ 具體型：細節、後果、確實 _____ 全面型：綜觀、全貌、隨機順序 **注意力的方向** _____ 自我型：簡短又單調的回應 _____ 他人型：生動、富有表情、不假思索的回應
請告訴我一個曾令你煩心的（工作經驗）。	**壓力反應** _____ 感覺型：進入和待在情緒裡 _____ 選擇型：進入和走出情緒 _____ 思考型：不會進入情緒裡
請告訴我一個吻（要求標準）的（工作經驗）。 （等待回答） 你喜歡它什麼？	**風格** _____ 獨立型：單獨、我、單一責任 _____ 親近型：掌控中、身邊有人參與 _____ 合作型：我們、團隊、分享責任 **組織** _____ 做人型：人們、感覺、反應 _____ 做事型：工具、任務、點子
有什麼好方法可以提升你在（工作上）成功的可能？ 別人有什麼好方法可以提升他們在（工作上）成功的可能？	**規範結構** _____ 我的／我的型：我給自己的規範／我給你的規範 _____ 我的／句點型：我給自己的規範／誰在乎？ _____ 沒有／我的型：我沒有規範／我給你的規範 _____ 我的／你的型：我給自己的規範／你給自己的規範
你怎麼知道別人（你的同儕）在（工作上）表現良好？ 那件事你必須（看見、聽見、讀到、做）幾次，才會被說服他們的確很不錯？	**說服者** _____ 看__例證次數型：給一個數字 _____ 聽__不假思索型：很容易相信別人 _____ 讀__持續型：沒有被完全說服 _____ 做__時程型：會給一段時間

語言行為量表：動力特質

姓　　名：＿＿＿＿＿＿＿＿＿＿　公　　司：＿＿＿＿＿＿＿＿＿＿
分析者：＿＿＿＿＿＿＿＿＿＿　職　　位：＿＿＿＿＿＿＿＿＿＿
日　　期：＿＿＿＿＿＿＿＿＿＿　背　　景：＿＿＿＿＿＿＿＿＿＿

問題	類別	型態：指標
（程度部分沒有問題可以提問）	程度	＿＿＿＿　主動出擊型 ＿＿＿＿　被動反應型
你想從自己的（工作）裡得到什麼？	要求標準	
為什麼重視那個（要求標準）？ （最多問三次）	方向	＿＿＿＿　朝向型 ＿＿＿＿　遠離型
你怎麼知道你在……方面的表現很好？	來源	＿＿＿＿　內在型 ＿＿＿＿　外在型
你為什麼選擇 （你現在這份工作）？	理由	＿＿＿＿　選項型 ＿＿＿＿　程序型
（你今年和去年的工作）有什麼關聯性？	決策因素	＿＿＿＿　千篇一律型 ＿＿＿＿　千篇一律中有例外 ＿＿＿＿　差別型 ＿＿＿＿　千篇一律中有例外和差別

語言行為量表：作業特質

姓　名：＿＿＿＿＿＿＿＿＿　　公　司：＿＿＿＿＿＿＿＿＿
分析者：＿＿＿＿＿＿＿＿＿　　職　位：＿＿＿＿＿＿＿＿＿
日　期：＿＿＿＿＿＿＿＿＿　　背　景：＿＿＿＿＿＿＿＿＿

問題	類別　　型態：指標
（範圍和注意力方向這部分沒有問題可以提問）	範圍 ＿＿＿＿＿＿ 具體型 ＿＿＿＿＿＿ 全面型 注意力的方向 ＿＿＿＿＿＿ 自我型 ＿＿＿＿＿＿ 他人型
請告訴我一個曾令你煩心的（工作經驗）。	壓力反應 ＿＿＿＿＿＿ 感覺型 ＿＿＿＿＿＿ 選擇型 ＿＿＿＿＿＿ 思考型
請告訴我一個符合（要求標準）的（工作經驗）。 （等待回答） 你喜歡它什麼？	風格 ＿＿＿＿＿＿ 獨立型 ＿＿＿＿＿＿ 親近型 ＿＿＿＿＿＿ 合作型 組織 ＿＿＿＿＿＿ 做人型 ＿＿＿＿＿＿ 做事型
有什麼好方法可以提升你在（工作上）成功的可能？ 別人有什麼好方法可以提升他們在（工作上）成功的可能？	規範結構 ＿＿＿＿＿＿ 我的／我的型 ＿＿＿＿＿＿ 我的／句點型 ＿＿＿＿＿＿ 沒有／我的型 ＿＿＿＿＿＿ 我的／你的型
你怎麼知道別人（你的同儕）在（工作上）表現良好？ 那件事你必須（看見、聽見、讀到、做）幾次，才會被說服他們的確很不錯？	說服者 ＿＿＿＿＿ 看＿例證次數型 ＿＿＿＿＿ 聽＿不假思索型 ＿＿＿＿＿ 讀＿持續型 ＿＿＿＿＿ 做＿時程型

第 39 章

研究與研究摘要

自從本書出了第一版和第二版之後，就被許多人引用支持他們自己的研究內容和運用方法。[1] 就我目前所知，至少有三篇碩士論文是以後設程式或語言行為量表為基礎。其中一篇的主題是蒙特婁（Montreal）高中輟學生，作者是莉莉安・拉普朗特（Lillianne Laplante），她發現到多數的輟學生只要碰到學校，就變成外在型。[2] 另外還有許多論文有利用到語言行為量表[3]。以下是兩篇原創的碩士論文。

語言行為量表評分間信度

蒙頓大學艾帝安・戈丁（Etienne Godin, Universite de Moncton）

語言行為量表的評分者間信度（inter-judge reliability）曾被兩種不同研究證實過，這兩種研究都是採用卡帕統計法（Statistic Kappa; Cohen, 1986）[4]。在一九九三年第一次做的研究裡，分析的資料都是來自於三十四名受訪者的訪談錄音。一九九五年的第二次研究，則是在事業生涯決策的背景下，訪問了八十四名對象。

這兩次研究的分析結果都顯示出，語言行為量表的十三種類別裡有十一種具有統計學上的信度係數。不管是一九九三年還是一九九五年，壓力反應類別的所得成果都不夠顯著，原因可能是評判者都是靠訪問的錄音內容來判別，沒有考慮到受訪對象非口語的溝通部分。一九九三年的研究，範圍類別並不可信。一九九五年，程度類別沒有顯著的成果。

以上提到的類別，在語言行為分析裡都沒有具體的問題可以

探查出型態。在這種情況下，評分者間信度只能靠評判者的培訓和經驗程度。

　　總而言之，在兩個研究裡，語言行為量表裡有十個類別獲得了統計學上重要的信度係數，包括方向、來源、理由、決策因素、注意力方向、風格、組織、規範結構、說服者管道和說服者模式。這兩項研究證實，語言行為量表裡那些可利用具體問題找出型態的類別，是有可能獲得評分者間信度，還有我們可以培訓那些會從語言行為量表答案的資料裡，歸納出同樣結果的評判者。

Cohen, J. (1960). "A coefficient of agreement for nominal scales," *Educational and Psychological Measurement*, 20(1), 37-46.

Codin, E. (1997). *Inter-Judge Reliability of the LAB Profile*. Manuscript, Universite de Moncton, Moncton, N. B., Canada

語言行為量表和職涯不確定性（Career Indecision）

蒙頓大學蜜雪林・西華（Micheline Sirois, Université de Moncton）

　　曾有某探索性研究以六十位十七歲到二十四歲的學生為受訪對象，目的是要確定在生涯決策上，語言行為量表能否區隔出兩種學生的不同：在生涯決斷力上充滿自信的學生（四十一人）；無決斷力且對自己的優柔寡斷感到不自在的學生（二十人）。這些學生完成了職業決策行為分析（Professional Decision Profile;Jones, 1986），也接受了語言行為量表的訪談。

　　語言行為量表訪談結果所得出的序位資料（ordinal data）會進行評分者間信度測試（Godin and Sirois, 1995）。這個研究使用到十一種類別，其中有九種信度在統計學上極具意義。

　　兩組人的頻率分布在下列八種語言行為量表的類別裡出現差異：程度、方向、理由、決策因素、範圍、壓力反應、規範結構和說服者模式。利用麥卡拉（McCullagh）的回歸模型（regression model）為序位資料所做的分析顯示，這些結果都有百分之九十五

的信賴區間（confident interval），所以極具意義。但是，在程度和壓力反應類別裡，並沒有充分的評分者間信度供我們徹底相信這些成果。來源、風格和組織這三種類別，也看不出明顯差異。

雖然這些結果並不代表有任何類別僅符合其中一組受訪者，卻能顯示出每組受訪者的傾向。譬如，雖然兩組受訪者都有很大比例的人屬於遠離型，但是沒有決斷力且對自己的優柔寡斷感到不自在的那一組受訪者，遠離型的比例比另一組要高一點。同樣地，千篇一律型的傾向比例是比另一組高一點，差別型的傾向比例則是低一點。不過，這兩種型態在兩組受訪者裡都找得到。此外，朝向型的人都出現在有職涯決斷力且很有自信的那一組受訪者。

這些發現促使研究人員開始提議，未來在針對語言行為量表及職涯不確定性進行研究時，也該涵括其他元素。研究人員除了分析受訪對象之外，可能也得在資料裡確定受訪者是否已從自身環境找到所需的資源，就像從語言行為量表裡那樣進行辨識。譬如有人需要照程序走，那麼他們能否從周遭環境裡找到適合的程序？如果可以，未來有多少人可能成為在職涯決斷力上充滿自信的那一群人？

另一個也需要研究的主題是，有沒有可能藉由適當的影響性語言，去幫助沒有決斷力和自信的人變得有決斷力。

Godin, E., and Eirois, M. (1995). *Inter-Judge Reliability in 83 Lab Profile® Interviews*. Unedited document, Universite de Moncton, Moncton, N. B., Canada.

Jones, L. K. （1986）*The Career Decision Profile*. North Carolina: Lawrence K. Jones (instrument)

McCullagh, P. (1980) *Regression Models for Ordinal Data*. J.R. Statist. Soc. B. 42(2), 109-142.

Sirois, M. (1997). *Comparative Study of the LAB Profile Patterns in Groups of Decided and Undecided Individuals with Regards to Career Decision-Making*. Unplished Master's Thesis, Universite deMoncton, Moncton, N. B., Canada.

我非常感激蜜雪林和艾帝安為合理化語言行為量表所做的努力，也希望能向羅倫・布格博士（Dr. Lorraine Bourque）表達謝意，謝謝他對神經語言程式學研究的指導，以及給他們的鼓勵。也謝謝曾參與指導蜜雪林論文的瑞爾・歐拉博士（Dr. Real Allard），提供了許多深具見解的問題和評論。

　　我們花了很多小時討論與職涯決策及語言行為量表有關的理論面和其背後意涵，以及決斷力衡量工具的本質所在。我們還假設有哪些型態的組合，可能讓一個人在特定背景下缺少決斷力或更有決斷力。經過多次辯論和統計分析之後，我們都感覺到，雖然決斷力可以被衡量出來（利用 Jones 的測試），但也可能是因為需求被滿足之後所呈現出的一種作用（不管那些需求是什麼）。

　　但這答案還有待驗證。誰有興趣試試看？

註 1：本書其他英文版本：bit.ly/ScholarGoogleWTCM and bit.ly/Scholar WTCM。

註 2：Lillianne Laplante, La motivation chez les jeune décrocheurs et caracté-ristiques des métaprogrammes du Profil LAB : Une étude exploratoire. (Motivation of Young Dropouts and Meta Program Patterns from the LAB Profile® : An Exploratory Study) Masters Thesis, Université de Montréal, November 2008

註 3：如需其他論文，請直接與我聯繫：shelle@instituteforinfluence.com。

註 4：卡帕統計法的推出是為了在固定的一對指數之間衡量類別尺度的一致性（nominal scale agreement）（p. 378, *Psychological Bulletin*, 1971, Vol. 76, No. 5）。

第 40 章

資源

想再更上層樓嗎？這裡有份清單囊括了各種網站、組織、課程和教材，可供你在工作和生活上探索各種語言行為量表的運用方法。

＊ 語言行為量表免費示範影帶

如何做出一份量表，並利用推估和檢測法來進行檢測：

- bit.ly/LabProfileDemoVideo1
- bit.ly/LabProfileDemoVideo2
- bit.ly/LabProfileDemoVideo3
- bit.ly/LabProfileDemoVideo4

＊ 語言行為量表免費備忘小抄

bit.ly/LabProfileCheatSheet

＊ 語言行為量表提案範本

bit.ly/LabProfileProposalTemplate

＊ 影響力學院

專為想要提升自身影響力的領導人和經理人所設計。影響力學院有數種課程，有助於你在日常生活的溝通裡掌握語言行為量表：bit.ly/InstituteForInfluence

✳ 數位版銷售訓練專用的語言行為量表

多數顧客的購買行為都自成一格。這也是為什麼學會如何偵測和運用語言行為量表觸媒能帶來很大的改變。我和我的學生兼夥伴安德列斯‧普萊尼格創立了一家線上公司，讓銷售講師能隨時提供銷售訓練課程專用的數位混合版語言行為量表。欲知更多資訊和免費課程，請上 bit.ly/SalesTrainerPlatform。若有組織希望他們的銷售專員學會如何使用優質的數位版訓練專用語言行為量表，請直接與我聯繫：shelle@salestrainerplatform.com

✳ 可提升你的影響力和解決溝通問題的免費線上訓練

1. 提升你的可信度和影響力：bit.ly/BoostYourCredibility
2. 男性與女性之間十種不為人知的差異：
   bit.ly/10HiddenDefference
3. 管理人才專用的語言力量：
   bit.ly/WTCM4ManagingPeople'
4. 銷售和行銷專用的語言力量：
   bit.ly/WTCH4SalesMarketing
5. 顧客關係專用的語言力量：
   bit.ly/WTCM4CustomerRelations
6. 培訓師、演說者、輔導人員和顧問專用的語言力量：
   bit.ly/WTCM4Trainers

✳ 雪兒的 YouTube 頻道，有多部見解精闢的快速學習影片，讓你充實一整天：

bit.ly/YouTubeSRC

* 供你自我探索的小測驗

- 接受免費的語言行為量表：bit.ly/TheLabProfile
- 男子氣概因子小測驗：bit.ly/MachoTest
- 可信度小測驗：bit.ly/CredibilityQuizIFI
- 男性／女性模式小測驗：bit.ly/MaleorFemaleModelQuiz

* 手機應用程式老公動力

Bit.ly/HusbandMotivatorAPP

* 簡單的有聲課程——車上、出外散步或跑步都可收聽

1. 向多疑人士表達看法：bit.ly/SkepticalPeople
2. 與客戶建立長久關係：bit.ly/LongtermRelationship
3. 有勝算才尋釁：bit.ly/OnlyPickaFight
4. 影響和說服別人：bit.ly/InfluencingAndPersuading
5. 提升銷售，度過難關：bit.ly/SalesInToughTimes
6. 終止怯場：bit.ly/EndingStageFright
7. 談話魅力無可擋：bit.ly/IrresistiblePresenations

* 雪兒的專利 Libretta® 軟體——

為電子郵件和顧客關係的管理自動偵測和運用語言量表型態
bit.ly/weongozi

針對影響力所做的諮詢、訓練和專題演講，請逕洽雪兒
shelle@instituteforinfluence.com

第 41 章

還可以用在別地方嗎？

　　本書是我在不同背景下運用語言行為量表所得的經驗成果，它可以幫助你做很多事，也有助於你停下腳步，清楚思考。你會完成許多目標，同時防範和解決溝通問題。

　　當你利用這些工具時，你會注意到它對你身邊的人和一起合作的人，所造成的影響。用正確的方法溝通其實有千萬種可能。你可以扭轉局面，讓已經夠好的成果更上層樓，維繫對你來說十分重要的人際關係。

　　你可以利用書裡的素材細節，也可以將重心擺在它的整體概念上，無論哪一種，你都會融會貫通，改以全新角度觀察行為。它可以激發你的熱情，提供你理性思考的空間。無論你是獨自工作、身邊有人參與，還是團隊合作，都會為自己的成就感到驕傲。

　　如果我是你，我會為了自己採用這些工具，利用它們來指引自己了解他人的差異。只要你願意，你會因為使用語言行為量表而看見、聽見和感覺到，它所帶來的各種改變。

　　雖然我只討論了幾個應用方法和點子，但我相信還有很多管道可以讓這套工具派上用場。所以，我將這問題留給你：

　　「既然你已經知道他們的動力是靠什麼引發和維繫，也知道如何理解、預測和影響人們的行為，你會想運用在其他哪些地方？」

　　期待聽見你的答案。

　　　　　　　　　　　　　　雪兒・羅斯・夏爾凡

第 42 章
語言行為量表專業證書

　　如果你喜歡語言行為量表，想要深入學習，活用在業務經商上……

　　我可以為你打造出為期六個月、等同於 MBA 等級的不凡體驗，稱之為進階級商業影響力課程，我會實際分解整個語言和動機系統，並逐步引導你，教你如何把它併進工作裡。

　　這份證書可以讓你有能力為客戶諮商，幫忙他們找出有利於業務的語言力量，也能為他們的人才招聘流程、行銷流程、管理、或顧客經驗提供語言的力量。

　　請利用以下連結，即可現折兩百七十美元：

bit.ly/Advanced-Business-Influence-book2019

謝辭

我想謝謝我的業務夥伴 Stefan Irimia 總是從大處著眼，
很清楚什麼才是重要的，
不僅帶領團隊，也敦促我在執行者和作家
這兩個身分上拿出最好的表現。
此外，我也要謝謝 Ioana Ardelean 幫忙接生這本書，
以及促成其他許多元素來幫忙整個專案起飛。
謝謝 Teo Calin 協助推動所有活動，確保它們的完成。
謝謝 Silvia Truta 的影片剪接和了不起的化妝。
謝謝 Elena Ion 讓我看起來很上相，
謝謝 Monica Ion 為影片內容和其他很多事情提供的寶貴意見。
我也要感謝這些年來在對話中曾帶給我啟發的每一個人。

NLP 來自潛意識的語言力量：掌握主導權的 14 種說話模式
Words That Change Minds: The 14 Patterns for Mastering the Language of Influence,
Third Edition

作　　　者———雪兒‧羅斯‧夏爾凡（Shelle Rose Charvet）
譯　　　者———高子梅
封面設計———萬勝安
內文設計———劉好音
執行編輯———劉素芬
責任編輯———劉文駿
行銷業務———王綏晨、邱紹溢
行銷企劃———曾志傑、劉文雅
副總編輯———張海靜
總 編 輯———王思迅
發 行 人———蘇拾平
出　　　版———如果出版
發　　　行———大雁出版基地
地　　　址———台北市松山區復興北路 333 號 11 樓之 4
電　　　話———（02）2718-2001
傳　　　真———（02）2718-1258
讀者傳真服務—（02）2718-1258
讀者服務 E-mail — andbooks@andbooks.com.tw
劃撥帳號 19983379
戶　　　名 大雁文化事業股份有限公司
出版日期 2022 年 1 月 初版
定　　　價 450 元
ISBN　978-626-7045-17-6
有著作權‧翻印必究

國家圖書館出版品預行編目資料

NLP 來自潛意識的語言力量：掌握主導權的 14 種說話模
式／雪兒‧羅斯‧夏爾凡（Shelle Rose Charvet）著；高子
梅譯 . – 初版 . – 臺北市：如果出版，大雁出版基地發行，
2022. 1
面；公分
譯自：Words That Change Minds: The 14 Patterns for Mastering
the Language of Influence, Third Edition

ISBN　978-626-7045-17-6（平裝）

1. 溝通　2. 人際傳播　3. 組織傳播　4. 神經語言學

177.1　　　　　　　　　　　　　　　　110022164

如果